权威·前沿·原创

皮书系列为
"十二五""十三五"国家重点图书出版规划项目

街道蓝皮书

BLUE BOOK OF
SUB-DISTRICT OFFICE

北京街道发展报告 No.2
陶然亭篇

THE DEVELOPMENT OF BEIJING'S SUB-DISTRICT
OFFICES No.2: TAORANTING CHAPTER

主　　编／连玉明
执行主编／朱颖慧　邢旭东　张俊立

社会科学文献出版社
SOCIAL SCIENCES ACADEMIC PRESS (CHINA)

图书在版编目(CIP)数据

北京街道发展报告.No.2.陶然亭篇/连玉明主编.--北京：社会科学文献出版社,2018.9
（街道蓝皮书）
ISBN 978-7-5201-3244-2

Ⅰ.①北… Ⅱ.①连… Ⅲ.①城市道路-城市建设-研究报告-西城区 Ⅳ.①D669.3

中国版本图书馆CIP数据核字（2018）第181187号

街道蓝皮书
北京街道发展报告No.2 陶然亭篇

主　　编／连玉明
执行主编／朱颖慧　邢旭东　张俊立

出 版 人／谢寿光
项目统筹／邓泳红　郑庆寰
责任编辑／郑庆寰　汪延平

出　　版／社会科学文献出版社·皮书出版分社（010）59367127
　　　　　　地址：北京市北三环中路甲29号院华龙大厦　邮编：100029
　　　　　　网址：www.ssap.com.cn
发　　行／市场营销中心（010）59367081　59367018
印　　装／三河市龙林印务有限公司
规　　格／开本：787mm×1092mm　1/16
　　　　　　印 张：17.25　字 数：243千字
版　　次／2018年9月第1版　2018年9月第1次印刷
书　　号／ISBN 978-7-5201-3244-2
定　　价／128.00元

皮书序列号／PSN B-2016-541-5/15

本书如有印装质量问题，请与读者服务中心（010-59367028）联系

▲ 版权所有 翻印必究

北京国际城市发展研究院社会建设研究重点项目
北京市社会发展研究中心西城区街道发展研究重点项目
北京国际城市文化交流基金会智库工程出版基金资助项目

街道蓝皮书编委会

编委会主任 卢映川 王少峰

编委会副主任 王 飞 郁 治

编　　　委 （按姓氏笔画排序）

马光明 王 毅 王中峰 王书广 王乐斌
王其志 尹一新 史 锋 白 杨 毕军东
刘 倩 许晓红 许德彬 孙广俊 孙晓临
苏 昊 李 婕 李 薇 李丽京 李健希
吴立军 何焕平 陈 新 陈振海 周 沫
庞成立 宫 浩 贾冬梅 高 翔 高兴春
海 峰 桑珊飞 彭秀颖 彭启宝 谢 静
魏建明

《北京街道发展报告 No.2 陶然亭篇》
编 写 组

总 策 划 李 薇　连玉明　朱颖慧

主 编 连玉明

执 行 主 编 朱颖慧　邢旭东　张俊立

副 主 编 陈 慧

核心研究人员（按姓氏笔画排序）

王 琨　王苏阳　王彬彬　邢旭东　朱永明
朱盼盼　朱颖慧　刘 征　米雅钊　李 帅
连玉明　吴 佳　张 南　张 涛　张俊立
陈 慧　陈盈瑾　陈惠阳　郎慧慧　孟芳芳
赵 昆　姜思宇　贾冬梅　高桂芳　唐 平
康晓彤　翟萌萌

主编简介

连玉明 著名城市专家，教授、工学博士，北京国际城市发展研究院院长，全国政协委员，北京市朝阳区政协副主席。兼任北京市人民政府专家咨询委员会委员，北京市社会科学界联合会副主席，北京市哲学社会科学京津冀协同发展研究基地首席专家，基于大数据的城市科学研究北京市重点实验室主任，北京市社会发展研究中心理事长，北京奥运功能区首席规划师，北京新机场临空经济区发展规划首席战略顾问。2013～2017年，在贵阳市挂职市长助理，兼任贵州大学贵阳创新驱动发展战略研究院院长、大数据战略重点实验室主任。

研究领域为城市学、决策学和社会学，近年来致力于大数据战略研究。著有《城市的觉醒》《首都战略定位》《重新认识世界城市》《块数据：大数据时代真正到来的标志》《块数据2.0：大数据时代的范式革命》《块数据3.0：秩序互联网与主权区块链》《块数据4.0：人工智能时代的激活数据学》《块数据5.0：数据社会学的理论和方法》等，主编《大数据蓝皮书：中国大数据发展报告》《社会管理蓝皮书：中国社会管理创新报告》《街道蓝皮书：北京街道发展报告》《贵阳蓝皮书：贵阳城市创新发展报告》《临空经济蓝皮书：中国临空经济发展报告》等。主持编制了北京市西城区、朝阳区、门头沟区和贵州省贵阳市"十三五"社会治理专项规划。

摘　要

构建超大城市有效治理体系是首都发展的要务。作为首都功能核心区，西城区带头以"四个意识"做好首都工作，坚持深入推进科学治理，全面提升发展品质的主线，不断加强"四个中心"功能建设，努力提高"四个服务"水平，城市治理能力和城市发展品质取得重要突破。街道作为基层治理的排头兵和主力军，发挥着不可替代的作用。西城区15个街道立足自身发展实际，统筹区域各类资源，构建区域化党建格局，加强城市精细化管理，提升公共服务水平，完善综合执法体系，精准指导社区建设，探索基层治理创新实践，积极为超大城市基层治理创新"过险滩""闯路子"，不断为基层治理增加新的内涵和提供可复制、易操作的鲜活经验，对国内大城市基层治理创新具有极强的理念提升价值和路径借鉴意义。

《北京街道发展报告 No.2 陶然亭篇》以打造"陶然式美好生活"为发展主线，结合陶然亭街道特征，对陶然亭街道推进公园式社区建设、社区自治模式创新、文化街区建设、社会救助工作等进行了分析，总结了楼宇"双向服务"的非公企业党建创新、福州馆社区"共建互助联合会"、新兴里社区"一委三居一站"、名书记工作室等典型经验。

在此基础上，本书认为，陶然亭街道实现"陶然式美好生活"发展目标、提升街区发展品质，核心要义是符合区域发展阶段特征，与居民的发展需求、发展期待相符，按照创新、协调、绿色、开放、共享五大发展理念，推进宜居、治理、服务、文化四大品质提升，进一步结合非首都功能疏解、社会治理创新、文化服务示范街区创建等重点工作，找到更加具体、更加有效的工作抓手。

目　录

代前言　以人为核心打造陶然式"四优"美好生活 …………………… / 001

Ⅰ　总报告

B.1 陶然亭：探索"陶然式美好生活"街区品质提升之路 ………… / 001
　　　一　陶然亭街道打造"陶然式美好生活"的背景分析 ……… / 002
　　　二　陶然亭街道打造"陶然式美好生活"的实践与创新 …… / 009
　　　三　陶然亭街道打造"陶然式美好生活"，提升街区发展
　　　　　品质的思路分析 ……………………………………………… / 015
　　　四　陶然亭街道打造"陶然式美好生活"，提升街区发展
　　　　　品质的建议 …………………………………………………… / 020

Ⅱ　数据报告

B.2 陶然亭街道基于常住人口的地区公共服务调查报告 ………… / 027
B.3 陶然亭街道基于工作人口的地区公共服务调查报告 ………… / 045

Ⅲ　理论报告

B.4 公园式社区建设研究 ………………………………………… / 064

B.5 社区自治模式创新研究 ………………………………………… / 083
B.6 文化品牌在文化街区中的作用研究 …………………………… / 100

Ⅳ 调研报告

B.7 关于陶然亭街道社会救助工作的调研报告 …………………… / 118
B.8 关于陶然亭街道流动人口服务与管理的调研报告 …………… / 133
B.9 关于推动陶然亭街道文体中心建设的调研报告 ……………… / 143
B.10 关于陶然亭街道党员教育管理服务中心的调研报告 ………… / 160

Ⅴ 案例报告

B.11 陶然亭街道以楼宇"双向服务"创新非公企业党建的实践 …… / 176
B.12 陶然亭街道福州馆社区"共建互助联合会"的探索与实践
　　 ……………………………………………………………………… / 190
B.13 陶然亭街道新兴里社区"一委三居一站"的创新与实践
　　 ……………………………………………………………………… / 203
B.14 陶然亭街道党建统领的区域化党建模式创新 ………………… / 217
B.15 陶然亭街道：推进名书记工作室建设　提升基层党组织负责
　　 人履职能力 …………………………………………………………… / 231

Abstract ……………………………………………………………………… / 242
Contents ……………………………………………………………………… / 244

皮书数据库阅读使用指南

代前言
以人为核心打造陶然式"四优"美好生活*

张 丁**

陶然亭街道位于西城区东南部,历史悠久,文化资源丰富。辖区总面积约为2.14平方公里,其中陶然亭公园占地0.59平方公里。辖区内设有8个社区居委会,常住人口43425人。①

陶然亭街道共分为北、中、南三个部分。北部地区,以高档住宅小区为主,还有部分宿舍、单位,整体较为干净整洁。中部地区,是老宣武②居民集中居住的地区,有平房、简易楼房、筒子楼及各个年代的楼房。南部地区,主要由陶然亭公园、龙泉社区组成,此外还有全国人大等相关单位宿舍以及商品房社区,区域整体品质较高,居民素质较高。

按照习近平总书记系列重要讲话,特别是两次视察北京重要讲话精神,围绕西城区"深入推进科学治理,全面提升发展品质"主线,陶然亭街道以人为核心,以满足居民需求为导向,从区域化党建统筹、分层分类治理、

---

* 本文根据街道蓝皮书研编课题组2017年3月9日访谈内容整理。
** 张丁,时任中共北京市西城区陶然亭街道工作委员会书记(2016年3月至2018年3月)。
① 根据第六次全国人口普查数据所得。
② 宣武区位于北京城区西南部,是原4个中心城区之一,总面积约19.04平方公里,2008年常住人口约56万人,辖有白纸坊街道、大栅栏街道、椿树街道、广内街道、广外街道、牛街街道、陶然亭街道、天桥街道8个街道。2010年7月1日,国务院批复:撤销北京市西城区、宣武区,设立新的北京市西城区,以原西城区、宣武区的行政区域为西城区的行政区域。

"疏解整治促提升"、提高陶然文化等方面着手,着力打造"四优"[1] 的陶然式美好生活。

一 以区域化党建为统领,增强党建服务功能

党的十八大报告明确提出,加快形成党委领导、政府负责、社会协同、公众参与、法治保障的社会管理体制。党委领导是构建现代社会管理体制的重要前提。对于街道来说,党建统领是社会治理的重要组成,更是社会治理的"牛鼻子"。陶然亭街道以区域化党建为统领,避免党建、行政两张皮,将党建工作与行政工作拧在一起。区域化党建包括街道"大工委"[2]、七个专业委员会[3]、八个社区党委,实际上就是把地区的单位、居民等所有团体都进行整合,共同形成区域化党建工作格局。从现阶段的区域化党建工作来看,陶然亭街道主要有项目化服务、党员教育管理服务中心两大亮点。

以项目化为支撑,推进区域化党建工作。项目化服务是陶然亭街道区域化党建的重要载体,主要以居民需求为导向,以项目的形式整合地区资源,实现共治共享,提升城市品质。其中,党组织提供项目启动资金支持。项目带头人则是项目化服务的重要部分,街道通过"老党员+项目"的形式,充分发挥项目化服务在社会治理中的重要作用。在此基础上,结合五老顾问团[4],街道着手成立社区领袖工作室,为社区领袖交流、参与治理提供平台。

---

[1] 即优美的城市环境、优质的民生保障、优雅的文化品质、优良的道德风尚。
[2] 街道"大工委"书记由街道工委书记担任,副书记由街道办事处主任和街道主管党务工作的副书记担任,委员主要包括街道相关领导、辖区中央、市、区属单位党组织负责人以及社区党组织、非公企业党组织负责人等。
[3] 七个专业委员会作为执行机构,具体负责相关领域的工作,即党建协调工作委员会、经济发展工作委员会、城市管理工作委员会、精神文明建设委员会、文化体育工作委员会、安全稳定工作委员会、民生服务工作委员会。各专业委员会由街道处级干部牵头负责,吸纳街道科室、职能部门、社会单位相关负责人作为委员会成员。
[4] 五老顾问团,即老党员、老教师、老干部、老社区工作者、老领导组成的顾问团,定期召开主题座谈会。

以党员教育管理服务中心为平台，打造党员服务阵地。从街道企业单位少、党员无人管实际情况出发，陶然亭街道成立了党员教育管理服务中心，由街道组织部直管，通过一个有形阵地加强对党员的教育、管理、服务，有效凝聚基层党组织和党员力量。陶然亭街道党员教育管理服务中心包括接待区、先锋驿站、多功能厅、党员能力提升工作室、党代表工作室、党员之家六个功能区域，以教育、管理、服务的需求为导向完善阵地功能。

二 以人为核心，推进街区分类治理

要增加与百姓之间的互动，必须做到"两个清楚"[①]。这主要就是从街道发展的阶段性特征出发，遵循街道发展的基本规律。不同类型的人，不同层级的人，不同层次的人，不同阶段的人，其需求是不同的。陶然亭街道在开展街道治理工作的过程中，坚持"两个清楚"的原则，开展有针对性的治理，我们称之为分类治理。分类治理，体现的是以人为本的重要理念。

陶然亭街道主要居民构成为老宣武居民，收入水平普遍较低，获得感与满足感的标准与要求还主要集中在基础设施、生活环境改善等方面。比如，修路就容易让居民有满足感，这和西城区其他发展水平比较高的街道是有区别的。在落实"两个清楚"的过程中，陶然亭街道重点从让居民清楚街道工作着手，不断提升群众满意度。一方面，以居民易于了解的方式向居民介绍街道工作。比如陶然亭街道的发展规划，以"一张蓝图绘到底"的形式，让老百姓看得见、摸得着，真实地感受到街区的变化与品质的提升。另一方面，在街道治理方面重视建立制度规范，明确责任主体和治理标准，推进治理工作的有效落实，让居民清楚标准、清楚工作成效。

[①] 西城区委书记卢映川在街道2017年度工作会上提出"两个清楚"，强调街道要清楚老百姓的需求，要让老百姓清楚街道的工作。

陶然亭街道在新兴里社区①创新试点"一委三居一站"②治理模式，充分体现了以人为核心的分类治理理念。在新兴里社区"一委三居一站"治理模式中，社区党委为领导核心，统领社区内三个片区的居民自治组织（居委会）开展社区共建工作，社区工作站承接社区各项事务，组织引导各类社会组织进入社区开展公益性活动和服务。党委统筹主要是为了形成合力；分成三个居委会主要是为划分出中央歌舞剧院宿舍、简易楼、高档小区三个片区，体现分类治理原则，使得居民自治更有针对性；工作站集中办公则有效整合了资源，实现了统一标准、统一服务、统一管理。另外，整合腾出的资源则可以进一步为服务居民提供空间。

三 以"疏解整治促提升"十大专项行动③为契机 奠定基层科学治理的基础

2017年1月，北京市出台了《关于组织开展"疏解整治促提升"专项行动（2017~2020年）的实施意见》，明确了"疏解整治促提升"专项行动的十个方面内容。随后，西城区制定了《西城区"疏解整治促提升"专项行动实施方案（2017~2020）》。对于陶然亭街道来说，"疏解整治促提升"十大专项行动是现阶段街道治理工作的"牛鼻子"，十大专项行动归根结底要落实到提升城市品质上面来。在推进十大专项行动的过程中，街道创新了"拆—整—建—管—服"一条龙式工作法。

十大专项行动的重点是"拆—整—建"。在这个过程中，城管重点负责"拆"，街道重点要落在"建"上，这是呈现给老百姓的主要工作，也是提升城

---

① 新兴里社区位于陶然亭街道东南部，占地面积约0.16平方公里，辖区内有高档住宅、机关宿舍、简易楼等多种居民楼，属于混合型社区。
② 一委三居一站：一个社区党委，三个社区居委会，一个社区工作站。
③ "疏解整治促提升"十大专项行动：拆除违法建设，占道经营、无证无照经营和"开墙打洞"整治，城乡接合部整治改造，中心城区老旧小区综合整治，中心城区重点区域整治提升，疏解一般制造业和"散乱污"企业治理，疏解区域性专业市场，疏解部分公共服务功能，地下空间和群租房整治，棚户区改造、直管公房及"商改住"清理整治。

市品质的关键环节。为此，陶然亭街道在参与式治理上下功夫，注重让百姓参与拆、整、建的整个过程。百姓通过参与协商，在提升城市品质的同时，也提升了获得感。在这个过程中，社区充分发挥自身作用，在部门整合、统筹联动的同时，进一步发挥纽带作用，引导百姓参与街道的十大专项行动中来。

对于街道来说，"拆—整—建"之后还有管理和服务的工作，应建立相应的体制机制，以科学治理提升城市品质。"疏解整治促提升"专项行动是一个工作过程，更是一个完善机制、积累经验的过程。在这个过程中，陶然亭街道注重提炼经验、固化模式，尤其是社区层面注重积累经验，形成提升城市品质的参与式协商模式，如形成准物业治理联盟等模式①，为街道开展常态化的科学治理奠定重要基础。

四　陶然文化就是老百姓的文化

陶然亭街道文化资源丰富，在西城区乃至北京市都有一定代表性，辖区内有会馆文化、红色文化、戏剧文化、校园文化及特色文化等，这些文化实际上就是老百姓的文化。陶然文化源于老百姓，也要服务于老百姓。陶然亭街道坚持以文化人、以文育人、以文聚人，依托区域文化资源丰富的优势，着力构建传统文化和现代文明交相辉映，充满人文关怀、人文风采和文化魅力的文化服务示范街区，着力打造包括优雅的文化品质在内的陶然式美好生活。

运用科技手段，传承传统文化，加强思想道德建设。为切实做好思想宣传和舆论引导工作，陶然亭街道着力建好用好街道门户网站和"京华陶然"微信公众号，以"互联网+"模式加强正面舆论宣传，为区域发展营造良好舆论氛围。同时，树立高尚道德的现实标杆，深入开展"最美家庭""北京榜样""身边好人"等活动，歌颂凡人善举，弘扬优秀传统文化。以巩固全国文明城区创建成果为切入点，开展"邻居节""楼宇俱乐部"等居民自

---

① 准物业治理联盟：由街道牵头，将地区物业公司整合成一个整体，并建立相应的为民服务工作机制。

治活动，在社区安全、有序停车、文明养犬等方面共同约定、自觉遵守，共建文明家园。陶然亭街道在开展了 20 年的"六德"①教育的基础上，开展"六德"少年评选活动，谱写教唱"六德"歌曲，布置"六德"书架，建设集活动、阅读、实践于一体的"六德"教育系列阵地，形成街区文化品牌。另外，街道还着手成立陶然文化宣讲团，进一步增强区域凝聚力和提高精气神。

发挥区域文化阵地优势，提升公共文化服务能力。陶然亭街道拥有老宣武的很多文化阵地，辖区内有宣武少年宫、宣武文化馆、陶然亭公园的红色文化及众多学校。为充分发挥资源优势，陶然亭街道探索建立政府购买服务、社会化运营、第三方评估、满意度调查等工作机制，提升公共文化服务效能。如，借助驻街中央、市属文化单位的资源优势，深入开展"走进艺术殿堂"等惠民演出活动，让群众共享文化发展成果。另外，街道以创建首都公共文化服务示范区为契机，推进街道综合文化中心、社区文化室标准化、规范化建设，构建布局合理的街、社两级公共文化服务设施网络。

成立专门机构，深入挖掘陶然文化内涵。陶然亭街道通过成立陶然文化研究会，加强陶然文化内涵及价值研究，认真梳理陶然亭地区"名业、名人、名景"文化史料，形成系列研究成果，在此基础上推进街区历史文化博物馆建设。在会馆文化方面，落实文物保护"三解"②工程，加大对云南会馆、康有为故居等文物保护力度，积极探索不可移动文物资源利用模式，传播文物历史价值，让文物活起来，让文化走进群众生活。在民俗文化方面，加大对地区民俗文化的支持保护力度，在"清华池""大和恒"等老字号开展市民体验活动，传承京味文化，让人们记得住乡愁。在文化品牌方面，由街道牵头，地书协会专门承办"陶然地书"③，通过这个活动提高地区居民的参与度，使陶然文化成为辖区单位和社区居民的自觉认同和精神追求。

---

① "六德"，即责任、爱心、诚实、守信、宽容、礼让六种品德。
② "三解"，即解危、解放、解读。
③ 即"陶然杯"地书邀请赛，始于 2003 年，由陶然地书志愿者组织，每年一个主题，截至 2017 年已连续举办了 15 届。

总报告

General Report

B.1

陶然亭：探索"陶然式美好生活"街区品质提升之路

摘　要： 陶然亭街道地处西城区东南部，文化资源丰富，文化特色明显。打造"陶然式美好生活"，是陶然亭街道适应新时代社会发展需求的必然选择，是街道落实首都战略定位、建设国际一流的和谐宜居之都的重要任务，也是发挥街区特色、解决街区发展难题的迫切需求。在实践过程中，陶然亭街道从对接需求、引导需求、满足需求三个环节着手，创新工作方式，满足服务需求，加大工作宣传，提高居民对街道工作满意度。"陶然式美好生活"是陶然亭街道发展目标，应从街区的发展阶段特征出发，以创新、协调、绿色、开放、共享五大发展理念为指导，重点提升宜居、治理、服务、文化四个品质。

街道蓝皮书·陶然亭篇

关键词： 陶然亭街道　陶然式美好生活　街区品质　发展模式

一　陶然亭街道打造"陶然式美好生活"的背景分析

（一）适应社会发展需求变化的必然选择

中共十九大报告指出，中国特色社会主义进入了新时代。进入新时代后，我国的社会主要矛盾发生转变，这种矛盾转变首先会在先发地区集中体现。"陶然式美好生活"反映的正是适应社会主要矛盾转变，更好地推动街区发展，特别是人的发展的理念。

1. "陶然式美好生活"将更好适应社会主要矛盾的转变

习近平总书记在中共十九大报告中明确指出："我国社会主要矛盾已经转化为人民日益增长的美好生活需要和不平衡不充分的发展之间的矛盾。"[①] 其中，从"人民日益增长的物质文化需要"到"人民日益增长的美好生活需要"的转变，正是陶然亭街道提出打造以"四优"为核心的"陶然式美好生活"的初衷。美好生活需要比原来的物质文化生活需要范围更广、品质更高，涵盖了经济、政治、社会、文化、生态等各个领域，在社会保障、民主法治、公平正义、安全稳定、生态环境等方面提出了更高层次的要求，既反映出教育、文化、卫生、养老、住房等民生需求，也包括了青山绿水、蓝天白云的生态需求等。

陶然亭街道地处首都功能核心区，经济社会发展水平走在全国前列。陶然亭街道居民的物质文化水平相对较高，其需求也更加多元化，社会主要矛盾转变的特征更加凸显。这就更需要街道从满足"人民日益增长的美好生活需要"实际出发，着力打造更符合居民需要的"陶然式美好生活"。

---

① 习近平：《中国共产党十九大报告》，新华网，2017年10月18日。

2. "陶然式美好生活"是基层贯彻落实"两个一百年"奋斗目标的鲜活实践

中共十五大报告首次提出"两个一百年"奋斗目标：第一个一百年，是到中国共产党成立 100 年时（2021 年）全面建成小康社会；第二个一百年，是到新中国成立 100 年时（2049 年）建成富强、民主、文明、和谐的社会主义现代化国家。① 中共十八大再一次吹响了实现"两个一百年"奋斗目标的号角，中共十九大则清晰描绘了实现"两个一百年"奋斗目标的时间表和路线图（见图1）。全面建成小康社会与人民的美好生活密不可分；富强民主文明和谐美丽的社会主义现代化强国则需要物质文明、政治文明、精神文明、社会文明、生态文明的全面提升，是实现人民共同富裕与共同享有美好

时间	中共十九大报告	北京城市总体规划（2016年~2035年）
2020年	全面建成小康社会、实现第一个百年奋斗目标	建设国际一流的和谐宜居之都取得重大进展，率先全面建成小康社会
2035年	基本实现现代化	初步建成国际一流的和谐宜居之都
2050年	建成富强民主文明和谐美丽的社会主义现代化强国	全面建成更高水平的国际一流的和谐宜居之都

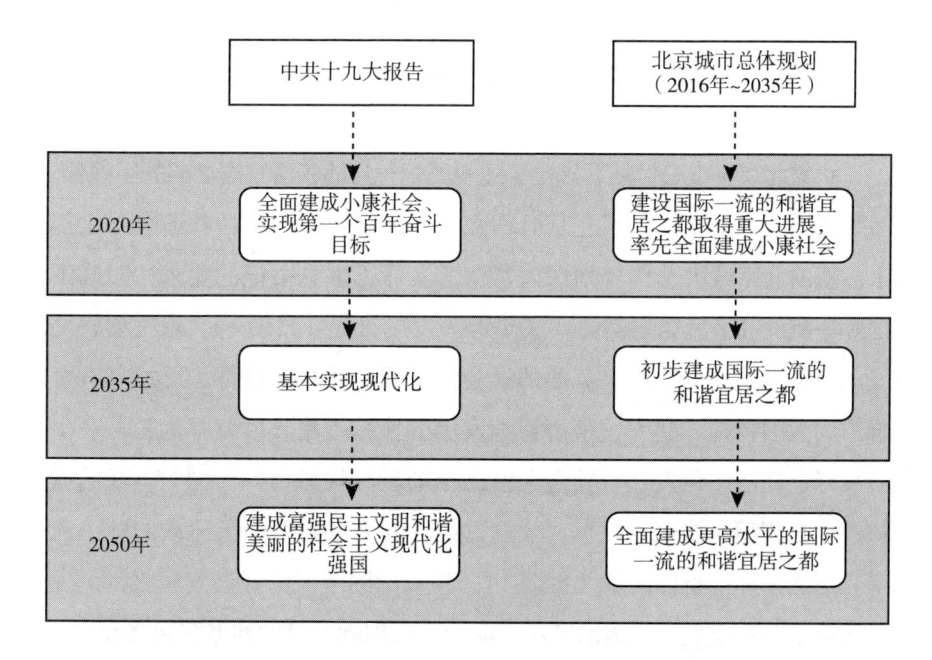

图 1　中共十九大报告和北京城市总体规划"三步走"目标

资料来源：习近平：《中国共产党十九大报告》，新华网，2017 年 10 月 18 日。北京市规划和国土资源管理委员：《北京城市总体规划（2016 年~2035 年）》，http://zhengwu.beijing.gov.cn/gh/dt/t1494703.htm，最后访问日期：2017 年 9 月 29 日。

---

① 江泽民：《在中共十五大上的报告》，人民网，2012 年 11 月 4 日。

生活的更集中体现。陶然亭街道提出的"陶然式美好生活"是基层贯彻落实"两个一百年"奋斗目标的具体实践。陶然亭街道通过设立环境建设、民生保障、文化建设、道德建设等方面目标，着力打造符合街道发展实际、具有街道文化特色的"美好生活"模式。

（二）落实首都战略定位、建设国际一流的和谐宜居之都的重要任务

新的北京城市总体规划提出了建设国际一流的和谐宜居之都的发展目标与指标体系，为建设一个什么样的首都明确了方向与具体要求。陶然亭街道地处西城区，是首都功能核心区的重要组成，要贯彻落实首都战略定位，做好"四个服务"[①]，结合区域发展阶段特征，充分发挥建设国际一流的和谐宜居之都的示范作用。"陶然式美好生活"与这一目标任务高度契合。

1. 新的北京城市总体规划提出了建设国际一流的和谐宜居之都的明确要求

习近平总书记两次视察北京时均强调了建设国际一流的和谐宜居之都的要求。新的北京城市总体规划深入贯彻落实习近平总书记的要求，明确了建设国际一流的和谐宜居之都的"三步走"发展目标（见图1），最终要将北京建设成为富强民主文明和谐美丽的社会主义现代化强国首都、更加具有全球影响力的大国首都、超大城市可持续发展的典范，建成以首都为核心、生态环境良好、经济文化发达、社会和谐稳定的世界级城市群。同时，新的城市总体规划从创新、协调、绿色、开放、共享五个方面明确了建设国际一流的和谐宜居之都评价指标体系（见表1）。建设国际一流的和谐宜居之都的发展目标明确了首都建设与发展的基本方向，建设国际一流的和谐宜居之都评价指标体系则对首都建设与发展提出了具体要求。"陶然式美好生活"本质上就是要实现国际一流和谐宜居生活。具体的指标也将成为"陶然式美好生活"的重要导向和标准。

---

① 四个服务：为中央党政军领导机关服务，为日益扩大的国际交往服务，为国家教育、科技、文化和卫生事业的发展服务，为市民的工作和生活服务。

表1 建设国际一流的和谐宜居之都评价指标体系

分项		指标	2015年	2020年	2035年
坚持创新发展，在提高发展质量和效益方面达到国际一流水平	1	全社会研究与试验发展经费支出占地区生产总值的比重(%)	6.01	稳定在6左右	
	2	基础研究经费占研究与试验发展经费比重(%)	13.8	15	18
	3	万人发明专利拥有量(件)	61.3	95	增加
	4	全社会劳动生产率(万元/人)	19.6	23	提高
坚持协调发展，在形成平衡发展结构方面达到国际一流水平	5	常住人口规模(万人)	2170.5	≤2300	2300
	6	城六区常住人口规模(万人)	1282.8	1085左右	≤1085
	7	居民收入弹性系数	1.01	居民收入增长与经济增长同步	
	8	实名注册志愿者与常住人口比值	0.152	0.183	0.21
	9	城乡建设用地规模(平方公里)	2921	2860左右	2760左右
	10	平原地区开发强度(%)	46	≤45	44
	11	城乡职住用地比例	1:1.3	1:1.5以上	1:2以上
坚持绿色发展，在改善生态环境方面达到国际一流水平	12	细颗粒物($PM_{2.5}$)年均浓度(微克/立方米)	80.6	56左右	大气环境质量得到根本改善
	13	基本农田保护面积(万亩)	—	150	
	14	生态控制区面积占市域面积的比例(%)	—	73	75
	15	单位地区生产总值水耗降低(比2015年)(%)	—	15	>40
	16	单位地区生产总值能耗降低(比2015年)(%)	—	17	达到国家要求
	17	单位地区生产总值二氧化碳排放降低(比2015年)(%)	—	20.5	达到国家要求
	18	城乡污水处理率(%)	87.9(城镇)	95	>99
	19	重要江河湖泊水功能区水质达标率(%)	57	77	>95
	20	建成区人均公园绿地面积(平方米)	16	16.5	17
	21	建成区公园绿地500米服务半径覆盖率(%)	67.2	85	95
	22	森林覆盖率(%)	41.6	44	45

续表

分项		指标	2015年	2020年	2035年
坚持开放发展,在实现合作共赢方面达到国际一流水平	23	入境旅游人数(万人次)	420	500	增加
	24	大型国际会议个数(个)	95	115	125
	25	国际展览个数(个)	173	200	250
	26	外资研发机构数量(个)	532	600	800
	27	引进海外高层次人才来京创新创业人数(人)	759	1300	增加
坚持共享发展,在增进人民福祉方面达到国际一流水平	28	平均受教育年限(年)	12	12.5	13.5
	29	人均期望寿命(岁)	81.95	82.4	83.5
	30	千人医疗卫生机构床位数(张)	5.14	6.1	7左右
	31	千人养老机构床位数(张)	5.7	7	9.5
	32	人均公共文化服务设施建筑面积(平方米)	0.14	0.36	0.45
	33	人均公共体育用地面积(平方米)	0.63	0.65	0.7
	34	一刻钟社区服务圈覆盖率(%)	80(城市社区)	基本实现城市社区全覆盖	基本实现城乡社区全覆盖
	35	集中建设区道路网密度(公里/平方公里)	3.4	8(新建地区)	8
	36	轨道交通里程(公里)	631	1000左右	2500
	37	绿色出行比例(%)	70.7	>75	80
	38	人均水资源量(包括再生水量和南水北调等外调水量)(立方米)	176	185	220
	39	人均应急避难场所面积(平方米)	0.78	1.09	2.1
	40	社会安全指数 社会治安:十万人刑事案件判决生效犯罪率(人/10万人)	109.2	108.7	106.5
	41	交通安全:万车死亡率(人/万车)	2.38(2016年)	2.1	1.8
	42	重点食品安全检测抽检合格率(%)	98.42	98.5	99

资料来源:北京市规划和国土资源管理委员:《北京城市总体规划(2016年~2035年)》,http://zhengwu.beijing.gov.cn/gh/dt/t1494703.htm,最后访问日期:2017年9月29日。

2. 西城作为首都功能核心区，要在建设国际一流的和谐宜居之都中发挥带头作用

新的北京城市总体规划明确了西城区作为首都功能核心区的功能定位，要将其打造成全国政治中心、文化中心和国际交往中心的核心承载区，历史文化名城保护的重点地区，展示国家首都形象的重要窗口。在推进国际一流的和谐宜居之都建设的过程中，西城区要充分发挥带头作用，坚持首都意识、首善标准、首创精神，深入推进科学治理，全面提升发展品质，加快疏功能、转方式、治环境、补短板、促协同，努力取得新成果。概括起来，体现为六个方面。

目标成果之一：核心功能显著增强。西城区作为首都功能核心区，必然要强化核心功能，疏解非首都功能。一方面是以产业、功能迁出为引领推进非首都功能疏解，包括区域性专业市场等产业及部分公共服务机构、行政企事业单位的迁出。另一方面是以人口疏解为引领推进非首都功能疏解，控制全区人口总量，使大城市病问题得到有效缓解。通过非首都功能疏解，区域政务服务、文化传承、城市治理的功能更加凸显，"四个服务"能力进一步增强，城市管理和服务品质全面提升。

目标成果之二：城市环境更加宜居。宜居是建设国际一流的和谐宜居之都的核心。从生活方面来看，西城区要从人的需求出发，供给绿色低碳的服务，进一步改善生活环境质量。从生产方面来看，西城区要在经济高质量发展的同时，持续降低单位地区生产总值能耗、水耗，控制碳排放总量等，不断提高绿色发展水平。从生态方面来看，西城区要进一步拓展绿色生态空间，提高城市综合承载力和现代化治理水平。

目标成果之三：文明程度显著提升。西城区作为首都功能核心区，要在首都建设全国文化中心的过程中，不断提升区域文明程度。加强对中国梦和社会主义核心价值观的宣传，弘扬"红墙文化"，引导社会公众树立正确的价值观。推进文化事业和文化产业的协调发展，进一步健全公共文化服务体系，全面加强历史文化名城保护，不断提升区域文化品位、文化影响力。

目标成果之四：经济发展更加优质。以新的北京城市总体规划实施为标

志，首都进入了探索"减量发展模式"的新阶段。西城区更加注重发展质量和效益的不断提升，"高精尖"经济结构进一步优化。特别是创新引领作用更加凸显，高端发展、内涵发展、融合发展优势显著提高，区域发展的内生动力和活力进一步增强。

目标成果之五：人民生活显著改善。发展的最后落脚点是改善百姓生活。西城区将进一步完善公共服务体系，实现基本公共服务均等化程度和优质化水平进一步提高。在充分就业、基础教育、群众健康、养老服务等方面更加体现需求导向，切实解决百姓关注的热点难点问题。进一步改善困难群众基本生活，进一步推进棚户区改造，让区域发展更加安定有序，让百姓获得感进一步增强。

目标成果之六：治理体系更加健全。西城区作为首都功能核心区，要在治理体系和治理能力现代化方面走在全国前列，要建立与建设国际一流的和谐宜居之都要求相符的社会治理体系，不断提升城市治理能力，进一步健全人民民主，全面推进各领域改革，着力建成法治政府。

这六个方面的目标成果，需要西城区辖区内的各个街道分解落实和有效实施。陶然亭街道的实施路径就是打造"陶然式美好生活"。

（三）发挥街区特色、解决街区发展难题的迫切需求

"陶然式美好生活"是结合地区现状发挥地区特色的一种发展模式的探索。一方面，这一模式能够有针对性地克服当前街道发展面临的管理、服务瓶颈，不断提升街区发展品质。另一方面，这一模式能有效发挥街道文化特色优势，以文化人、以文育人、以文聚人，探索根植于百姓、满足百姓发展需求的发展方式。

1. 街区发展面临管理、服务等方面的瓶颈

陶然亭街道分为北、中、南三个区域。三个区域人口构成不同，服务需求较为复杂。北部地区人口层次较高，主要问题为高档住宅小区建设过程中的部分遗留问题。中部地区为街道的人口密集地区，老旧小区较多、困难群体较多，在基础设施、公共服务、民生服务等方面的需求较多。南部地区主

要由一个AAAA级景区陶然亭公园和部分机关宿舍、居民社区组成，陶然亭公园是新中国成立后北京市最早兴建的一座现代园林，在管理上要求较高。

与此同时，街道内部管理体制不顺与外部管理问题多的矛盾较为突出。从街道内部管理来看，街道环境建设和管理体制不够完善，主要体现为组织、运行、控制和管理能力不够强，特别是环境分级分类建设管理机制需要尽快理顺，制度建设需要进一步细化，过程控制需要进一步精细，组织协调需要进一步强化，监督考评需要进一步完善，建后管理需要进一步加强。从外部管理问题来看，街道的低端业态较多，"三店"现象（即店外经营、店外加工、店外堆物）明显，无照经营和流动商贩问题突出（这与困难群体多密切相关）。同时，流动人口多、困难群体多也对街道管理提出了更高要求。

2.街区发展需要发挥地区特色

"陶然式美好生活"不仅是对百姓需求的回应，也体现了陶然亭街道的文化底蕴和文化特色。陶然亭街道的文化资源丰富，在建设国际一流的和谐宜居之都的过程中，陶然亭街道充分发挥地区文化资源丰富的优势，围绕会馆文化、红色文化、戏剧文化、校园文化、园林文化、地书文化等文化特色，秉持"以文化人、以文育人、以文聚人"理念，探索打造具有陶然特色的"美好生活"。

二　陶然亭街道打造"陶然式美好生活"的实践与创新

以人为核心的"陶然式美好生活"，以对接居民需求为重要导向，以提升居民满意度为重要标准，体现了精准治理的理念。陶然亭街道从对接需求、引导需求、满足需求三个环节着手，创新工作方式，满足服务需求。同时，街道还将居民满意度作为"陶然式美好生活"的衡量标准，通过政策宣传、工作宣传、成果宣传，提升居民的认同感、融入感、获得感，提高居民对街道工作的满意度。通过提升需求的精准服务、满意度，促使居民更好地体会"陶然式美好生活"，参与打造"陶然式美好生活"，共同实现"陶然式美好生活"的"四优"目标。

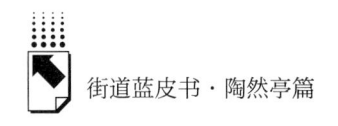

（一）建立对接机制，了解居民需求

了解居民需求是推进精准服务的重要前提。陶然亭街道在深入开展"访民情、听民意、解民难"[①]的基础上，以街道"大工委"为统领，以社区"大党委"为支撑，以"网格党小组"为基础，构建需求对接的组织基础，以社区议事会、网格议事会和微网格三方联动协商平台为依托，构建起覆盖广、常态化的需求对接机制。

1. 以党建为统领，构建多元主体参与的街区治理网络

陶然亭街道"大工委"统领7个区域专业委员会[②]、8个社区"大党委"和85个群众工作网格，构建形成区域化党建网络体系。在此基础上，陶然亭街道形成了由街道"大工委"、社区"大党委"和"网格党小组"共同构成的参与型协商治理网络体系，以实现居民需求的有效对接。街道"大工委"由15名人员组成，其中3名为街道工委领导班子成员，1名为社区居民代表，其余11名均为辖区内规模较大的单位党组织负责人。"大工委"作为参与型协商的议事协调机构，负责谋划区域发展的重大事务。社区"大党委"通过建立大事共议、难事共商、要事共决、实事共办的工作机制，引导社会单位积极参与协商治理。楼院层面按照居住相邻、需求相近、利益相同的原则，把8个社区划分为85个网格，在每个网格内都相应建立了"网格党小组"。街道通过再造组织体系，夯实了参与型协商治理的组织基础，实现了对区域内人、地、物、事、组织的全覆盖。

2. 注重居民参与，构建常态化的需求对接机制

陶然亭街道在落实西城区"访民情、听民意、解民难"工作机制、合理应用"全响应"社会服务管理调度系统的基础上，以"满足社区需求、

[①] 2012年5月6日，中共北京市西城区委、北京市西城区人民政府发布《关于深入开展"访民情 听民意 解民难"工作的实施意见》，加快推进以改善民生为重点的社会建设，构建全面感知、快速传达、积极响应的"全响应"社会服务管理工作体系。

[②] 指党建协调、经济发展、城市管理、文化体育、民生服务、安全维稳、精神文明7个专业委员会。

挖掘多方资源、提升互助意识、推进多元主体参与社区治理"为主要内容，以网格议事会为载体，结合北京市第二批社区治理与服务创新实验区创建①等街道重点工作，探索具有自身特色的参与型协商工作模式，建立常态化的需求对接机制。

一方面，街道注重突破地域限制，以共同利益群体为原则，以楼门院落为单位细分网格，形成微网格。通过协商范围的调整，街道明确了每个具体矛盾的协商主体，提高了居民参与社区建设的积极性，激发了利益相关方的协商精神，为建立需求对接机制奠定了组织基础。

另一方面，街道注重发挥网格议事会灵活和上下联动的优势，搭建社区议事会、网格议事会和微网格（如楼宇会等）三方联动协商平台，形成常态化的需求对接机制。不同类型的矛盾问题交由不同平台协商解决。其中跨网格的社区问题、大额资金使用问题等，由社区议事会进行协商；某一网格内的问题就由网格议事会组织协商；更小的、更有针对性的问题，由微网格动员利益相关方进行协商讨论。

（二）加强社会动员，引导居民需求

陶然亭街道人口构成复杂，居民需求多样。为引导居民需求合理化、合法化，陶然亭街道重点从凝聚共治、法治教育、工作宣传等方面着手，提出了"四优"目标，加强对居民的宣传教育，促使居民在有效提出自身需求的同时，更能考虑到需求是否与法律法规相符、是否与街道定位相符。

1. 确立"四优"目标，强化需求共识

陶然亭街道通过设立"四优"目标，即优美的城市环境、优质的民生保障、优雅的文化品质、优良的道德风尚，确立了"陶然式美好生活"的共同目标，形成了区域发展共识。疏解非首都功能，加强基础设施与环境建

---

① 2015年7月21日，《民政部关于同意将北京市西城区等40个单位确认为全国社区治理和服务创新实验区的批复》下发，实验时间从2015年7月至2018年6月，为期3年。西城区的实验主题为"推进三社联动，加强社区治理服务创新"。

设，提升区域环境品质。完善公共服务，创新服务方式，完善服务体系，提升民生保障能力。梳理地区文化脉络，挖掘文化内涵与价值，提升区域文化品质。推进精神文明建设，尤其是青少年思想道德建设，加强传统文化教育，营造良好的文明环境。

2. 加强法治教育，引导需求合法化

全面依法治国是中央"四个全面"①战略布局的重要内容。陶然亭街道充分认识到了法治的重要性，不断加强对居民的法治教育，引导居民需求合法化。积极宣传普及依法治国基本内容，开展"唱响依法治国，享受公平美好生活"知识竞赛活动、模拟法庭活动，增强居民知法、学法、守法、用法的意识，贯彻落实依法治国的总要求。大力宣传宪法和法律，在全社会倡导崇尚宪法、遵守宪法、自觉维护宪法权威的观念，开展宣讲、展示、讲座等多种形式相结合的"宪法日"宣传学习活动。为实施法律救援制度，维护社会公平正义，开展第七届北京市司法行政开放日活动②，普及推广法律援助相关知识，提升居民法律素质和法治意识，促进形成依法办事、遇事找法、解决问题靠法的社会风气。同时，陶然亭街道还从实际出发，开展与婚姻家庭有关的法律知识讲座、《老年人权益法》知识讲座、侨法宣传活动，满足居民服务需求。

3. 加大工作宣传，促进需求合理化

陶然亭街道秉持服务工作与重点工作相结合的原则，不断加大街道工作宣传力度，引导居民了解街道工作、理解街道工作、参与街区治理，减少居民提出的不合理诉求，促进居民需求与街道工作相符。在推进"疏解整治促提升"专项整治行动的过程中，以居民看得见、摸得着的形式，加大对工作的宣传，促使居民了解街道工作并自觉参与街区治理工作中来。在落实"十三五"规划的过程中，"一张蓝图绘到底"，从街区环境等看得见的角

---

① 四个全面：全面建成小康社会、全面深化改革、全面依法治国、全面从严治党。
② 为进一步提升司法行政工作的社会认知度和群众满意度，扩大百姓对司法行政工作的知情权和参与权，增进群众对司法行政工作的了解和监督，2017年6月5日至10日，西城区举办了主题为"践行'红墙意识'司法行政在身边"的第七届司法行政开放日活动。

度，让居民看见规划实施前后的对比，促使居民有效配合、参与到"十三五"规划的落实与推进中来。

（三）推行分类治理，满足居民需求

分类治理是陶然亭街道精准治理的核心。街道重点从分析需求、服务需求、服务考评三个环节做好分类服务与服务反馈，以分析为基础，以服务为重点，以考评为保障，有效对接居民多样化服务需求，不断提升服务水平，提高居民满意度。

1. 分析居民需求，做好需求分类

陶然亭街道分为北、中、南三个区域，三个区域的居民构成不同，其服务需求差别较大。街道注重分类做好需求分析，为开展精准服务奠定基础。针对中部地区老城区居民集中的特点，更加注重民生需求的保障；针对北部地区以高档小区为主的特点，更加注重居民利益的保障与服务针对性的提高；针对南部地区公共区域面积大的特点，更加注重管理的规范化和精细化。

2. 结合重点工作，分类精准服务

在开展具体管理服务工作的过程中，陶然亭街道在需求分类的基础上，精准对接需求，明确重点主体，实现分类服务。针对北部地区的拆迁遗留问题，督促协调地产公司履行主体责任，采取清退、回收、置换等方式，解决该区域居民冬季采暖"无煤化"的问题。针对中部地区区域环境秩序问题，坚持"减存量、零增长"拆除违法建设，组建日常清运小组整治环境脏乱点。针对老旧小区的基础设施问题，推进抗震加固项目，开展道路铺装、管网改造、便民设施添置等小区公共环境建设。针对老旧小区多、困难群体多等问题，落实就业援助、创业扶持、社会保险、最低生活保障等政策性制度。同时，注重推进资源共建共享，与17家单位保持合作，为辖区居民提供错时停车等10项服务；与60家社会单位签约服务，着力推进"居家养老服务圈"建设。

3. 注重工作考评，增强服务保障

陶然亭街道注重以居民满意度为导向，加强工作考评，提升服务水平，提高居民满意度。一方面，街道以区级标准加强工作考评，2016年，陶然亭街道的居民满意度在西城区的15个街道中排名第5，处于中上水平。另一方面，街道注重从细微之处着手，建立服务满意度反馈机制，以此督促服务品质提升，提升具体工作满意度。

（四）共享发展成果，提升居民满意度

"陶然式美好生活"的最终落脚点是居民满意度，居民满意度也是衡量街道工作成效的重要标准。陶然亭街道从政策宣传、工作宣传、成果宣传三个方面着手，通过让居民了解街道工作、参与街道工作、收获工作成果，提升居民的认同感、融入感、获得感，进而达到提升满意度的目的。

1. 加大政策宣传力度，提升居民认同感

政策是街道工作的重要依据和手段。以规划来说，陶然亭街道在充分认识到规划重要性的同时，也认识到提升居民对街道工作认同感的重要作用。街道以"一张蓝图绘到底"的形式，加大对各类规划的宣传力度，提高街道工作的可视化程度，促使居民能够了解、认同规划和街道工作。如，为解决地区停车难问题，街道经过与国家食药检总局沟通，对其2.2万平方米闲置用地进行规划，以看得见的形式向居民展示该地用途，一半将用于建设拥有800个车位的地面停车场，一半将用于开发公共配套和景观绿地。再如，为提升辖区生活性服务业品质，街道规划打造陶然亭街道生活性服务业服务圈，以图片的形式向居民展示百姓生活服务中心的选址、构成、服务内容等，让居民以更直观的形式了解街道要干什么，将形成什么成果，会给辖区发展和百姓带来哪些便利。

2. 加大工作宣传力度，提升居民融入感

陶然亭街道通过多种途径，以居民参与为重要形式，在工作过程中加大宣传，提升居民融入感。在推进社会安全防控的过程中，发挥巡防队员、治安志愿者、反恐处突小分队等群防群治力量的作用，以联合执法的形式，有

效维护地区安全稳定。在解决道路修整等民生问题的过程中，搭建社区议事会、网格议事会、微网格三方联动协作平台，以多方协商的形式，协商调处难点问题。深入推进社会主义核心价值观主题教育，开展形式多样的宣讲活动，树立崇德向善的现实标杆。开展"提升城市品质共建美丽西城"大讨论，有效激发居民的主人翁意识。举办"近代陶然亭与中国共产党创立""孙中山与陶然亭"等座谈会，展现"陶然"革命文化底蕴。提炼新"六德"精神，为老品牌注入新内涵，彰显陶然文化魅力。推进文化教育惠民社会化发展，为社区百姓提供演出、太极、体质测试等多个惠民项目。依托社区教育学校，开展国画、摄影、舞蹈、书法等市民学习培训活动，形成多层次的社教体系，切实丰富居民文化生活。有效传播街道的工作理念、工作进展、阶段性成果，引导辖区单位、社区居民的广泛参与。

3. 加大成果展示力度，提升居民获得感

针对环境整治、安全社区建设等成果易见的街道工作，陶然亭街道加大成果展示力度，促使居民在看得见的好处中提升获得感、满足感。积极展示虎坊桥人才市场撤市工作、非法出租地下空间清退工作、取缔无照经营和封堵"开墙打洞"工作、安全检查与整改工作、科技创安工程（安装社区技防设施）等工作成果，让居民看到区域环境的变化。展示百姓生活服务中心建设成果，让居民在感受社区服务业品质提升的过程中找到获得感和满足感。展示"安全社区"创建成果，让居民看到共同参与的成果，形成获得感。

三 陶然亭街道打造"陶然式美好生活"，提升街区发展品质的思路分析

陶然亭街道打造"陶然式美好生活"，提升街区发展品质，既符合首都战略定位，也顺应居民发展需求。"陶然式美好生活"的核心要义是要符合区域发展阶段特征，与居民的发展需求、发展期待相符。打造"陶然式美好生活"，提升街区发展品质，是贯彻落实党的十九大报告要求，以创新、

协调、绿色、开放、共享五大发展理念为指导，推动基层治理创新的生动实践。

（一）"陶然式美好生活"的核心要义：符合区域发展阶段特征、顺应居民发展需求

"陶然式美好生活"的核心是让居民对街区生活感到满意，这取决于居民的内在需求，或者称为区域的发展阶段。陶然亭街道有北、中、南三个区域，三个区域发展阶段不同，居民情况不一。因此，在打造"陶然式美好生活"的过程中，陶然亭街道推行分类治理的实践经验，结合各个区域的实际开展分类治理，促使街区发展与区域发展阶段相符，促使街区发展与居民期待相符。

1. 中部地区：处于完善基本公共服务、解决民生难点问题的阶段

中部地区以老旧小区为主，包括平房、简易楼房、筒子楼等各个年代、各种类型的老旧房屋，小区配套设施缺乏。因此，居民对于生活服务、民生服务等基本服务需求较大。由于小区管理的缺位，环境问题等与居民生活密切相关的管理问题是该地区需要关注的重点。

陶然亭街道解决中部地区的重点问题，注重精准对接居民需求，重点从两个方面着手。一方面，从管理入手，引导居民形成自治组织，在准物业自治组织的基础上，将自治管理延伸到环境管理等其他领域，合力解决地区低端业态聚集的问题。另一方面，从服务入手，结合居住人口老年人多、困难群体多等特征，加强养老服务、困难帮扶等民生保障。同时，针对地区配套设施差的问题，加强与地区单位的联系，共同推进公共服务设施建设，着力解决与居民关系密切的生活服务配套问题。

2. 北部地区：处于改造棚户区、完善配套设施的阶段

北部地区以中信城、陶然北岸等高档住宅小区为代表，小区内部管理相对完善。该地区当前的突出问题是中信城规划未能按期推进，周边棚户区拆迁计划搁置，棚户区处于"失管"状态，民生问题与环境问题突出。按照中信城的规划，小区周边的棚户区是要拆迁的。棚户区拆迁计划的搁置，导

致了中信城配套设施不足、停车难等问题突出；也造成了拆迁区居民公共服务差、生活服务差及地区环境差等问题突出。陶然北岸作为建成小区，地下空间清理与整治是当前的一大重点。

解决北部地区的突出问题，陶然亭街道要以分类管理理念为指导，重点从三个方面着手。首先，加强与中信城主管领导的对接，加快推进棚户区拆迁与配套设施完善，着力打造高品质社区。其次，加强未拆迁区的服务与管理，解决好人屋安全等重点民生问题，解决好环境治理问题。最后，按照"疏解整治促提升"的要求，加快推进陶然北岸地下空间整治。

3. 南部地区：处于提升文化品质的阶段

南部地区内部管理比较有序，区域环境优美，文化资源丰富。该地区人口构成相对简单，居民素质普遍较高，居民需求主要集中在配套设施、文化服务等方面。

陶然亭街道解决南部地区的重点需求，从统筹利用入手，实现精准服务。一方面，充分发挥陶然亭公园的文化、生态优势，对接居民需求，打造文化特色，提升环境品质；另一方面，加强公共服务设施、配套服务设施等基础设施建设，解决好部分宿舍配套设施不足的问题。

（二）陶然式街区模式的理念：创新、协调、绿色、开放、共享

党的十九大报告明确提出，必须坚定不移贯彻创新、协调、绿色、开放、共享的发展理念。创新发展、协调发展、绿色发展、开放发展、共享发展也是建设国际一流的和谐宜居之都评价指标体系的重要内容。在陶然亭街道打造"陶然式美好生活"的过程中，五大理念互有侧重，又相互融合，是打造"陶然式美好生活"街区模式的重要理念指导，也是构建符合居民需求、符合街道发展阶段特征的和谐宜居街区的重要导向。

1. 坚持创新发展，创新共治模式

创新驱动是实现街区可持续发展的重要动力。对于陶然亭街道来说，应重点从分类治理和科技治理两个方面加快推进创新，不断提升街区治理水平，推进"陶然式美好生活"街区建设。

分类治理是"陶然式美好生活"街区模式的重要创新，是陶然亭街道以居民需求为导向，推进精准服务与精准治理过程的重要举措。在打造"陶然式美好生活"的过程中，陶然亭街道结合各社区实际情况，科学分类，统筹资源，推进分类治理。

科技治理的着力点在"互联网+""大数据"等现代科技的应用上，是打造"陶然式美好生活"的重要途径。随着经济社会的发展，居民的需求更加复杂，街区治理的难度更大，传统的治理手段难以满足现代化街区治理需求。因此，在打造"陶然式美好生活"过程中，陶然亭街道更加注重网格治理体系的科技应用，运用现代化科技手段，提升治理的科学化水平。

2. 坚持协调发展，疏解非首都功能

协调发展是解决人民日益增长的美好生活需要和不平衡不充分的发展之间的矛盾的重要途径。对于陶然亭街道来说，应把协调发展的着眼点落在京津冀协调发展上，抓住疏解非首都功能的"牛鼻子"，统筹街道当前各项工作。一方面，从"控制增量、疏解存量"入手，推进产业疏解、功能疏解，并着力加强人口调控，促使区域发展与首都战略功能定位一致。另一方面，从服务首都核心功能出发，统筹利用好腾退空间，优化街区功能，为打造"陶然式美好生活"提供必要的环境条件。尤其是注重处理好街道北、中、南三个区域不平衡不充分发展的关系，在满足居民需求的基础上，着力推进公共服务的均衡发展。

3. 坚持绿色发展，优化街区环境

绿色发展与生态环境息息相关，是建设和谐宜居街区的必备条件。对于陶然亭街道来说，绿色发展的重点是推进公园式街区建设，促进街区建设与绿地建设相结合，增加街区绿化面积，美化街区绿化景观，优化街区生态环境。一方面，充分发挥陶然亭公园的资源优势，挖掘其景观资源、文化内涵，将其作为陶然亭街道公园式街区建设的重要特色，打造与陶然亭公园特色相适宜的街区景观；另一方面，在花园式社区创建的基础上，总结经验，调动居民积极性，丰富绿化品种，采用多种绿化形式相结合的立体绿化模式，形成共管共养的共建格局。

4. 坚持开放发展，加强文化交流

开放发展是对接国际一流标准、提升街区发展水平的重要途径。对于陶然亭街道来说，开放发展的重点是发挥文化优势，推动文化交流。首先，以京津冀协同发展为重要背景，促进陶然亭街道与京津冀其他地区之间的文化交流，促进文化共建，共同提升文化水平。其次，以"陶然地书"为重要平台，加强与全国各地的文化交流，提升地书文化的影响力。最后，依托首都作为国际交往中心的功能定位，对接国际一流标准，不断提升街道的文化水平，推进文化品牌"引进来"与"走出去"。

5. 坚持共享发展，促进共建共享

共享发展，提升居民满意度是"陶然式美好生活"的最终落脚点。对于陶然亭街道来说，共享发展的重点主要是从多元共治、共建、共享三个方面着手。首先，引导居民、单位积极参与街区治理，将居民自治、单位共治作为街道治理的重要补充，构建多元共治格局。其次，充分对接需求，在此基础上，引导居民、单位参与街区建设，通过各大主体的参与，提升主体的融入感、获得感。最后，通过成果展示、成果宣传等方式，让居民、单位等各大主体感受、共享街区发展成果，提升主体满意度、幸福感。

（三）陶然式街区品质的重点：提升四个品质

发展品质包括政治、经济、社会、文化、生态等各个方面的品质。在建设国际一流的和谐宜居街区的过程中，陶然亭街道从工作重点着手，提升治理品质、服务品质；兼顾街道特色，结合公园、文化等特色资源，提升宜居品质、文化品质，打造富有陶然特色的"陶然式美好生活"街区。

1. 提升宜居品质

宜居是建设国际一流的和谐宜居街区的基本内容之一。宜居包括生活便利、生态舒适等方面内容，生活便利与生态舒适也是陶然亭街道当前需要提升宜居品质的重点。陶然亭街道内有陶然亭公园，生态基础良好，但也面临人口众多、交通拥堵等大城市病。因此，提升宜居品质是陶然亭街道针对发展问题，发挥街道特色，打造"陶然式美好生活"、提升街区发展品质的重

要工作。

2. 提升治理品质

街区治理是街道工作的重点。党的十九大报告明确提出，要加强和创新社会治理，提高社会治理社会化、法治化、智能化、专业化水平。陶然亭街道内部情况复杂，北、中、南三个区域情况各异，由此街道创新了分类治理模式，这也是陶然亭街道街区治理的一大特色。因此，在提升街区治理品质的过程中，陶然亭街道要以分类治理试点为基础，以精准治理为目标，将党的十九大报告要求与街道特色治理模式相结合，进一步优化分类治理模式，并加强科技应用，推进多元共治。

3. 提升服务品质

"四个服务"是中央对首都提出的明确要求。陶然亭街道地处首都功能核心区，必然要积极做好"四个服务"，提升服务品质。从陶然亭街道自身来看，提升服务品质，是对接居民需求、形成街道"以人为核心"发展模式的重要组成。因此，陶然亭街道提升服务品质，重点从对接居民需求、多方提供服务入手，不断提升地区服务水平，最终实现居民满意度的提升。

4. 提升文化品质

文化品质是落实首都"四个中心"战略定位的重要内容。陶然亭街道作为首都功能核心区的重要组成，提升文化品质成为贯彻落实首都战略定位的重要任务。陶然亭街道有会馆文化、公园文化、红色文化、戏剧文化、地书文化等丰富的文化资源，文化有底蕴、有特色、有品牌，街区整体文化品质较高。在提升文化品质的过程中，陶然亭街道一方面从挖掘文化内涵、塑造文化品牌等方面着手，不断提升陶然文化软实力；另一方面，不断完善公共文化服务体系，促进公共文化服务均衡发展。

四 陶然亭街道打造"陶然式美好生活"，提升街区发展品质的建议

按照创新、协调、绿色、开放、共享五大发展理念，推进宜居、治理、

服务、文化四大品质提升,加快实现"陶然式美好生活"发展目标,陶然亭街道要进一步结合非首都功能疏解、社会治理创新、文化服务示范街区创建等工作重点,找到更加具体、更加有效的工作抓手。

(一)加快"疏解整治促提升",提升宜居品质

陶然亭街道在提升街区宜居品质的过程中,重点是从疏解非首都功能、治理大城市病着手,尤其要抓住疏解非首都功能的"牛鼻子",将"疏解整治促提升"与大城市病治理相结合,优化街区功能与环境,为居民提供绿色、便利的宜居环境。

1. 疏解非首都功能,优化区域功能

以"疏解整治促提升"专项行动为重要抓手,找准街道疏解整治的重点,在疏解非首都功能中谋求新发展,优化街道功能。升级改造辖区内与首都功能不相符的市场,系统规划腾退空间,完善公共服务设施和补充公益服务场所。实现"七小"门店全部清零并严防反弹。打击占道经营,严管重罚废品收购等重点业态。继续推进"开墙打洞"整治,在完成台账任务清零的基础上,重点开展无"开墙打洞"示范街建设。发挥政策激励作用,开展直管公房转租转借专项治理。打击违法群租,严防地下空间散租住人。同时,要加强"无违建"示范院建设,实施重点胡同及周边区域整治提升项目,打造"无违法建设、无开墙打洞、无违规广告牌匾、无违法经营行为"的和谐宜居示范片区。

2. 治理大城市病,优化区域环境

大城市病治理与居民发展期待、街区可持续发展密切相关。陶然亭街道要结合街区发展的重点工作、居民关注的重点问题,在治理大城市病中实现新突破,优化区域环境,建设宜居家园。依法规范停车秩序,尝试利用腾退空间缓解居民停车困难。巩固和强化文明城区创建成果,挖掘融合历史文化资源和现代城市要素,对接居民迫切的民生需求,打造设施齐全、服务便利的宜居街区。实施景观提升工程,以胡同特色文化为切入点建好胡同精品景观,留住街道特有的文化基因,塑造具有古都风韵和时代特色的街区风貌。

落实生态建设工程,积极利用边角地、废弃地、闲置地,开展小微绿地建设,打造公园式街区。

(二)完善分类治理,提升治理品质

陶然亭街道要在"一委三居一站"分类治理试点的基础上,按照党的十九大报告要求,将分类治理与智能化、社会化等要求有机结合,通过分类治理、科技治理、多元共治打造具有陶然特色的治理模式,提升街区治理品质。同时,还要注重加强对街道治理工作的宣传力度,提升居民对街道的认同感,进而提升居民满意度。

1. 推广分类治理模式,提升街区治理精准化水平

对于陶然亭街道来说,分类治理要结合街道发展阶段特征、片区发展特点,从大片和社区两个层面着手。一方面,要对北、中、南三个区域进行大片分类,实行分类管理。针对北部地区高档小区建设过渡阶段的特点,重点推进以规划为引领的小区及配套建设,并着力保障未拆迁区的民生、管理问题。针对中部地区老旧小区聚集的特点,重点以居民自治为导向,解决小区无人管的问题。针对南部地区机关宿舍聚集的特点,以完善基础设施为导向,加强服务管理。另一方面,要以"一委三居一站"试点为基础,推广社区分类治理,实现精准治理目标。

2. 树立大数据思维,提升街区治理智能化水平

中央层面明确提出,要实施国家大数据战略,加快建设数字中国。对于陶然亭街道来说,贯彻实施国家大数据战略的重点就是加强大数据在街道治理中的应用,以大数据技术提升街道治理的精准化、智能化水平。具体来看,就要树立大数据思维,强化街道全响应指挥平台的调度、督察功能,实现突发事件的快速感知与响应,不断强化全响应指挥平台的"中枢"功能。同时,街道要着力推进"智慧社区"建设,探索"互联网+政务"工作模式,盘活街道内部统计数据资源,促进线上线下为民服务的有效融合。

3. 创新协同治理机制,提升街区治理社会化水平

在协同共治上寻求新联动,提升治理水平。继续推动"参与型"社区

协商、网格议事会和辖区单位资源开放共享，完善多元共治、积极协同的基层社会治理体系。组建社会建设专家智库，会商解决公共服务供给、社会责任意识培育等难题。推进老旧小区实现"准物业"管理，探索成立"街道社区物业自管会"，垃圾、维修、停车、绿化全部纳入专业化管理，实现"有安全防范、有物业管理、有绿化扮靓、有居民自治"的建设目标，让群众的居住生活条件得到进一步改善。加强城市管理工作力量整合，探索社区激励机制，充分发挥花草协会、物业协会等社会组织在城市环境建设管理中激发群众参与、解决问题、化解矛盾与桥梁纽带的作用，引导广大市民主动参与城市秩序规范、绿化保洁、设施维护、有序停车等城市管理，进一步优化地区环境秩序。

4.完善居民参与机制，提高居民对街区治理的认同感

陶然亭街道要以居民喜闻乐见的形式对街区治理工作进行宣传，包括工作计划、工作过程、工作成效等几个方面内容，提升居民认同感、满意度。特别是让居民参与工作计划的制订，让居民了解工作、理解工作，提升其认可度。让居民全程参与、监督工作过程，让居民了解工作、融入工作，提升其融入度。让居民参与评估工作成效，让居民感知工作、认可工作，提出改进措施，提升其满意度。

（三）对接居民需求，提升服务品质

对接居民需求、提升居民满意度是陶然亭街道开展精准服务的核心。街道要在精准对接居民需求的基础上，有效整合地区资源，不断提升政务服务、公共服务、社区服务等方面的服务水平，并加强街道服务工作的宣传，提升居民满意度，让居民感受到"陶然式美好生活"。

1.对接居民需求，在政务服务、公共服务、社区服务三个方面提升精准度

居民服务需求的满足，要注重精准服务的导向，精准对接居民服务需求。结合街道实际工作，有效满足居民需求，重点从政务服务、公共服务、社区服务三个层面着手，提升街区服务品质。在政务服务方面，要充分落实"放、管、服"要求，加强政务公开，简化审批程序，优化窗口服务，推进

行政服务大厅一体化办公。同时，要以居民满意度为导向，不断提升政务服务水平。在公共服务方面，精准对接居民需求，以均衡发展为导向，完善街区各区域公共服务设施，不断提升公共服务水平。在社区服务方面，以分类服务为重要原则，对各类居民开展精准服务，提升居民服务满意度。

具体来看，陶然亭街道要在民生保障上把握居民新需求，共创美好生活。提供政策咨询、职业指导、创业培训、保险补贴"一揽子"帮扶，切实满足失业人员的需求。优化社会保险经办模式，实现应保尽保。研究制定公共服务设施配置标准，对老旧小区基础设施进行升级改造，实现街区公共服务的均衡发展。完善地区养老设施布局，推进大病医疗救助与基本医疗保险、大病保险、慈善援助的有效衔接。完善"救急难"制度，做好救助资源与急难对象的及时对接。

2. 整合地区资源，在社会、市场、居民三个方面提升自治度

陶然亭街道要注重社会、市场、居民等多方力量参与提供服务，以多元供给的方式，提升地区服务品质。在完善公共服务体系的过程中，积极引入社会、市场等多方力量提升服务水平，尝试养老服务市场化运作，为辖区老年人提供日间照料、健康指导等特色服务。在完善社区服务体系的过程中，积极引导社区居民形成自我服务组织，形成居民自我管理、自我服务的社区治理局面。

3. 强化服务宣传，在公开、互动、参与三个方面提升满意度

陶然亭街道服务工作的宣传要注重利用网站、公众号等多元化平台，主要包括服务过程、服务成果两个部分宣传内容。在服务过程的宣传方面，对于街道单方面服务的项目可以增加居民的融入感，对于居民共同参与的项目可以增加居民的参与感，进而让居民产生归属感。在服务成果的宣传方面，以看得见的形式让居民感知街道服务，让居民对街道服务产生认同感，提升其满意度，这也是开展精准服务最根本的目的。

（四）建设文化服务示范街区，提升文化品质

陶然亭街道要坚持以文化人、以文育人、以文聚人的理念，以文化服务

示范街区建设为抓手，从凝共识、抓特色、扬品牌、优服务四个方面着手进一步提升文化品质。加强文化宣传，凝聚文化共识；发挥历史文化资源丰富的优势，挖掘文化内涵；加大"陶然地书"等品牌的影响力，扩大文化品牌效应；对接创建标准，优化公共文化服务。

1. 加强文化自治，凝聚地区文化共识

陶然亭街道要注重在文化自治上拓展新路径，增强文化认同。以街道门户网站和"京华陶然"微信公众号为重要平台，以"互联网+"模式形成多角度、多层次文化参与，加强思想教育，凝聚广泛的文化共识。开展"邻居节""楼宇俱乐部"等公民自治活动，引导居民在社区安全、有序停车、文明养犬等方面制定文明公约。建设集活动、阅读、实践于一体的"六德"教育系列阵地，深化社区教育，引导居民加强自身道德约束。

2. 挖掘文化内涵，打造陶然特色文化

陶然亭街道要加强陶然文化内涵及价值研究，重点推进街区历史文化博物馆建设，让文化走进群众生活。街区历史文化博物馆建设运营模式要进一步创新，要有利于街区文化的传承、创新，要能可持续地为百姓提供文化服务。同时，街道要注重加强对"名业"（老字号等）、"名人"（故居等）、"名景"（会馆、公园景点等）等文化资源的挖掘与传承，推动传统文化的保护与发展。

3. 加强文化交流，提升陶然文化影响力

加强文化交流是陶然亭街道贯彻落实首都"四个中心"战略定位的重要举措。一方面，街道要充分发挥陶然地书协会自治组织的优势，举办"陶然杯"地书邀请赛，加大与其他地区之间的文化交流，进一步扩大陶然地书文化"名片"的知名度。另一方面，街道要加大对"清华池""大和恒"等老字号的宣传，让老字号走出陶然、走向京津冀、走向全国。

4. 对接建设标准，优化公共文化服务

陶然亭街道要以创建首都公共文化服务示范区[①]为契机，推进街道综合

---

① 2015年6月23日，北京市文化局、北京市财政局下发《关于开展首都公共文化服务示范区创建工作的通知》。

文化中心、社区文化室标准化、规范化建设,构建布局合理的街道、社区两级公共文化服务设施网络。加大购买公共文化服务力度,借助驻街中央、市属文化单位的资源优势,深入开展"走进艺术殿堂"等惠民演出活动,让群众共享文化发展成果。统筹协调相关部门推进公立幼儿园的建设,完善地区教育机构的整体布局。完成体育生活化社区的提档升格,为辖区群众提供安全、舒适的健身环境。探索建立政府购买服务、社会化运营、第三方评估、满意度调查等工作机制,提升公共文化服务效能,让百姓获得更加优质的文化服务。

参考文献

习近平:《中国共产党十九大报告》,新华网,2017年10月18日。

江泽民:《在中共十五大上的报告》,人民网,2012年11月4日。

北京市规划和国土资源管理委员:《北京城市总体规划(2016年~2035年)》,http://zhengwu.beijing.gov.cn/gh/dt/t1494703.htm,最后访问日期:2017年9月29日。

连玉明:《以区域化整体发展带动"陶然式"模式创建》,《北京街道发展报告No.1 陶然亭篇》,2016。

谢静:《陶然亭街道2017年工作报告》,2017。

北京市西城区陶然亭街道工委、办事处:《陶然亭街道"疏解整治促提升"专项行动实施方案》,2017。

郭红梅、刘喆:《陶然亭街道今年将建中心城区最大地面停车场》,《新京报》2017年2月24日。

陶然亭街道:《陶然亭街道生活性服务业布局规划》,北京市西城区人民政府陶然亭街道办事处,2018年1月2日。

陶然亭街道宣传部:《陶然亭街道"提升城乡品质 建设美丽西城"调研报告》,2017。

数据报告

Data Reports

B.2
陶然亭街道基于常住人口的地区公共服务调查报告

摘　要： 享有公共服务是公民生存发展的需要，也是生活品质的基础保障，从居民对地区公共服务的获得感和满意度来评价生活质量状况具有重要意义。本报告通过问卷调查的方法，对西城区陶然亭街道8个社区的常住人口开展社区公共服务与居民生活质量问卷调查，从中了解街道组织开展公共服务的情况和居民满意度评价，得出基本结论并针对存在的问题提出具体建议。

关键词： 陶然亭街道　社区常住人口　公共服务　生活质量

为了能够了解陶然亭街道居民对地区公共服务的获得感和满意度状况，我们在2015年1月针对街道开展的基本公共服务需求的问卷调查基础上，结合居民的满意度调查，进行了此次问卷调查。本报告所涉及的调查对象是陶然亭街道8个社区的常住人口。调查时间为2017年5月。共有108人参与此次调查，其中有效问卷108份，有效回收率为100%。

一 调查样本情况

（一）调查样本基本情况

调查对象中，男女比例约为0.7∶1。年龄在36岁以下的17人，36~55岁的40人，55岁以上的51人，其中65岁以上老年人为22人。从婚姻状况来看，以已婚为主，占93.5%。从政治面貌来看，党员、群众分别为41人和65人，其他为2人，群众占60.2%。常住人口中，有85.2%是西城区户籍，非京籍占1.9%。本市自有住房者80人，占74.1%。从受教育程度来看，本科或大专的人群占比最高，为50.9%。家庭组成结构方面，46.3%的家庭是三口之家，所占比例最高（见表1）。

表1 调查样本基本情况统计

单位：人

性别	男		43		女		65
婚姻状况	已婚		101		未婚		7
年龄	25岁以下	26~35岁	36~45岁		46~55岁	56~65岁	65岁以上
	1	16	19		21	29	22
政治面貌	党员		民主党派		团员		群众
	41		1		1		65
户籍	本区户籍		本市其他区户籍			非本市户籍	
	92		14			2	
住所	本区自有住房		本市其他区自有住房		本区非自有住房	本市其他区非自有住房	
	80		13		13	2	

续表

学历	博士研究生	硕士研究生	本科或大专	高中或中专以下
	1	5	55	47
家庭人数	四口以上	四口	三口	两口	一口
	18	20	50	15	5

（二）样本家庭收入情况

从家庭收入情况来看，调查显示，受调查人员的人均月收入在1890～3399元的数量最多，比例为38.9%；其次是3400～8699元的居民，占比为36%；而人均月收入水平超过15000元的有4人。我们取人均月收入的中位数，可以得出陶然亭街道居民年均收入的估算值（见表2）。如果比照西城区2016年居民年均可支配收入71863元的标准，可以发现，陶然亭街道参与调查人员中，人均月收入低于3400元的人群值得关注，占到总数的46.3%。这50人中，人均月收入在最低工资标准线1890元以下的有8人。这表明，陶然亭街道居民的整体收入水平不高。

表2 陶然亭街道样本收入情况估算

人均月收入（元）	800	801～1889	1890～3399	3400～8699	8700～14999	15000以上
人均月收入中位数（元）	800	1345	2645	6050	11850	15000
居民年均收入（元）	9600	16140	31740	72600	142200	180000
人数（人）	0	8	42	39	15	4

注：居民年均收入由人均月收入的区间平均值乘以12个月估算得出。其中"15000以上"的区间平均值按照15000元计算。

（三）样本家庭支出情况

调查显示，家庭支出结构中，"食品消费""购物""医疗"等基本生活类消费占主导，排在前三位。选项最高的是"食品消费"，达到89.8%，这与参与调查者家庭收入情况是相适应的。"购物"属商品消费，占比为63.9%，这与核心区人口的消费习惯有很大关系。"医疗"选项为59.3%，这与参与调查者年龄在45岁以上的占66.7%恐怕是有直接关系的。"上学及教育培训""体育健身""文化娱乐"等文化体育类消费也是重要的领域，选择"上学及教育培训"的人数近四成。"旅行"消费也比较受欢迎，占到18.5%（见图1）。

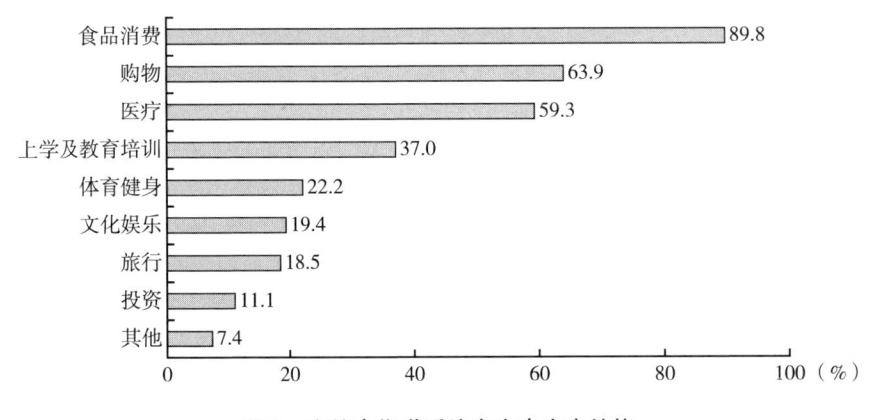

项目	百分比
食品消费	89.8
购物	63.9
医疗	59.3
上学及教育培训	37.0
体育健身	22.2
文化娱乐	19.4
旅行	18.5
投资	11.1
其他	7.4

图1 陶然亭街道受访者家庭支出结构

二 公共服务供给及居民满意度状况

（一）公共教育资源评价：超2/3受访者认为幼儿园便利度低

陶然亭街道地处首都功能核心区，属于较早的居民聚集区，教育资源丰富。但是随着部分新小区建立，原有的教育资源难以满足日益增长的教育服务需求，特别是新小区密集区域的需求更是难以满足。因此，在陶然亭街道教育资源配置方面，被调查者的评价差异很大。调查显示，有44.5%的受访者认为教育资源配置"总体均衡"，认为"局部均衡"的占36.1%，还有11.1%的受访者表示"基本失衡"，表示"说不清楚"的占8.3%（见图2）。由此可见，被访者总体对陶然亭街道的教育资源状况并不满意，教育资源配置仍需进一步加大力度。

此次问卷特别就学前教育资源进行了调查，在问及"您及周边的孩子上幼儿园方便不方便?"这个问题时,只有30.6%的受访者的回答是肯定的。但同样有6.5%的受访者表示"很难",表示"不方便"的受访者占12%,认为"不是很方便"的达到50.9%(见图3),由此可见,近70%的受访者对辖区幼儿园的布局和供给表示不满意。可见,学前教育问题不容忽视。

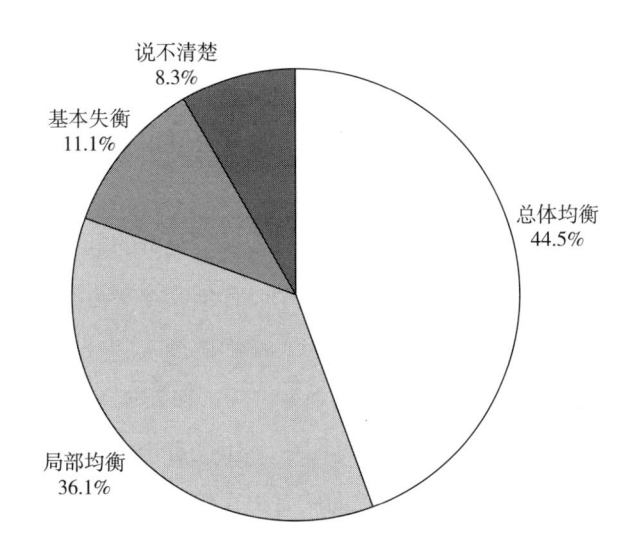

图2 陶然亭街道教育资源配置情况

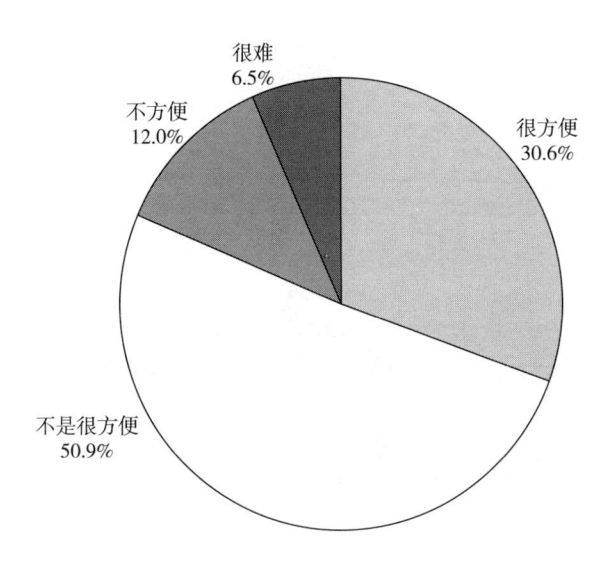

图3 陶然亭街道幼儿园便利度

（二）公共文化服务评价：对公共文化服务满意度仅有五成

调查问卷以"您知道您家附近的图书馆、文化馆、博物馆、美术馆等公共文化服务设施分布情况吗？"这一问题来了解受访者对街区公共文化资源的知晓度。结果显示，34.3%的受访者表示"了解"，5.6%的受访者表示"不了解"，超过六成的受访者表示部分了解（见图4）。在对这些文化设施提供服务的满意度调查中，表示"满意"和"很满意"的共有50.9%，仅占一半左右。表示服务"一般"的占46.3%，还有2.8%的人表示"不满意"（见图5）。

具体从服务项目参与度看，调查显示，参与"免费的电影放映"的受访者人数占79.4%，所占比例最高。参与"戏剧、音乐会等文艺演出"的受访者人数占49.5%，排名第二。参与"书画展览、摄影展等"和"文体娱乐活动，如广场舞、打太极拳等"的比例相当，分别为31.8%和28%。另外，8.4%的受访者表示"以上都没去过或参与过"（见图6）。由此看出，陶然亭街道在文化街区创建的过程中，由于街道和社区层面的有力宣传与引导，文化服务的参与度相对较高。

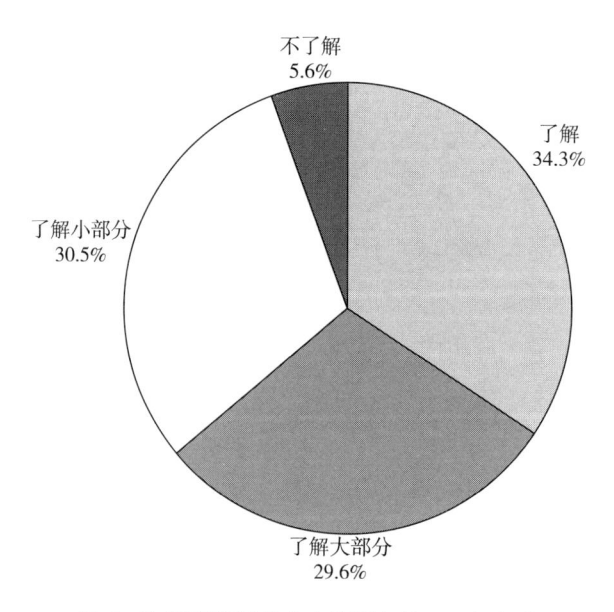

图4　陶然亭街道公共文化服务情况了解程度

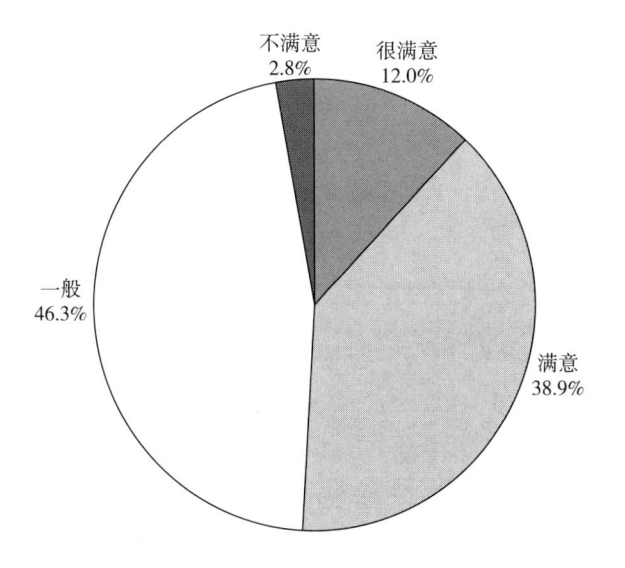

图 5 陶然亭街道公共文化服务情况满意度

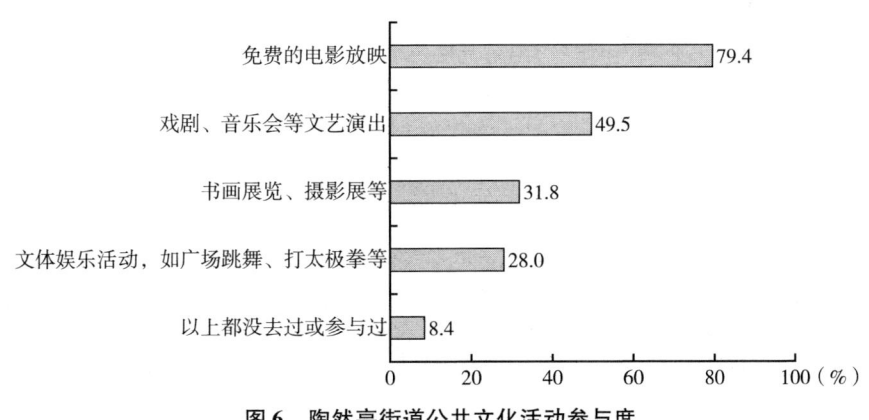

图 6 陶然亭街道公共文化活动参与度

（三）社区服务评价：80.6%居民对群众文化服务满意

在社区文化教育体育服务方面，受访者对于"社区群众文化服务"的满意度最高，达到80.6%。对"社区教育培训服务""社区科普服务"的满意度排在第二、三位，但分别只有37%、36.1%（见图7）。在最不满意的服务项目中，对"社区早教服务"不满意的占32.7%，对"社区体育设施建设服务"不满意的占26.5%，还有23.5%的受访者对"社区居民体质测试服务"不满意（见图8）。"社区群众文化服务"满意度较高，表明陶然亭街道在创建文化街区的过程中，"以文化人、以文育人、以文聚人"的理念得到了较好的践行。但是，其他社区服务的满意度远远低于"社区群众文化服务"，均不足40%，说明社区服务的内容和形式有待进一步丰富。

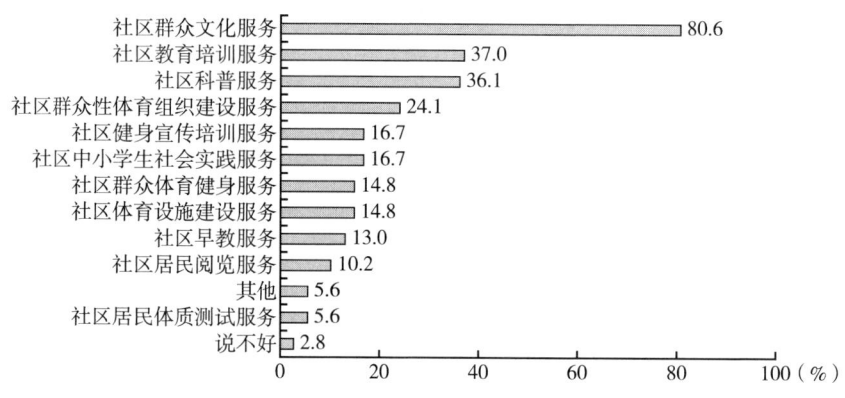

项目	百分比
社区群众文化服务	80.6
社区教育培训服务	37.0
社区科普服务	36.1
社区群众性体育组织建设服务	24.1
社区健身宣传培训服务	16.7
社区中小学生社会实践服务	16.7
社区群众体育健身服务	14.8
社区体育设施建设服务	14.8
社区早教服务	13.0
社区居民阅览服务	10.2
其他	5.6
社区居民体质测试服务	5.6
说不好	2.8

图7 陶然亭街道社区服务满意的项目情况

项目	百分比
社区早教服务	32.7
社区体育设施建设服务	26.5
社区居民体质测试服务	23.5
社区居民阅览服务	23.5
社区教育培训服务	22.4
社区群众体育健身服务	17.3
社区科普服务	16.3
社区中小学生社会实践服务	15.3
社区群众文化服务	14.3
社区群众性体育组织建设服务	12.2
说不好	11.2
社区健身宣传培训服务	11.2
其他	10.2

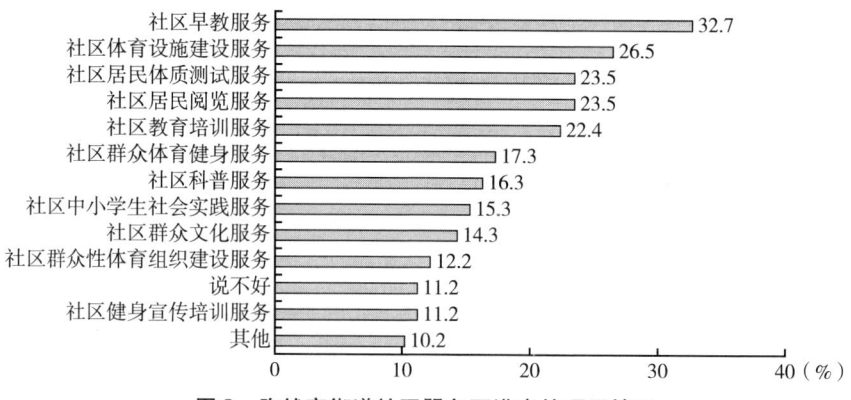

图8 陶然亭街道社区服务不满意的项目情况

（四）就业（创业）服务评价：社区职业介绍和岗位推荐服务参与度最高

调查显示，在就业（创业）指导和就业（创业）服务方面，参与度最高的是"社区职业介绍和岗位推荐服务",所占比例为56.5%;参与"'零就业家庭'就业帮扶服务"的受访者也接近半数,比例达到49.1%。此外,分别有38.9%、33.3%的受访者选择了"社区劳动就业政策咨询服务"和"社区专场招聘会"选项。另外有14.8%的受访者表示"不清楚"(见图9),说明相关需求不明确或不强烈。这在一定程度上说明,街道社区在就业(创业)服务方面的工作做得较为扎实。

项目	比例(%)
社区职业介绍和岗位推荐服务	56.5
"零就业家庭"就业帮扶服务	49.1
社区劳动就业政策咨询服务	38.9
社区专场招聘会	33.3
社区就业困难人员再就业服务	30.6
自主创业指导咨询	24.1
就业能力提升培训或讲座	22.2
就业信息发布	20.4
不清楚	14.8

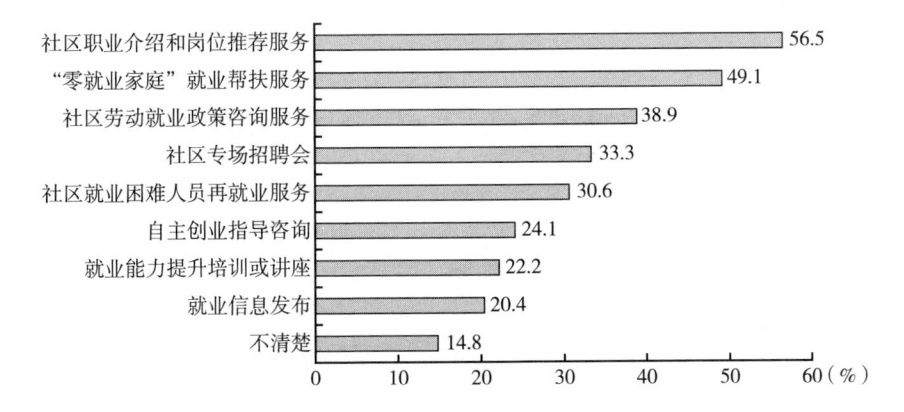

图9 陶然亭街道就业指导和就业服务项目情况

(五)为老服务评价:超六成受访者表示"满意"

对于社区提供的为老服务项目,问卷中所涉及的十大类服务均不同程度地受到欢迎,整体满意度较高。其中"紧急救助""生活照料""日托服务"满意度排在前三位,比例分别达到58.3%、57.4%和51.9%;"老年人学习培训"选项较低,占24.1%(见图10)。

陶然亭街道结合老年人口较多的现状,积极从多元供给方面着手,通过老年人协会、"耆援"志愿者队伍等社区组织提供多样化的为老服务,并重点推进养老照料中心等基础设施建设,不断提升街区为老服务水平,取得了较好成效。在对现有为老服务项目的满意度方面,有65.8%的受访者表示"满意"或"很满意",有29.6%的人表示"一般"。但有4.6%的人表示"不满意"(见图11)。

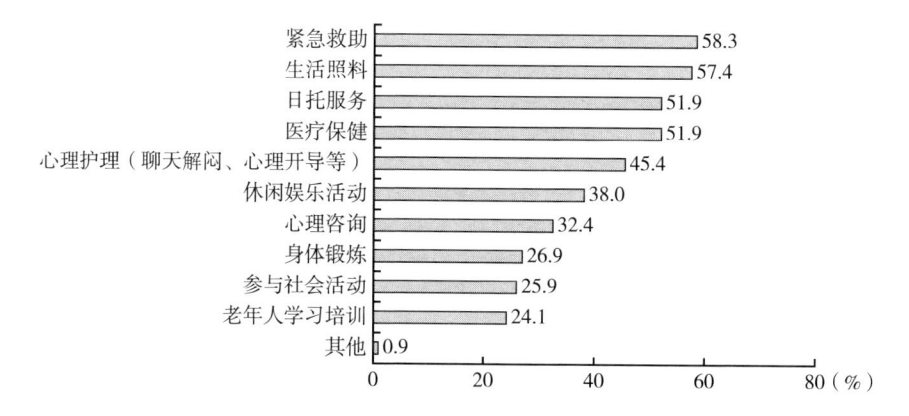

图10 陶然亭街道社区为老服务项目满意情况

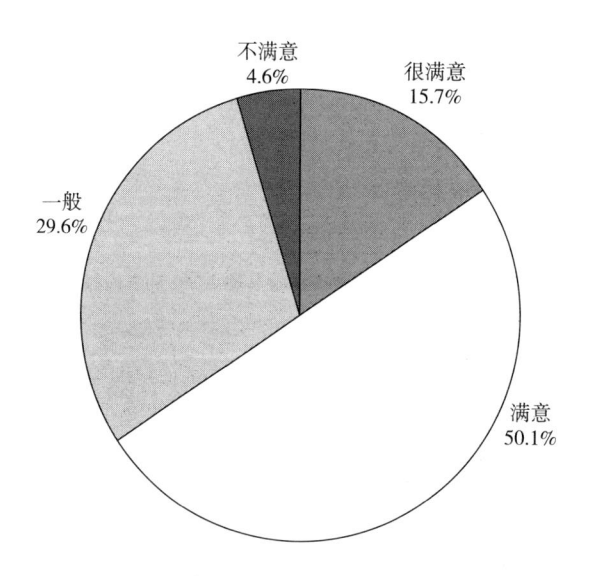

- 紧急救助 58.3
- 生活照料 57.4
- 日托服务 51.9
- 医疗保健 51.9
- 心理护理（聊天解闷、心理开导等） 45.4
- 休闲娱乐活动 38.0
- 心理咨询 32.4
- 身体锻炼 26.9
- 参与社会活动 25.9
- 老年人学习培训 24.1
- 其他 0.9

图11 陶然亭街道社区为老服务项目满意度

- 不满意 4.6%
- 很满意 15.7%
- 一般 29.6%
- 满意 50.1%

（六）残疾人专项服务评价：过半数受访者认为专用设施不够完善

调查结果显示，有41.7%的受访者表示所在社区的残疾人专用服务设施"比较完善"和"非常完善"，而认为不够完善、"有部分专用设施"的受访者也达到47.2%。同时，有11.1%的受访者表示"基本没有"（见图12）。

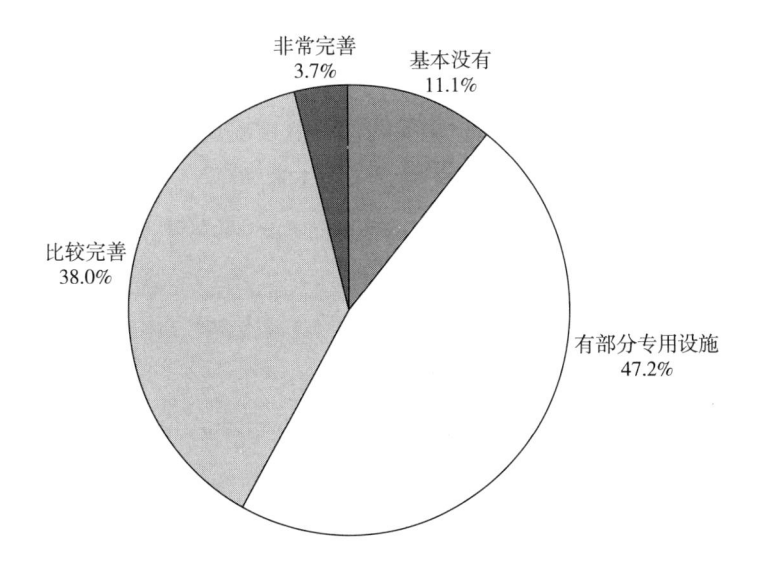

图 12 社区残疾人专用设施完善度

从社区残疾人服务项目供给情况来看,"康复照料""日常生活""法律援助"方面的服务供给排在前三位。68.5%的受访者选择了"康复照料",53.7%的受访者选择了"日常生活"服务,另有42.6%的受访者选择了"法律援助"。数据反映,受访者对"文教服务""心里抚慰"方面的服务供给评价偏低(见图13)。

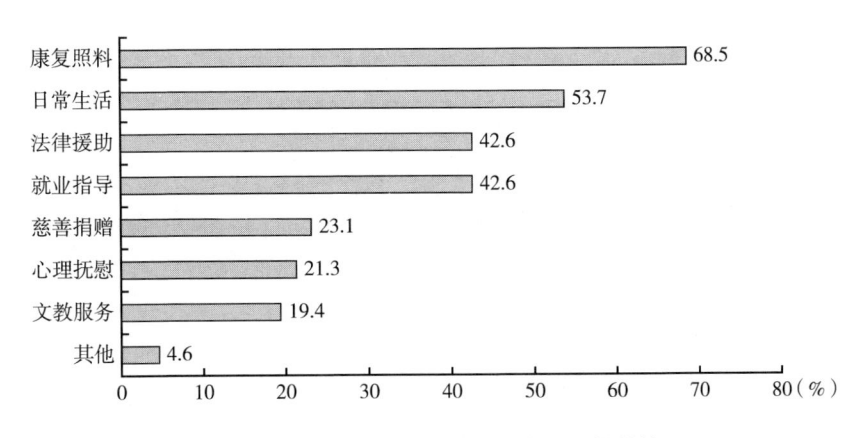

图 13 陶然亭街道社区残疾人服务项目供给情况

（七）便民服务评价：公共厕所最为稀缺

对"最后一公里"社区便民服务的便利度情况调查显示，在18个选项中，83.3%的受访者认为"超市便利店"最为便利，认为"早餐""美容美发"便利的分别占61.1%和35.2%（见图14）。而在最不便利评价中，排在前四位的分别是"公共厕所"（31.5%）、"早餐"（23.6%）、"文化场馆"（22.5%）和"幼儿园、小学"（19.1%）（见图15）。

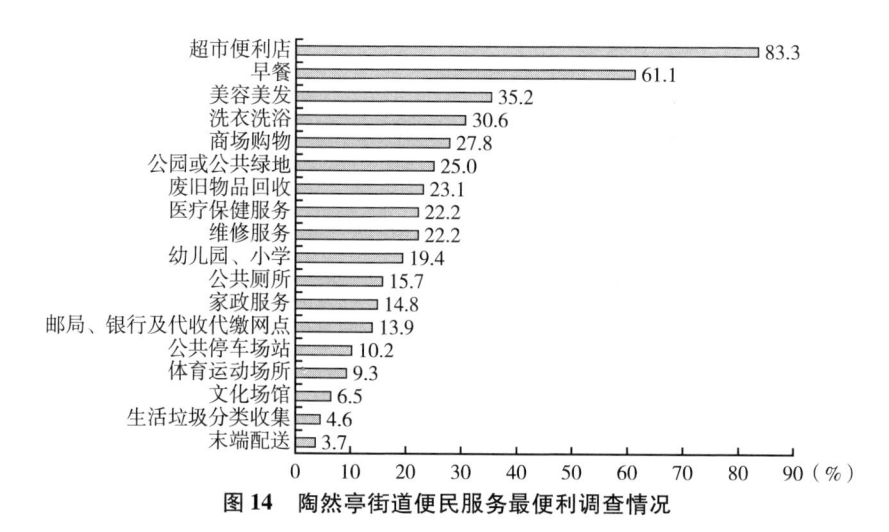

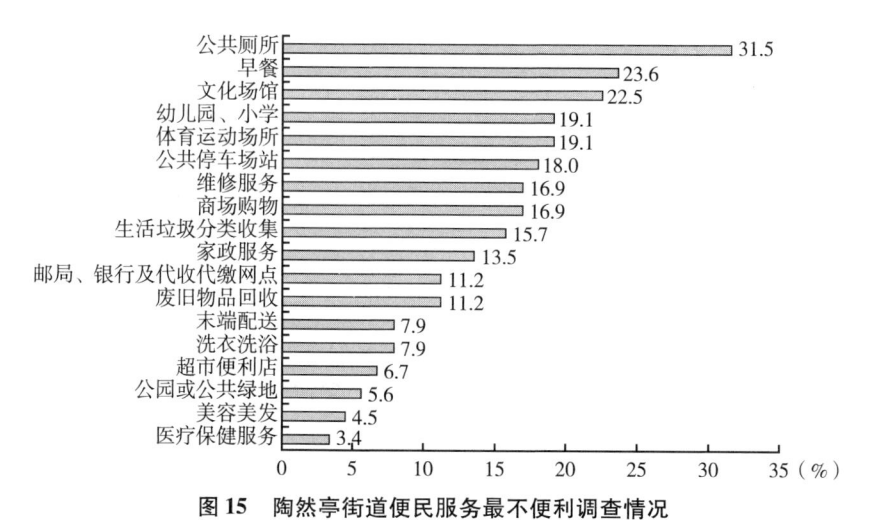

项目	百分比(%)
超市便利店	83.3
早餐	61.1
美容美发	35.2
洗衣洗浴	30.6
商场购物	27.8
公园或公共绿地	25.0
废旧物品回收	23.1
医疗保健服务	22.2
维修服务	22.2
幼儿园、小学	19.4
公共厕所	15.7
家政服务	14.8
邮局、银行及代收代缴网点	13.9
公共停车场站	10.2
体育运动场所	9.3
文化场馆	6.5
生活垃圾分类收集	4.6
末端配送	3.7

图14　陶然亭街道便民服务最便利调查情况

项目	百分比(%)
公共厕所	31.5
早餐	23.6
文化场馆	22.5
幼儿园、小学	19.1
体育运动场所	19.1
公共停车场站	18.0
维修服务	16.9
商场购物	16.9
生活垃圾分类收集	15.7
家政服务	13.5
邮局、银行及代收代缴网点	11.2
废旧物品回收	11.2
末端配送	7.9
洗衣洗浴	7.9
超市便利店	6.7
公园或公共绿地	5.6
美容美发	4.5
医疗保健服务	3.4

图15　陶然亭街道便民服务最不便利调查情况

（八）社区安全服务评价：社区治安服务供给最好

在公共安全服务项目供给情况调查中，社区治安服务的供给情况最好。调查显示，在12个选项中，排序最靠前的是"社区治安服务"供给，占比为60.2%，此后超过四成选项的依次为"社区禁毒宣传服务""社区物技防设施建设服务""社区消防安全服务""社区法律服务"，占比分别为50.9%、47.2%、44.4%、44.4%（见图16）。总的来看，对于社区安全问题，陶然亭街道十分重视，服务领域较宽，供给相对均衡。

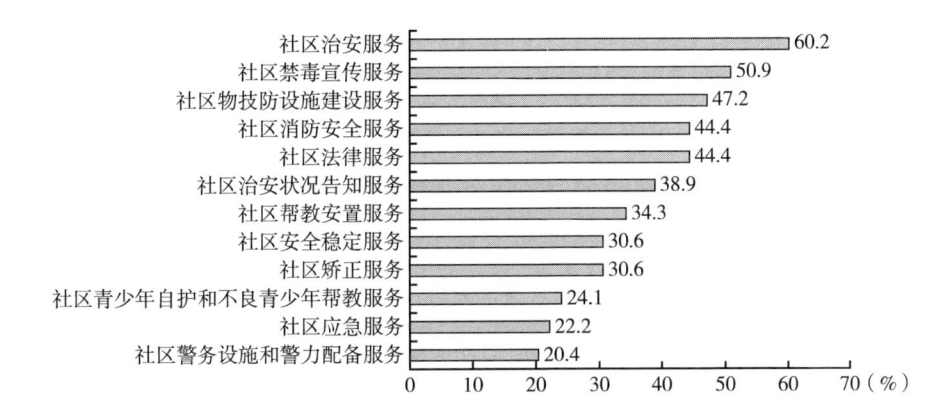

项目	占比(%)
社区治安服务	60.2
社区禁毒宣传服务	50.9
社区物技防设施建设服务	47.2
社区消防安全服务	44.4
社区法律服务	44.4
社区治安状况告知服务	38.9
社区帮教安置服务	34.3
社区安全稳定服务	30.6
社区矫正服务	30.6
社区青少年自护和不良青少年帮教服务	24.1
社区应急服务	22.2
社区警务设施和警力配备服务	20.4

图16 陶然亭街道社区安全服务项目供给状况

（九）地区信息基础设施评价：受访者普遍对推进智慧化、便利化基础设施投入表示支持

随着信息技术的迅猛发展和快速应用，人们对智慧化、便利化的信息基础设施的需求日益上升。在问卷调查中，按照需求程度，居民的选项由高到低分别为"社区生活服务信息查看""加强智慧社区信息基础服务设施建设""社区政务信息查看""社区停车缴费智能化""社区便民服务在线办理"（见图17）。

社区生活服务信息查看	58.3
加强智慧社区信息基础服务设施建设	55.6
社区政务信息查看	44.4
社区停车缴费智能化	37.0
社区便民服务在线办理	33.3

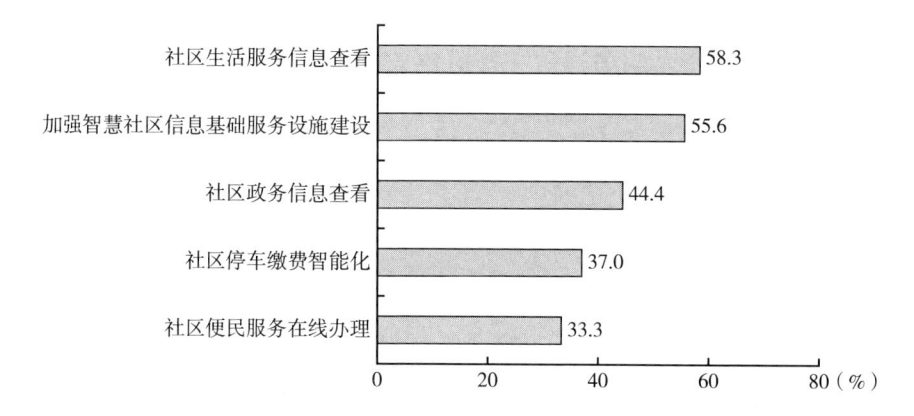

图17　陶然亭街道社区信息基础设施服务需求情况

三　调查结论

陶然亭街道受调查居民中，人均月收入低于3400元的人群值得关注，占到总数的46.3%；家庭支出结构中食品类消费居主导地位，购物、医疗类消费次之。此次调查，围绕公共教育资源、公共文化服务、社区服务、就业（创业）服务、为老服务、残疾人专项服务、便民服务、公共安全服务和地区基础设施服务九个方面进行评价，得出以下结论。

第一，在公共教育资源评价方面，受访者的评价差异很大，显示其对陶然亭地区的教育资源状况并不满意。特别是对学前教育机构的供给并不满意，有近七成受访者认为幼儿园便利度低。

第二，在公共文化服务评价方面，受访者对街区公共文化资源分布的知晓度超过九成，但对公共文化设施和场馆的服务满意度仅有五成。在具体项目中，居民对"免费的电影放映"项目的参与度最高，占79.4%。

第三，在社区服务评价方面，受访者对"社区群众文化服务"的满意度较高，达到80.6%。对"社区早教服务"不满意的占32.7%，对"社区体育设施建设服务"不满意的占26.5%，还有23.5%的受访者对"社区居民体质测试服务"不满意。

第四，在就业（创业）服务评价方面，街道较为重视。居民参与度最高的是"社区职业介绍和岗位推荐服务"，所占比例超过半数，为56.5%。另外有14.8%的受访者表示"不清楚"，说明需求不明确或不强烈。

第五，在为老服务评价方面，"紧急救助""生活照料""日托服务"等服务选项最受欢迎。对现有的为老服务项目，有65.8%受访者表示"满意"或"很满意"。

第六，在残疾人专项服务评价方面，有41.7%的受访者认为社区残疾人专用设施"比较完善"或"非常完善"。从社区残疾人服务项目供给情况来看，"康复照料""日常生活""法律援助"最受欢迎，"康复照料"占比达到68.5%。

第七，在便民服务评价方面，超过八成的受访者认可"超市便利店"的分布情况，但认为最不便利的是"公共厕所"（31.5%）、"早餐"（23.6%）和"文化场馆"（22.5%）。

第八，在社区安全服务评价方面，社区服务项目供给较为丰富。在12个选项中，对"社区治安服务"的需求最高，占比为60.2%，此后超过四成的选项依次为"社区禁毒宣传服务""社区物技防设施建设服务""社区消防安全服务""社区法律服务"，占比分别为50.9%、47.2%、44.4%、44.4%。

第九，在信息基础设施评价方面，人们对智慧化、便利化的信息基础设施的需求普遍较高。"社区生活服务信息查看"的选项达到58.3%。

综上所述，我们进一步梳理出公共服务调查中的13个重点选项，需要街道予以关注（见表3）。

表3 陶然亭街道公共服务重点选项调查数据

序号	需重点关注的调查选项	调查占比(%)
1	便利度最差的公共教育服务选项"幼儿园"	69.4
2	参与度最高的公共文化选项"免费的电影放映"	79.4
3	满意度最高的社区服务选项"社区群众文化服务"	80.6
4	满意度最低的社区服务选项"社区早教服务"	32.7

续表

序号	需重点关注的调查选项	调查占比(%)
5	参与度最高的就业(创业)选项"社区职业介绍和岗位推荐服务"	56.5
6	满意度最高的为老服务选项"紧急救助"	58.3
7	满意度较低的老年人服务选项"老年人学习培训"	24.1
8	满意度最高的残疾人服务选项"康复照料"	68.5
9	满意度较低的残疾人服务选项"文教服务"	19.4
10	便利度最高的便民服务选项"超市便利店"	83.3
11	便利度最差的便民服务选项"公共厕所"	31.5
12	供给最好的公共安全服务选项"社区治安服务"	60.2
13	需求度最高的信息基础设施选项"社区生活服务信息查看"	58.3

四 对策建议

陶然亭街道地处西城区东南部，文化资源丰富，文化特色明显。在贯彻落实首都战略定位、推进非首都功能疏解的过程中，陶然亭街道提出了打造"陶然式美好生活"的发展目标，旨在通过有效对接居民需求，提升居民满意度，实现精准治理。因此，在完善街区公共服务体系的过程中，陶然亭街道要以"陶然式美好生活"为发展目标，从对接需求、多元供给、品牌打造等方面着手，提升居民满意度，构建起精准服务、多元供给、品牌化发展的公共服务体系。

（一）以需求为导向优化公共服务，加快实现"陶然式美好生活"发展目标

"陶然式美好生活"的核心是让居民对街区生活感到满意，居民感到满意的前提就是需求的有效对接。因此，陶然亭街道在推进公共服务体系建设的过程中，要以需求为导向，依托社区网格形成有效的需求对接机制，并按照居民需求提供精准、高质的公共文化服务。

从本次调查情况来看，陶然亭街道的公共服务初步满足了部分居民的需求，但是仍存在一些问题，尤其是公共设施的短缺问题较为突出，难以满足居民的服务需求。具体来看，需要加快幼儿园等公共教育服务配套建设和公共厕所、文化场馆等便民服务设施建设，丰富社区服务、为老服务、残疾人服务的服务内容，重点从居民需求较大的社区早教服务、老年人学习培训、残疾人文教服务等方面着手。同时，还要注重信息基础设施建设，为居民提供便利的社区生活服务信息。

（二）以多元供给为导向优化公共服务，构建共建共享的公共服务格局

多元供给是当前公共服务体系建设的一大发展趋势，也是陶然亭街道推进街区共建共享的重要途径。目前，陶然亭街道在为老服务、社区服务等方面，通过购买服务、培育社区组织等方式初步实现了多元供给的服务格局。接下来陶然亭街道要着力推进公共服务的多元参与，重点从四个方面着手。首先，要加大对专业性社会组织的服务购买力度，通过引入专业性社会组织，提高公共服务的专业化水平，提升居民对公共服务的满意度。其次，要加大对社区组织的培育力度，通过街道专干、专业性社会组织加强对社区组织的指导，促进社区组织的健康发展。再次，街道还要注重发挥街道工委、社区党委的统筹领导作用，有效整合辖区资源，为街区居民提供公共服务，满足更多居民的服务需求。最后，要加强对街区居民的宣传教育，引导社区居民参与公共服务，形成共建共享的公共服务格局。

（三）以品牌建设为导向优化公共服务，提升公共服务水平

公共服务品牌是反映街区公共服务特征的重要标志。推进公共服务品牌建设，既能提高街区公共服务水平，也能提升街区形象和增强凝聚力。因此，陶然亭街道在推进公共服务体系建设的过程中，要发挥街区文化优势，结合街区发展阶段特征，打造能够顺应居民服务需求、反映街区服

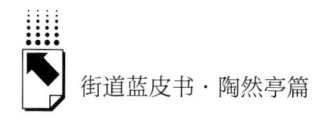

形象的公共服务品牌。一方面，街道要深化"陶然地书"和"六德"教育文化品牌、"耆援"志愿服务品牌等现有品牌建设，提升服务品牌的影响力，并以品牌建设带动社区服务、为老服务等公共服务水平的提升。另一方面，街道要结合居民公共服务需求，以服务品牌建设推进公共服务设施的完善。如，加快街道文体中心建设与功能优化，着力打造具有陶然特色的文化地标。

B.3
陶然亭街道基于工作人口的地区公共服务调查报告

摘　要： 工作人口是区域发展的重要参与者和推动者，对优化地区发展环境和提升服务水平，提高街道服务区域发展的能力具有重要意义。为此，课题组在2015年1月对辖区工作人口首次进行公共服务调查之后，于2017年5月再次就企业工作人口对陶然亭街道的公共服务供给、参与和获得情况进行问卷调查。本报告通过对服务机构认知度、社区服务参与度、地区生活便利度、社区基本公共服务满意度、社区公共服务需求度五个方面进行分析，在对调查情况进行纵向比较的基础上，得出基本结论并针对存在的问题提出具体建议。

关键词： 陶然亭街道　工作人口　公共服务

陶然亭街道属于居住型街区，辖区内楼宇、企业数量相对较少。本报告所涉及的调查对象是在陶然亭街道辖区内纳税情况较好的一些企业的工作人员，包括中高层管理人员和普通员工。调查时间为2017年5月。有210名工作人员填写了本次问卷，其中有效问卷210份，有效率为100%。

一　调查样本情况

调查对象中，中高层管理人员和普通员工的比例为1.06∶1，男女比例为0.7∶1，在本单位工作三年以上的占比为66.7%，本科或大专学历占绝大部分，占比为69.5%，硕博高端人才占到10.5%。年龄在26~55岁的工作人口比例达到81.4%，是企业劳动力的中坚力量。从户籍分布来看，本市户籍人口比例达到了69.5%，其中本区户籍人口占37.6%，本市其他区户籍人口占31.9%。从居住情况来看，在西城区居住的人员占44.3%，拥有自有住房的工作人员约占67.6%。从家庭结构来看，三口之家居多，占57.6%。从收入来看，102名普通员工中，家庭人均月收入在5000元以下的占比为53%，10000元及以上的占比为14.7%，但仍有2%的调查对象表示家庭人均月收入低于北京市最低工资标准1890元；108名中高层管理人员中，月收入在5000元以下的占比仍有20.4%，月收入在5000元到10000元的占50.9%，超过20000元的占13%（见表1）。

表1　调查样本基本情况统计

单位：人

性别	男		86		女	123
年龄	25岁以下	26~35岁	36~45岁	46~55岁	56~65岁	65岁以上
	23	73	57	41	13	3
户籍	本区户籍		本市其他区户籍		非本市户籍	
	79		67		64	
居住情况	本区，自有住房		59	本市其他区，自有住房		83
	本区，非自有住房		34	本市其他区，非自有住房		34
工作年限	三年以上		一年到三年		一年以下	
	140		49		21	
学历	博士研究生	硕士研究生		本科或大专		高中或中专以下
	3	19		146		42
家庭构成	四口以上	四口	三口		两口	一口
	29	31	121		21	8
收入情况	普通员工家庭人均月收入					
	1890元以下	1890~3399元	3400~4999元	5000~9999元	10000~19999元	20000元及以上
	2	22	30	33	10	5
	中高层管理人员月收入					
	5000元以下	5000~9999元	10000~19999元	20000~29999元	30000~49999元	50000元及以上
	22	55	17	7	5	2

二 社区服务机构认知度

(一)街道办事处服务事项:超两成的人不了解服务事项

对于街道办事处对企业的服务事项的认知程度,34.3%的受访人群表示"知道",41.4%的人表示"知道一些",而表示"不知道"的人有24.3%(见图1)。由此可见,企业对陶然亭街道的服务企业事项存在盲点,街道办事处对于服务事项的宣传工作需进一步加强。

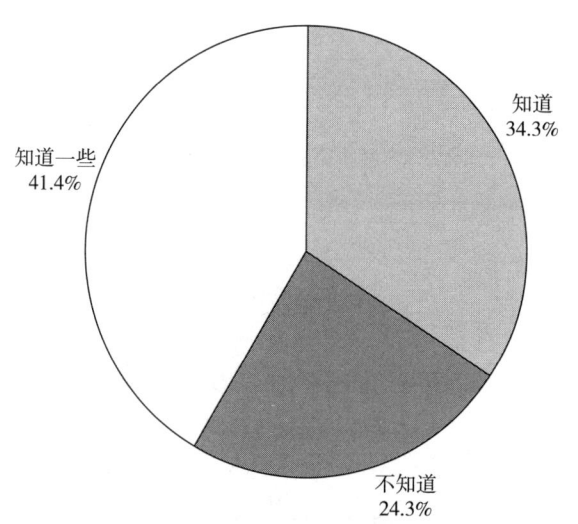

图1 陶然亭街道服务企业事项认知度

(二)社区居委会:企业对社区的认知度大幅提高

调查显示,关于社区居委会的办公地点、服务项目、领导姓名和相关活动,仅有5.2%的受访者表示对以上情况"都不知道"。而接近2/3的受访者做了肯定回答,说明人们对社区居委会的了解比较多,认知度较高。其中75.2%的受访者"知道办公地点",45.7%的受访者表示"知道领导姓名",45.2%的受访者"了解服务项目",59%的受访者表示"参加过活动"(见图

2）。与上次（指 2015 年 1 月的首次调查，下同）这四个调查数据（分别为 36.8%、16.4%、22.4% 和 22.9%）相比，均有了大幅度提高。其中对服务项目的了解程度提高了 22.8 个百分点，社区活动参加度提高了 36.1 个百分点。这表明，社区服务企业的力度在加大，双方互动的频率也在加快。

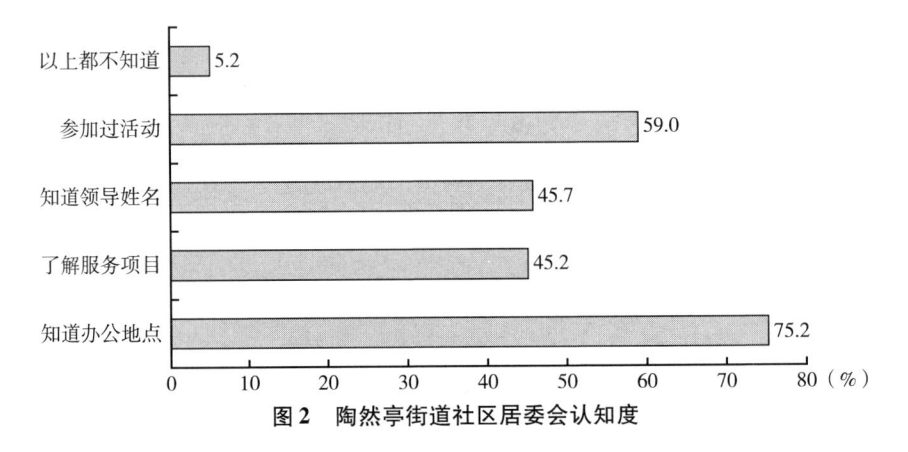

项目	百分比 (%)
以上都不知道	5.2
参加过活动	59.0
知道领导姓名	45.7
了解服务项目	45.2
知道办公地点	75.2

图 2　陶然亭街道社区居委会认知度

三　社区服务参与度

（一）社区服务项目：受访者参与度整体提升

此次问卷再次重申了上次的问题，从 10 个方面进行了调查（见图 3），结果显示，企业工作人员参与社区服务项目的频度整体上升。但社区服务选项"都未参与"的人数占比从上次的 10.9% 上升至 39.5%。从具体服务项目来看，参与或享受过图书阅览的受访人数排在首位，占比也从上次的 15.4% 上升到 23.8%；之后排列的三个选项依次是"幼儿教育"（19.5%）、"法律服务"（18.1%）、"职业介绍"（17.6%），占比较上次分别提升了 9.9 个、0.2 个、8.6 个百分点。同样，本次调查中，"婚姻介绍"仍然排在最后一位，但参与度也由 3.2% 上升到现在的 5.7%。这充分说明，街道为驻区企业工作人员提供服务的效果有了较大幅度的提高。不过，仍有超过 39.5% 的人未参与到社区服务中，表明服务供给仍有一定的提升空间。

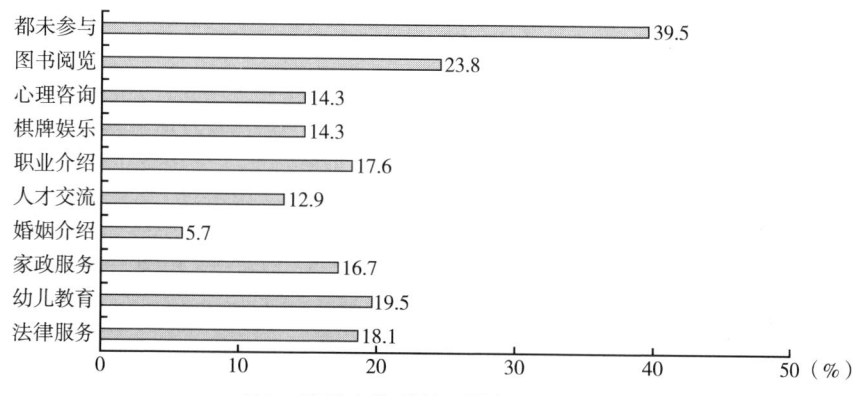

图3 陶然亭街道社区服务项目参与度

项目	百分比
都未参与	39.5
图书阅览	23.8
心理咨询	14.3
棋牌娱乐	14.3
职业介绍	17.6
人才交流	12.9
婚姻介绍	5.7
家政服务	16.7
幼儿教育	19.5
法律服务	18.1

（二）社区文化活动：从未参加过活动的受访者超过两成

对街道组织的文化活动参与度的调查显示，23.8%的受访者表示"经常参加"，较上次的调查数据下降了27.5个百分点；"偶尔参加"的占55.7%，较上次的调查数据上升了13.2个百分点；而"从未参加过"的数据也由上次的6.3%上升至20.5%（见图4）。这三组数据充分说明，陶然亭街道的文化活动参与度有所下降。因此，要特别注意"从未参加过"任何活动人群的需求，丰富活动内容，扩大宣传渠道。

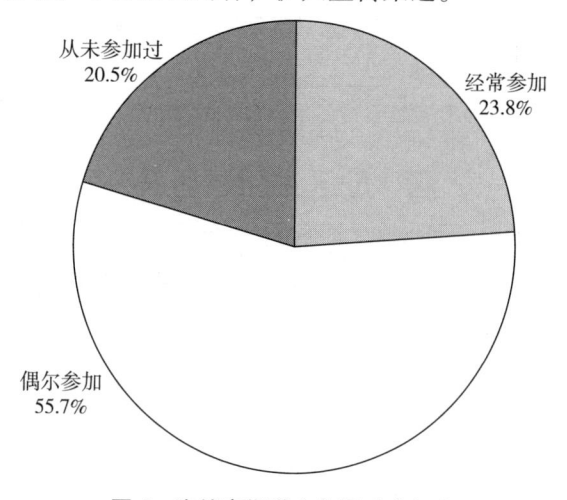

图4 陶然亭街道文化活动参与度

- 从未参加过 20.5%
- 经常参加 23.8%
- 偶尔参加 55.7%

（三）社区公益事业：全部受访者愿意参加公益活动

此次问卷再次调查了企业工作人员对街道社区组织的公益活动的参与意愿。结果显示，在"APEC 会议志愿者"、"公益培训"、"文艺演出"、"治安"和"绿化"五个选项中，全部受访者都有不同选择，占比都有一定的提升，相应比例分别由上次的 25.3%、44.3%、29.1%、31.6% 和 30.4% 上升为 25.8%、50.7%、31.1%、34.9% 和 48.3%；"助老助残"由 46.8% 下降至 37.8%（见图5）。这说明驻区企业工作人员对公益活动的参与意愿很高。街道社区应多策划组织相关公益活动，以便于人们参与到公益行动中来。

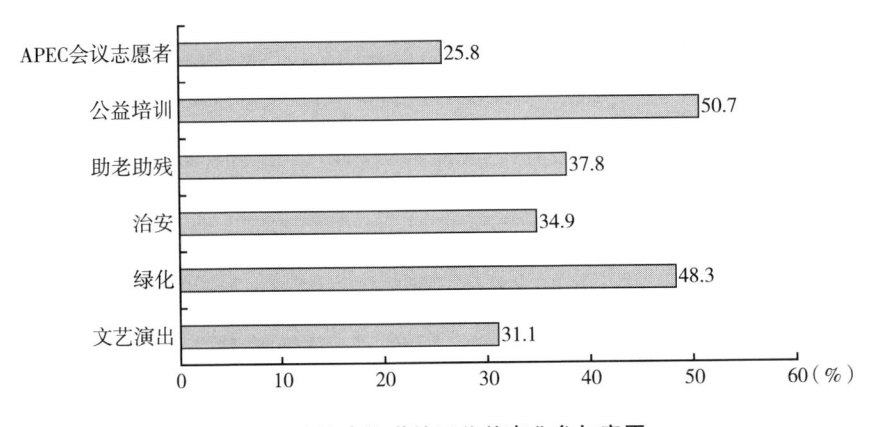

项目	比例(%)
APEC会议志愿者	25.8
公益培训	50.7
助老助残	37.8
治安	34.9
绿化	48.3
文艺演出	31.1

图 5　陶然亭街道社区公益事业参与意愿

四　地区生活便利度

（一）停车资源情况：停车难问题依旧没有得到解决

对停车资源情况的调查显示，81.4% 的受访者认为单位周边停车条件不好，这一数据较上次调查下降了 2.4 个百分点。其中 23.3% 的受访者认为这一问题已经严重影响工作，这一数据较上次调查的 35% 下降了 11.7 个百分点，认为停车问题"很好"的人占 18.6%（见图6）。这组数据表明，随着"疏解整治促提升"专项行动的开展，陶然亭街道的停车难问题有所缓解，但依旧没有解决。面对驻区企业的切身诉求，街道要结合专项行动，想方设法解决好停车难问题。

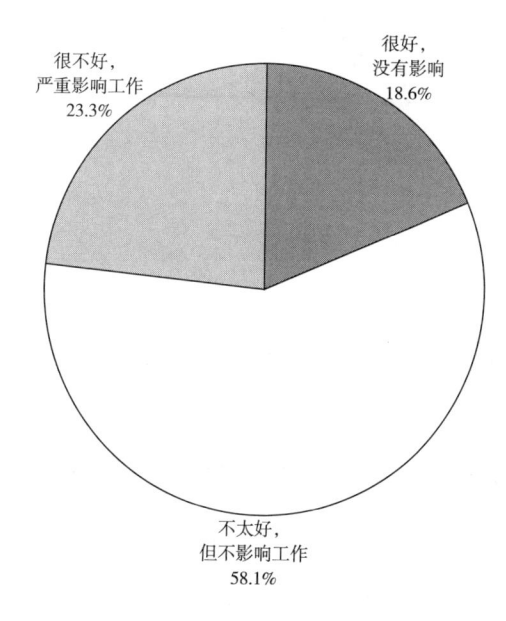

很不好，严重影响工作 23.3%
很好，没有影响 18.6%
不太好，但不影响工作 58.1%

图6 陶然亭街道停车条件便利度

（二）交通便利度：31.5%的受访者表示"最后一公里"步行时间超过10分钟

西城区位于首都核心区，地铁、公交等交通系统便利完善，在绿色出行理念的倡导下，公共交通成为辖区内企业通勤的首要选择。通过对公交车或地铁下车后"最后一公里"步行时间的调查，有31.5%的企业工作人员表示下车后需步行10分钟以上，其中步行10~15分钟的占比为20.5%，15分钟以上的占比为11%（见图7）。而上次调查时这两个数据分别为21.3%和17.5%。由此可见，公共交通出行方面没有太大改观。从这个角度来看，共享单车应是出行最好的替代形式。同时，街道层面可以通过设立摆渡车的形式，帮助工作人员解决"最后一公里"的问题。

051

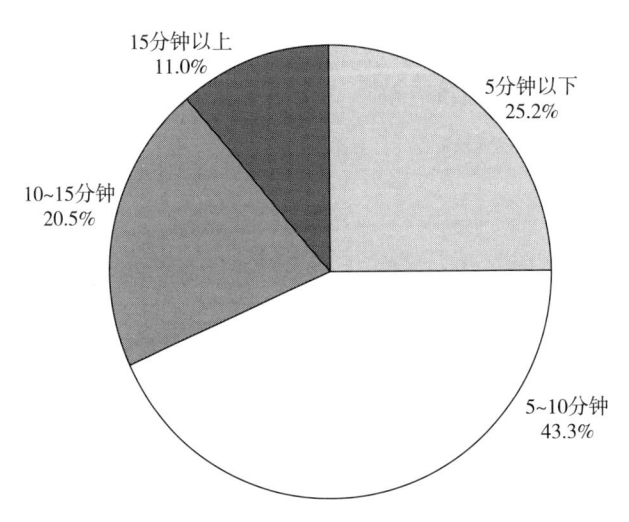

图 7　陶然亭街道"最后一公里"交通便利度

（三）早餐便利度：超八成的人认为不够便利

本次早餐便利度调查同样涉及四个方面的选项。调查结果显示，85.2%的人表示不能够方便地在周边找到早餐供应点，其中"基本没有""很不方便""稍有不便"的比例分别为9.5%、7.6%和68.1%（见图8）。这三个数据上一

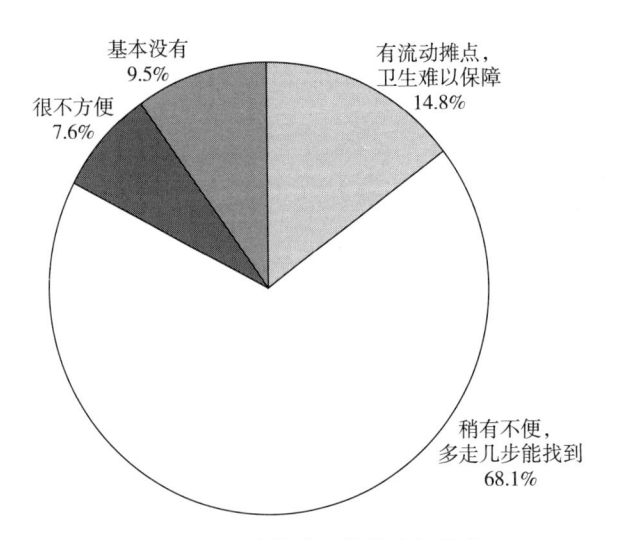

图 8　陶然亭街道早餐供应便利度

次分别是12.8%、5.1%和47.4%。由此可见,陶然亭街道的早餐供应情况总体不好,且有加重趋势。在"疏解整治促提升"和背街小巷环境治理的形势下,在早餐店变少的同时,如何确保辖区内工作人员的基本生活不受影响应引起高度重视。

五 社区基本公共服务满意度

(一)社会保障服务:就业服务满意度有所下降

社会保障服务具有保基本、促稳定的作用。陶然亭街道社会保障服务调查结果显示,"医疗保险"、"社会福利"和"养老服务"满意度名列前三,"医疗保险"服务满意度最高,为41.4%。从整体来看,所有选项的满意度评价最高不超过半数(见图9)。但与上次调查相比,所有选项数据的满意度均有不同程度的上升,"医疗保险"、"社会福利"、"社会救助"、"养老服务"、"低保"和"住房保障"分别增长了4.4个、22个、7.3个、9.7个、7.5个、5.7个百分点;"就业服务"满意度下降了10.3个百分点。此外,"都不满意"的人数占比由7.4%上升为8.1%。

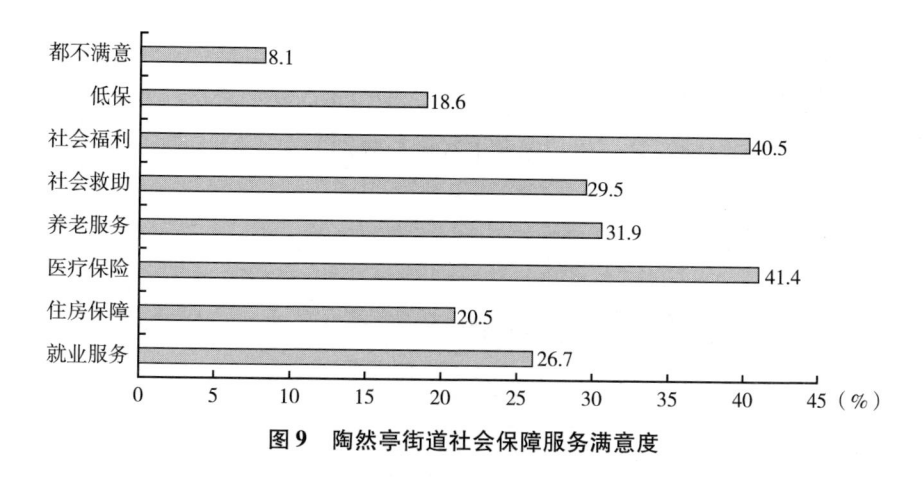

类别	百分比
都不满意	8.1
低保	18.6
社会福利	40.5
社会救助	29.5
养老服务	31.9
医疗保险	41.4
住房保障	20.5
就业服务	26.7

图9 陶然亭街道社会保障服务满意度

(二)医疗卫生服务:满意度整体上升

调查结果显示,人们对陶然亭街道医疗卫生服务满意度有所上升。"就医方便""价格合理"两组数据较上次调查分别上升了4.8个、11.4个百分点,占比达到64.1%、37.3%。"设施先进"较上次调查下降了18.4个百分点,为33.5%。表示"都不满意"的也由7.4%下降为4.8%（见图10）。但从总体来看,陶然亭街道的医疗卫生服务仍有一定的提升空间。

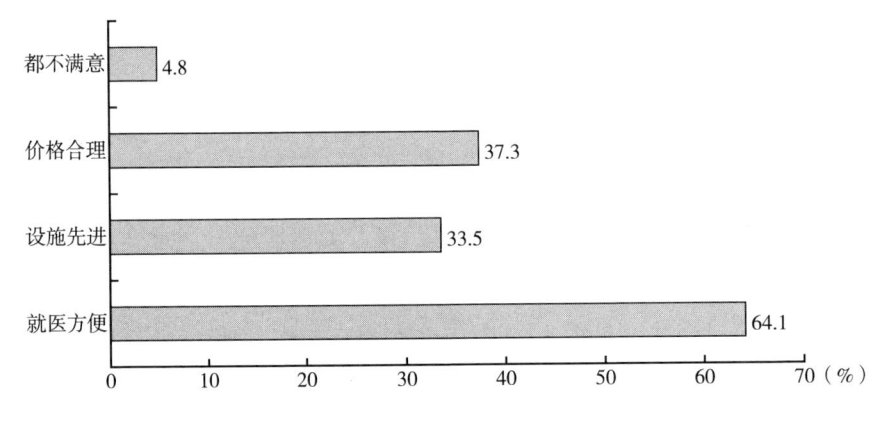

图10 陶然亭街道医疗卫生服务满意度

（三）公共安全：满意度整体提高

在公共安全的调查中,78.1%的受访者表示对"社会治安"满意,48.1%的受访者对"流动人口管理"满意,37.1%的受访者对"突发事件处理"满意（见图11）。这三组数据较上次调查分别上升了31.6个、17.9个和

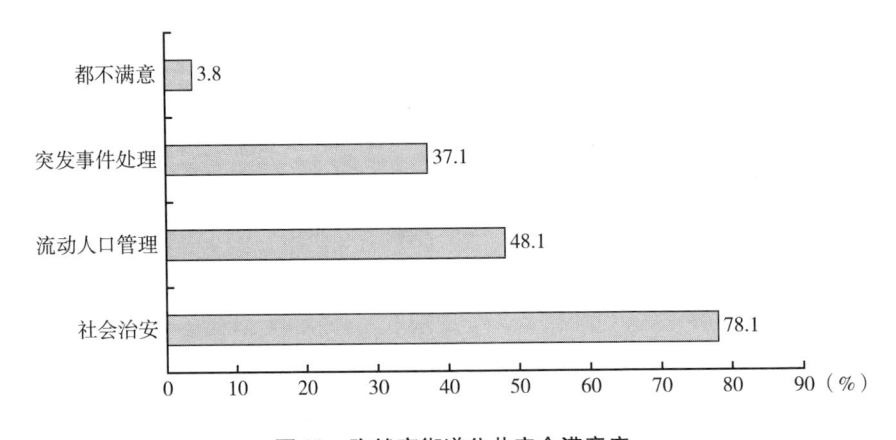

图11 陶然亭街道公共安全满意度

18.5个百分点。对这三个方面"都不满意"的占3.8%。由此可见,陶然亭街道的公共安全状况整体提升。

(四)市容环境:满意度整体"不及格"

从调查结果来看,陶然亭街道在市容环境提升和保持方面的满意度整体"不及格"。在满意选项中,对"厨余垃圾分类收集与利用"满意的占25.2%,对"生活垃圾投放清运"满意的占60.5%,对"扬尘污染治理"满意的占34.8%,对"雾霾应急举措"满意的占24.8%,对"低矮面源污染"满意的占52.4%,与此同时,有1.4%的受访者选择"都不满意"(见图12)。市容环境与国际一流的和谐宜居之都建设密切相关。因此,在下一步的工作中,陶然亭街道要按照国际一流的和谐宜居之都制定标准,结合"疏解整治促提升"专项行动,持续优化街区环境。

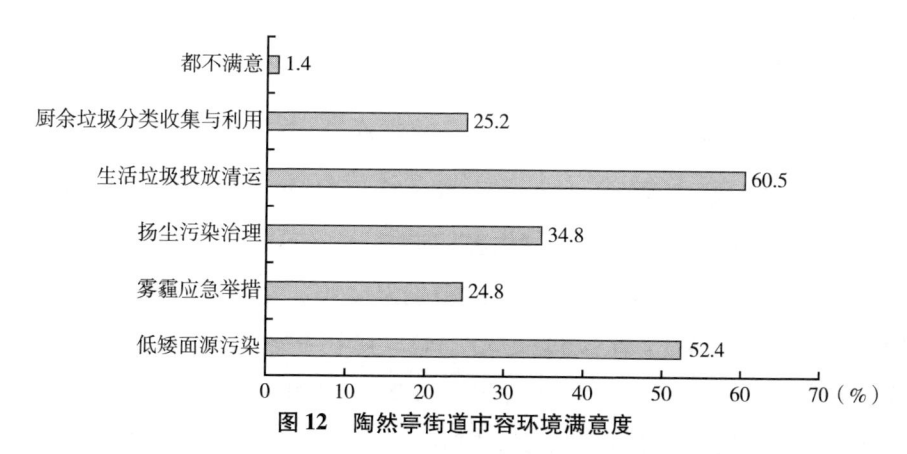

图12 陶然亭街道市容环境满意度

(五)城市管理:违章停车问题变得更为突出

从此次调查的情况来看,城市管理问题的解决方面可谓任重道远。有58.9%的受访者认为"违章停车"问题最为突出,其次是"绿化不够"和"街巷保洁"问题。与上次调查相比,"街巷保洁""乞讨卖艺""绿化不够"占比继续呈上升趋势,分别增长了11.2个、4.1个、16.6个百分点。"私搭乱建""门前三包"等现象没有明显改善。只有"违章停车""游商占道"有较大的改观，分别由 74.1%、33.3%下降为 58.9% 和 13.4%，"游商占道"改善最大（见图 13）。陶然亭街道在街巷保洁处理、绿化等方面还存在不少的问题，需要统筹谋划，全面推进。

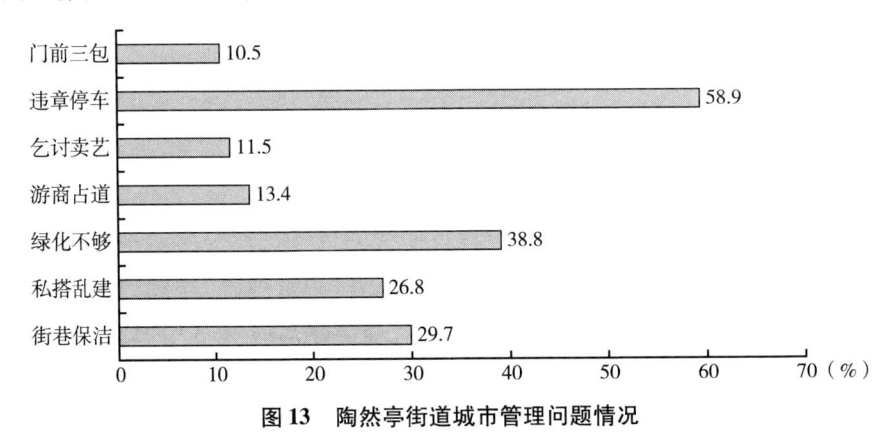

项目	百分比
门前三包	10.5
违章停车	58.9
乞讨卖艺	11.5
游商占道	13.4
绿化不够	38.8
私搭乱建	26.8
街巷保洁	29.7

图 13　陶然亭街道城市管理问题情况

（六）公用事业服务：对各选项的满意度整体提升

调查显示，陶然亭街道工作人员对辖区市政公用事业的满意度整体提高。除"供电""邮政"两项外，其余选项的满意度与上次调查相比均有不同程度上升。从满意度排序来看，"供电""供水""供气""市容市貌""通信""信息化水平""邮政""规划布局"满意度占比分别为 61.4%、59%、44.8%、43.8%、38.6%、35.7%、34.3% 和 33.3%（见图 14）。其中，"邮政"的满意度下降最多，下降了 21.3 个百分点，"规划布局"的满意度提升最多，上升了 18.5 个百分点。但是，满意度最低的仍然是"规划布局"。

（七）消防安全：防火设施和安全状况有所改善

调查显示，69.1% 的受访者表示"防火设施很好，会安全逃生"，这一数据较上次调查上升了 11.4 个百分点。表示"防火设施一般，火势不太大的情况下可以"和"防火设施不好，逃生机会不多"的比例从上次的 39.7% 和 2.6% 分别下降为 29% 和 1.9%（见图 15）。由此可见，陶然亭街道防火设施和安全情况有较大的改善。

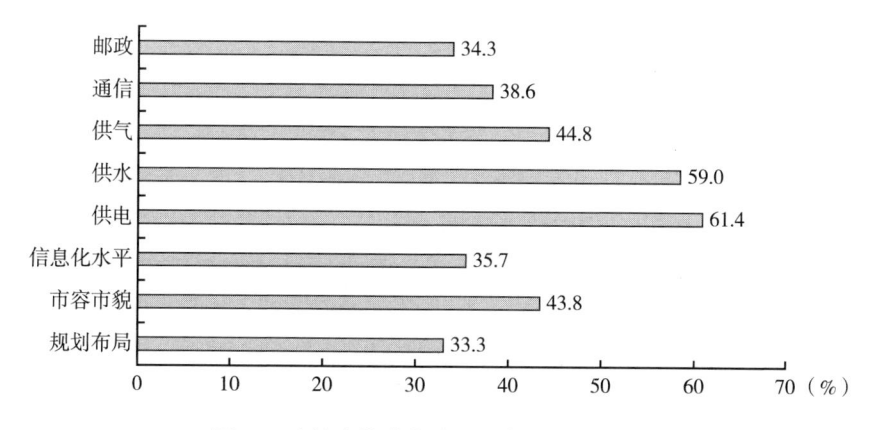

图14 陶然亭街道市政公用事业服务满意度

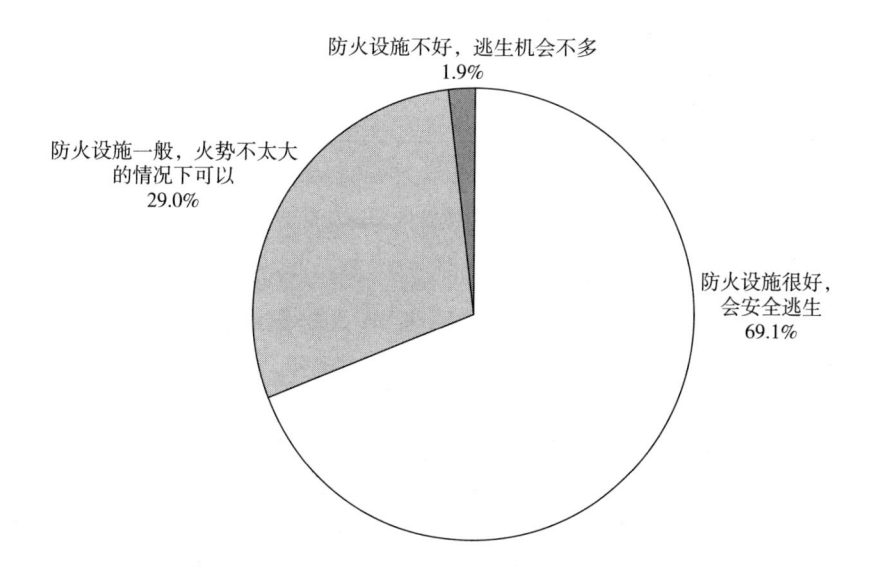

- 邮政 34.3
- 通信 38.6
- 供气 44.8
- 供水 59.0
- 供电 61.4
- 信息化水平 35.7
- 市容市貌 43.8
- 规划布局 33.3

图15 陶然亭街道消防设施和安全满意度

- 防火设施不好，逃生机会不多 1.9%
- 防火设施一般，火势不太大的情况下可以 29.0%
- 防火设施很好，会安全逃生 69.1%

六 社区公共服务需求度

(一)硬件设施需求：对体育健身点的需求最为迫切

公共服务设施是丰富社区文化必不可少的硬件设施。陶然亭街道社区最缺乏的公共服务设施的调查显示，"体育健身点"和"图书室"最为短缺，分别有62.4%和36.6%的受访者表示不能满足需求，其中，对图书室的需求有加重的倾向。此外，对"宣传栏""公共广告栏"的需求度也由11.4%、8.9%上升到21.5%、18%。而对"卫生所"的需求稍有下降，占比由上次的13.9%降至12.7%（见图16）。

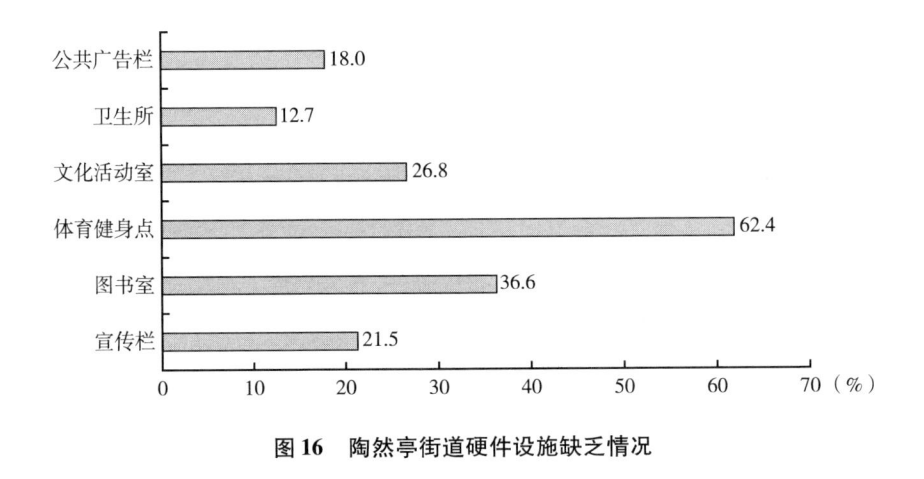

设施	比例(%)
公共广告栏	18.0
卫生所	12.7
文化活动室	26.8
体育健身点	62.4
图书室	36.6
宣传栏	21.5

图16　陶然亭街道硬件设施缺乏情况

（二）服务项目需求：便民利民服务、文化娱乐服务、老年服务和医疗保健需求较大

调查显示，企业工作人员对陶然亭街道的"文化娱乐服务"（39.2%）、"便民利民服务"（32.5%）、"老年服务"（32.1%）和"医疗保健"（30.6%）需求度最高，均超过30%，"公益培训"（29.2%）、"法律援助"（25.8%）、"青少年课外服务"（25.8%）紧随其后（见图17）。与上次调查相比，企业工作人员对"家政服务""青少年课外服务""便民利民服务""医疗保健"的需求度分别增长了4.3个、1.7个、4.7个、1.5个百分点，对"残疾人服务""劳动就业""老年服务""文化娱乐服务""法律援助""公益培训"的需求度出现不同程度的下降。由此可见，陶然亭街道要增加对"家政服务""青少年课外服务""便民利民服务""医疗保健"方面的服务供给。

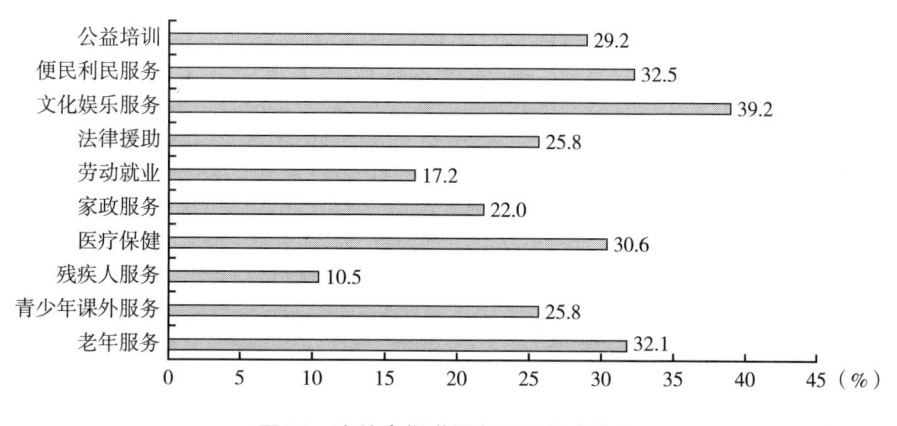

陶然亭街道基于工作人口的地区公共服务调查报告

服务项目	百分比
公益培训	29.2
便民利民服务	32.5
文化娱乐服务	39.2
法律援助	25.8
劳动就业	17.2
家政服务	22.0
医疗保健	30.6
残疾人服务	10.5
青少年课外服务	25.8
老年服务	32.1

图17　陶然亭街道服务项目需求情况

七　调查结论

基于对陶然亭街道驻区单位工作人员的调查，并与上次调查进行比较后，我们从社区服务机构认知度、社区服务参与度、地区生活便利度、基本公共服务满意度和公共服务需求度五个方面进行归纳，得出如下结论。

第一，在社区服务机构认知度方面，75.7%的受访者表示对街道办事处企业服务事项"知道"或"知道一些"；94.8%的受访者对居委会或多或少了解些，对社区的认知度大幅提高。

第二，在社区服务参与度方面，社区服务项目参与度整体上升，60.5%的受访者参与过社区服务项目，其中参与图书阅览的受访人数最多，占比为23.8%；参与过社区文化活动的受访者从超过九成下降至不到八成，达到79.5%；全部受访者表示愿意参加公益活动，其中超半数人员愿意参加公益培训活动。

第三，在地区生活便利度方面，停车难问题依旧没有得到解决，其中23.3%的受访者表示停车条件很不好，严重影响工作；31.5%的受访者表示"最后一公里"步行时间超过10分钟，共享单车应是出行最好的替代形式；有85.2%的受访者表示不能够方便地在周边找到早餐供应点，早餐便利度问题继续扩大。

第四，在社区公共服务满意度方面，社会保障服务项目中，"医疗保险"服务满意度最高，占比达到41.4%，而"低保"的满意度最低，占比为18.6%；医疗卫生服务中，满意度总体平均上升了2.6个百分点，有64.1%的受访者表示"就医方便"；公共安全整体情况呈上升趋势，78.1%的受访者对"社会治安"表示满意；市容环境五类选项的满意度中，四项不足六成，"生活垃圾投放清运"和"低矮面源污染"评价最高，"厨余垃圾分类收集与利用"、"扬尘污染治理"和"雾霾应急举措"的满意度未达到半数；城市管理中，"违章停车""绿化不够"等问题较为突出；对公用事业服务各选项的满意度呈上升趋势，在满意度排序中，"规划布局"排最后一位，仅有33.3%的满意度；从消防安全看，防火设施和安全状况总体有所改善，选择"防火设施很好，会安全逃生"的比例上升为69.1%。

第五，在社区公共服务需求度方面，硬件设施需求中，对"体育健身点"的需求虽有所减少，但也最为迫切，比例为62.4%。此外，对图书室的需求度也增加到36.6%。服务项目需求中，"便民利民服务"、"文化娱乐"、"老年服务"和"医疗保健"需求较高。对"家政服务""青少年课外服务""便民利民服务""医疗保健"的需求度分别增长了4.3个、1.7个、4.7、1.5个百分点，对"残疾人服务""劳动就业""老年服务""文化娱乐服务""法律援助""公益培训"的需求度出现不同程度的下降。

对上述结果进行梳理可以看出，虽然存在部分项目服务改善缓慢，服务便利性问题有加剧的倾向，但从整体来看，陶然亭街道的公共服务水平总体有所上升。从具体选项的数据变化来看，陶然亭街道的公共服务亮点较为明显，难点也较为突出，有13个选项值得重点关注（见表2）。

表2 陶然亭街道公共服务重点选项调查数据比较

序号	需重点关注的调查选项	上次调研（%）	本次调研（%）	百分点变化
1	最积极参与选项"图书阅览"	15.4	23.8	上升8.4个
2	最愿意参与选项"公益培训"	44.3	50.7	上升6.4个
3	满意度最高的社会保障选项"医疗保险"	37	41.4	上升4.4个
4	满意度最高的公共安全选项"社会治安"	46.5	78.1	上升31.6个

续表

序号	需重点关注的调查选项	上次调研（%）	本次调研（%）	百分点变化
5	便利度最差选项"停车条件不好"	83.8	81.4	下降2.4个
6	便利度较差选项"吃早餐不方便"	65.3	85.2	上升19.9个
7	满意度最差城市管理选项"违章停车"	74.1	58.9	下降15.2个
8	满意度较差城市管理选项"绿化不够"	22.2	38.8	上升16.6个
9	满意度较差城市管理选项"街巷保洁"	18.5	29.7	上升11.2个
10	需求度最大公共服务设施选项"体育健身点"	67.1	62.4	下降4.7个
11	需求度较大公共服务设施选项"文化活动室"	25.3	26.8	上升1.5个
12	需求度较大公共服务项目选项"便民利民服务"	27.8	32.5	上升4.7个
13	需求度最大公共服务项目选项"文化娱乐服务"	44.3	39.2	下降5.1个

八 对策建议

当前，西城区正在积极落实市委、市政府疏解非首都功能整治城市环境的相关部署，大力推进"疏解整治促提升"和背街小巷环境整治专项行动。为此，各街道开展了违法建设拆除、"开墙打洞"治理、地下空间和群租房整治、老旧小区整体提升、"七小"门店整治和文明街巷创建等工作。虽然街区环境、街巷面貌得到了很大改善，但由于对"疏解整治促提升"后的空间使用等配套政策的制定滞后，街道又缺乏对腾退空间利用的自主权，许多公共服务项目问题不降反升。结合陶然亭街道实际，提出以下建议。

（一）促进多元主体参与社会治理，完善社会治理体系

通过开展"参与型"社区协商、"网格议事会"、辖区单位资源共享、制定居民自治公约等活动，完善多元共治、积极协同的基层社会治理机制。助推社区社会组织工作，促进社区、社会组织和社会工作专业人才的互联、互补、互动，推动社区治理纵深发展。引进高校、研究机构智力资源，组建地区社会建设专家顾问团队智库，会商解决社会治理

创新、公共服务供给、公民意识培育等一系列热点难点问题。充分利用人大代表、政协委员、统战人士等各类群体的资源优势，发挥工会、共青团、妇联等群团组织在社会管理和公共服务中的枢纽作用，维护群众合法权益，促进地区和谐健康发展。整合街道志愿服务团队，完善志愿服务长效机制，组建区志愿者联合会陶然亭分会，进一步形成多元治理、共建共享的工作格局。

（二）推进疏解非首都功能工作，优化区域功能

疏功能、控人口是实现区域可持续发展的必由之路。实现区域发展转型和管理转型必须坚持调整疏解与优化发展并重，用足用好各项政策，有效降低人口密度。

一是全力疏解重点项目。坚持市场引导，加强政策集成，创新服务模式，强化联合执法，统筹推进疏解工作。二是加快调整低端业态。抓好准入、退出、提升三方面工作，集中开展安全生产、食品安全、消防安全、劳务用工等专项执法检查，有效挤压低端业态的生存空间。三是统筹调控人口规模。强化人口调控前置意识和全局意识，落实属地调控责任，深入开展社会动员，争取社会力量支持，合力攻坚。四是在治理大城市病中实现新突破，建设宜居家园。

（三）加强服务保障工作，提升公众幸福感

始终坚持以人民为中心的思想，做好民生服务和保障工作，提供更加公平高效的公共服务，持续增进民生福祉。

一是加强服务居民的阵地建设。在开展"访民情、听民意、解民难"工作的基础上，坚持"民生工程、民意立项"，主动补齐民生短板，通过租赁、装修、改造等形式，重点完成街道文化活动中心、"网格议事"推广中心、社区活动中心、街道党员服务中心、街道综治中心和社会组织服务中心等阵地建设，有效满足地区群众最关心、最直接、最现实的生活需求。二是不断完善养老服务体系。积极尝试养老服务社会化、市场化运

作，为辖区老年人提供日间照料、呼叫服务、助餐服务、健康指导、文化娱乐、精神慰藉等特色帮扶，满足多元化、多层次的养老服务需求。三是持续优化民生救助体系。落实各项社会保障改革措施，优化社会保险经办模式，实现应保尽保。用足各项民生保障政策，持续推进大病医疗救助与基本医疗保险、大病保险、慈善援助的有效衔接，有效解决因病致贫等突出问题。

理论报告

Theory Reports

B.4
公园式社区建设研究

摘　要：　"公园式社区"一词源于公园城市的研究与实践。公园式社区是将公园建设与社区建设相融合的一种社区建设新模式。"十三五"时期，西城区重点打造特大城市核心区公园体系。对于陶然亭街道来说，这是发挥自身公园优势，建设公园式社区的重要契机。本文以公园式社区的理论研究为基础，综合研究陶然亭街道建设公园式社区的现状和问题，提出其下一步推进公园式社区建设的建议。最后，以陶然亭街道为起点，结合理论研究基础，提出科学规划、功能融合、文化导向、多元参与等公园式社区建设的四个重点。

关键词：　陶然亭街道　公园式社区　公园城市　社区建设

一 公园城市与公园式社区的基本理论

公园城市是将公园建设与城市建设相结合，公园式社区则是将公园建设与社区建设相融合。公园城市是我国城市发展到现阶段的一种新型发展模式，公园式社区则是公园城市的重要组成单元，在公园城市建设中具有重要作用。

（一）公园城市的相关概念辨析

在国外，与公园城市相关的概念有田园城市（也称花园城市）、生态城市、宜居城市。在中国，出现了园林城市、生态园林城市等具有中国特色的城市发展模式。田园城市、园林城市、宜居城市、生态园林城市都有自身的侧重点，生态城市更属于一种理想型城市发展模式。公园城市则是集大家之所长，系统体现绿色、集约、人文理念的一种新型的城市发展模式。

1. 田园城市

1898年，针对英国快速城市化所出现的交通、环境、人口等城市问题，英国城市规划师霍华德（E. Howard）在《明日，一条通向真正改革的和平道路》一书中首次提出了"田园城市"概念，即要建设兼具城乡优点的理想城市。"田园城市"以土地公有化为前提，以健康、生活和产业为设计导向，以提供丰富的社会生活为规模限度，构建农业围绕城市的城市格局。

田园城市理论认为，随着时间的推移和城市的发展，田园城市最终将形成城市组群——社会城市。该理论提出的城市、乡村、城乡结合的"三磁铁图"（见图1）便是对社会城市的最好阐述。通过城乡一体化发展，取长补短，促进城乡融合，实现城乡统筹和协调发展。应用这种发展模式的，有英国伦敦、美国新泽西州瑞本市区（也称"瑞本模式"）、澳大利亚首都堪培拉、新加坡等。后来的卫星城等概念均源自该理论。

街道蓝皮书·陶然亭篇

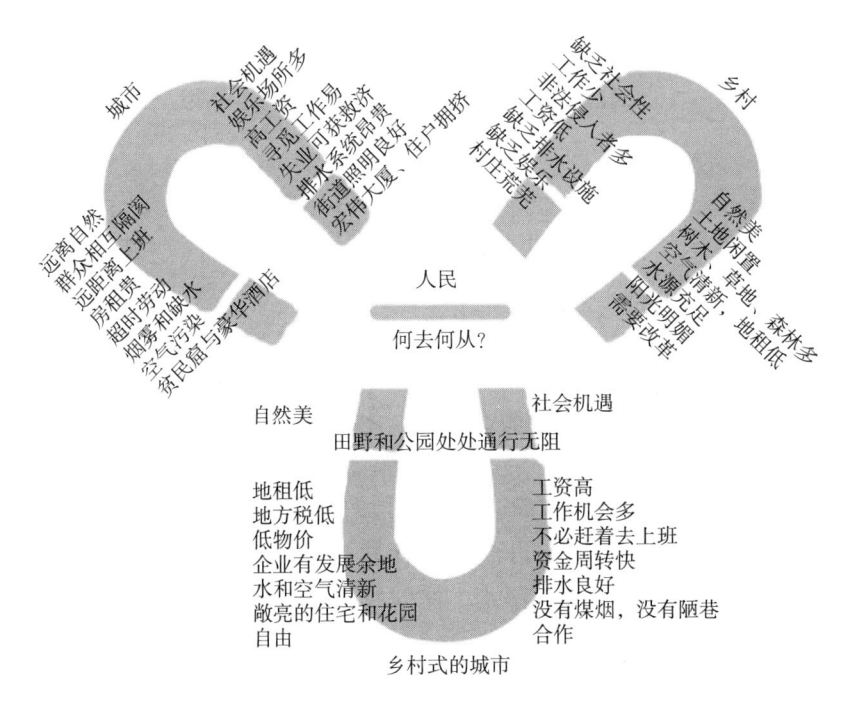

```
城市                              乡村
社会机遇         缺乏社会性
娱乐场所多       工作少
高工资           非法侵入者多
寻觅工作易       工资低
失业可获救济     缺乏排水设施
排水系统昂贵     缺乏娱乐
街道照明良好     村庄荒凉
宏伟大厦、住户拥挤

远离自然                         自然美
群众相互隔阂                     土地用餐
远距离上班                       树木、草地、森林多
房租贵                           空气清新
超时劳动                         水源充足，地租低
烟雾和缺水                       阳光明媚
空气污染                         需要改革
贫民窟与豪华酒店

           人民
         何去何从？
```

自然美   社会机遇
田野和公园处处通行无阻
地租低   工资高
地方税低   工作机会多
低物价   不必赶着去上班
企业有发展余地   资金周转快
水和空气清新   排水良好
敞亮的住宅和花园   没有煤烟，没有陋巷
自由   合作
           乡村式的城市

图 1　田园城市理论"三磁铁图"

资料来源：连玉明主编《贵阳城市创新发展报告 No.2 清镇篇》，2017。

2.园林城市

园林城市起源于"花园城市"，其最终目标是寻求人与自然的和谐相处，实现城市的可持续性发展。或者说，园林城市是花园城市在我国的发展。1992年，中华人民共和国住房和城乡建设部首次提出要在全国范围内开展园林城市创建活动，并发布了《国家园林城市标准》。园林城市主要是按照此项标准评选出的布局合理、功能完善、景观优美、生态宜居、文化发达、管理有序的城市。园林城市最重要的特点就是将城市绿化与文化艺术相结合，以绿化为纽带，以艺术化的形式组合构建城市空间基本要素，使城市整体呈现美学效果。1992~2016 年，我国共有 310 个城市获得"国家园林城市"称号。[①]

---

① 贾兴鹏：《住建部首次命名"国家生态园林城市"　苏州等 7 个城市上榜》，人民网，2016年1月29日。

3. 生态城市

20世纪80年代，在城市环境问题爆发的背景下，联合国教科文组织发起"人与生物圈计划"研究，首次提出"生态城市"概念。生态城市是指经济、社会、自然三个城市子系统按照生态学规律共同构成结构合理、功能完善、关系和谐的城市系统，其最重要的特征就是人与人的和谐、人与自然的和谐、自然系统的和谐，具有和谐性、高效性、持续性、整体性、区域性、结构合理、关系协调七大特点。生态城市建设实践较为成功的主要是国外的一些城市，如美国俄勒冈州的波特兰市、日本北九州市等。

生态城市在我国的发展主要是出于保护环境的目的。1986年，江西省宜春市首次提出建设"生态城市"的发展目标，并于1988年正式试点。此后，北京、上海、厦门等城市陆续提出建设"生态城市"的目标。2002年8月，第五届国际生态城市大会通过的《深圳宣言》明确了国际生态城市建设的五大层级（见图2）。2008年，贵阳市创立首部生态文明城市指标体系，包含了生态经济、生态环境、民生改善、基础设施、生态文化、廉政高效六个方面的33项指标。2013年7月，生态文明贵阳国际论坛2013年年会以"生态城市"为主题举行了一场专题论坛。

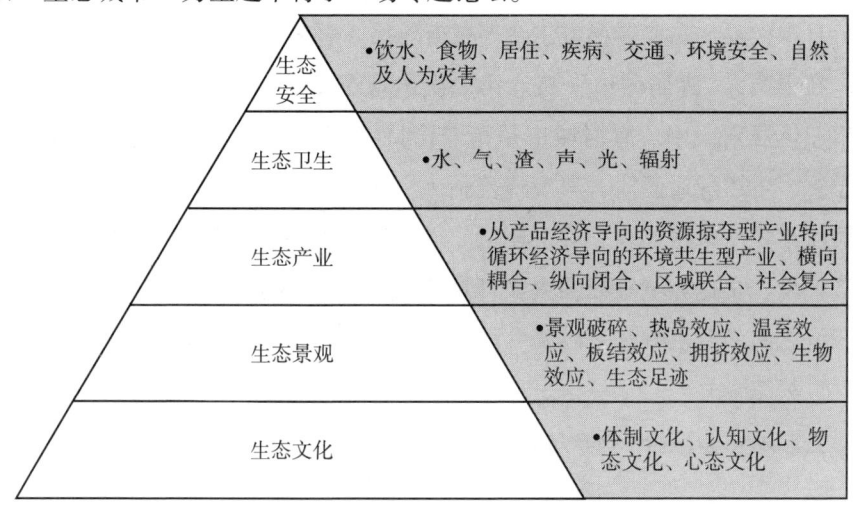

图2　生态城市建设的五个层面

- 生态安全：饮水、食物、居住、疾病、交通、环境安全、自然及人为灾害
- 生态卫生：水、气、渣、声、光、辐射
- 生态产业：从产品经济导向的资源掠夺型产业转向循环经济导向的环境共生型产业、横向耦合、纵向闭合、区域联合、社会复合
- 生态景观：景观破碎、热岛效应、温室效应、板结效应、拥挤效应、生物效应、生态足迹
- 生态文化：体制文化、认知文化、物态文化、心态文化

资料来源：王洁宁：《生态园林城市解析》，硕士学位论文，南京林业大学，2006。

4. 生态园林城市

2004年9月22日，中华人民共和国住房和城乡建设部首次向全国发出创建生态园林城市的号召，并发布了《关于创建"生态园林城市"的实施意见》和《国家生态园林城市标准（暂行）》。生态园林城市是中国结合本国国情，以园林城市建设为基础、以生态城市建设为目标的阶段性产物，主要目的在于解决"城市病"问题。其最重要的特征为城市园林绿化、自然环境保护、经济生态化、社会生态化四个方面的生态性。其在城市园林绿化和自然环境保护方面的生态性与园林城市、生态城市一致；在经济生态化和社会生态化方面的生态性高于园林城市，低于生态城市。2016年1月29日，中华人民共和国住房和城乡建设部首次命名徐州、苏州、昆山、寿光、珠海、南宁、宝鸡7个城市为"国家生态园林城市"。[1]

5. 宜居城市

1996年，联合国第二次人居大会提出了"城市应当是适宜居住的人类居住地"。这一城市概念在提出后便形成了广泛的社会共识，成为21世纪引领城市发展的新城市观。澳大利亚墨尔本、奥地利维也纳、加拿大温哥华、日本大阪、瑞典斯德哥尔摩等城市均属于著名的宜居城市。

在中国，"宜居城市"概念第一次出现在2005年国务院批复的《北京城市总体规划》中。宜居城市是指经济持续繁荣、社会和谐稳定、文化丰富厚重、生活舒适便捷、景观优美怡人、公共安全度高的城市。具体来说，宜居城市是由自然环境、人工环境、设施环境等自然物质环境与社会环境、经济环境、文化环境等社会人文环境构成的复杂系统（见图3）。通过六个子系统之间的有机融合、协调发展，共同构建宜居城市系统。

6. 公园城市

公园城市是融合人本理念、生态理念、可持续发展理念，将城市作为公

---

[1] 贾兴鹏：《住建部首次命名"国家生态园林城市" 苏州等7个城市上榜》，人民网，2016年1月29日。

- 自然环境子系统
- 人工环境子系统
- 设施环境子系统

自然物质环境

社会人文环境

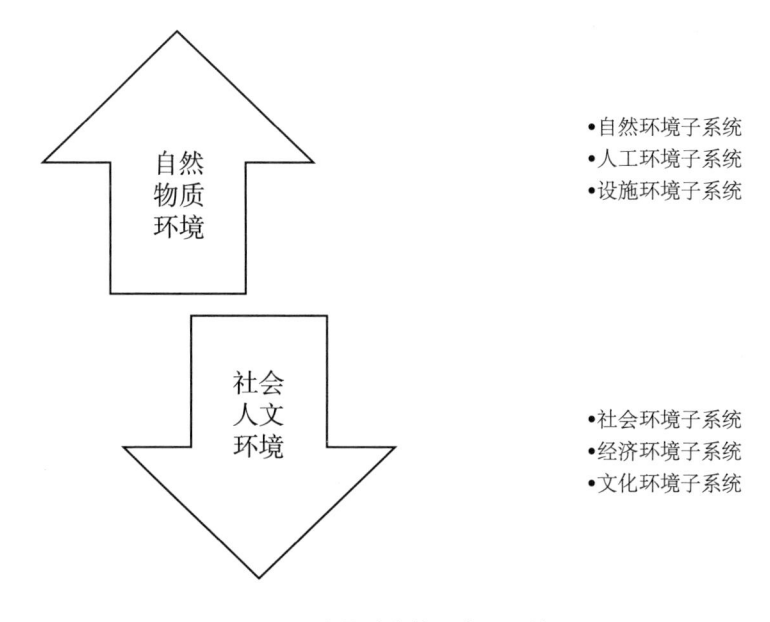

- 社会环境子系统
- 经济环境子系统
- 文化环境子系统

图3 宜居城市的六大子系统

资料来源：李丽萍、郭宝华：《关于宜居城市的理论探讨》，《城市发展研究》2006年第2期。

园进行规划，以城市公园建设为主要内容，通过"在城市里面建绿地"与"在绿地里面建城市"相结合的方式，实现生态效益、经济效益、社会效益相统一的城市发展新模式。一般来说，公园城市包括使用、经济、生态三大功能（见图4）。2015年，贵阳市出台《贵阳公园城市建设总体规划》，成为国内第一个将公园城市建设落到实处的城市。

（二）公园式社区与公园城市的关系

公园式社区是将公园建设与社区建设相融合的社区建设新模式。社区作为城市的基本组成单元，公园式社区建设在公园城市建设中具有重要作用。公园式社区是公园城市的重要组成部分，要受到公园城市建设的总体统领。

1. 公园城市是公园式社区建设的统领

公园城市的建设有相应的主题与规划。公园城市对社区提出了公园式社区的建设目标与要求，对公园式社区建设具有统领和导向作用。或者说，公

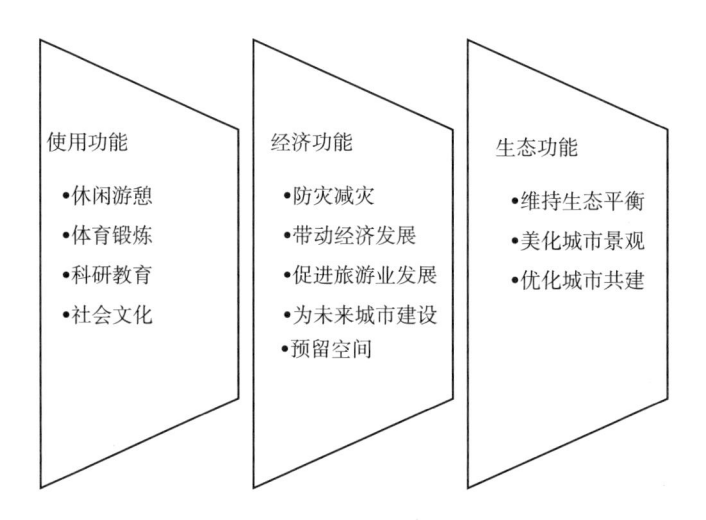

```
┌─────────────┐  ┌─────────────┐  ┌─────────────┐
│  使用功能    │  │  经济功能    │  │  生态功能    │
│ •休闲游憩    │  │ •防灾减灾    │  │ •维持生态平衡 │
│ •体育锻炼    │  │ •带动经济发展 │  │ •美化城市景观 │
│ •科研教育    │  │ •促进旅游业发展│ │ •优化城市共建 │
│ •社会文化    │  │ •为未来城市建设│ │             │
│             │  │  预留空间    │  │             │
└─────────────┘  └─────────────┘  └─────────────┘
```

图 4　公园城市的三大功能

资料来源：连玉明主编《贵阳城市创新发展报告 No.2 乌当篇》，2017。

园式社区建设要符合公园城市建设的主题及规划，要保持与公园城市建设的方向一致、目标一致，要服务于公园城市建设的总体布局。

2. 公园式社区是公园城市的重要组成

社区是城市的基本组成单元，公园式社区也是公园城市的基本组成单元。公园式社区内有各种大、中、小、微型公园，社区内部的公园互联、社区之间的公园互联、社区与景点公园的互联，共同构成了城市的公园体系，形成了公园城市的基本特征。同时，公园式社区是各种大、中、小、微型公园的承载区，其对公园的配套服务是对公园管理的重要补充，也是体现公园城市发展水平的重要内容。

（三）公园式社区建设的方向

公园式社区建设，最重要的工作就是将公园建设与社区建设相融合。同时，社区特色也是公园式社区建设的一大重点。因此，首先，要加强规划引领，促进社区功能空间的互相开放与融合。其次，要以文化为导向，构建文化特质明显的社区特色。最后，要结合当前多元共治的社区治理发展趋势，构建共建共享的多元共治格局。

1. 以规划为引领，形成开放、融合、宜居的空间体系

公园城市的空间体系包括道路空间、公共空间、游憩空间、居住空间、景观空间、生产空间、综合空间、商业娱乐空间、园林绿地空间、文体科技空间十大类。相对于公园城市的空间体系，公园式社区的空间体系相对简单，但要更加体现社区的区域特征。

规划是公园式社区建设的顶层设计。公园式社区建设要以城市规划为基础，体现社区特征，以人为本，强化社区在服务设施建设、文化建设、环境绿化等方面的规划融合，促进社区各个空间体系的互相开放，完善和优化社区功能，加快构建开放、融合、宜居的社区空间体系。

2. 以文化为导向，形成集文化、绿化、居住于一体的社区特质

公园式社区，最重要的组成就是公园、居住区，最突出的功能就是绿化、居住。但文化作为城市传承与发展的重要组成，对于公园式社区建设来说，既是体现公园与社区历史发展脉络的重要内容，也是体现公园特色、社区特色的重要标志。同时，文化也能让社区居民更加有归属感、自豪感，从而进一步形成合力，加快公园式社区建设。因此，以文化为导向，打造集文化、绿化、居住于一体的社区特质，对于公园式社区来说，是当前传承历史文化的需要，也是社区打造自身人文特征的需要，更是以文化建设凝聚区域发展合力的需要。

3. 以共建共享为目标，形成多元共治的治理体系

多元共治、居民自治是社区治理的基本发展方向。同样，对于公园式社区建设来说，共建共享的多元共治体系也是发展方向和目标。在公园治理方面，要以政府力量为主导做好管理服务工作，要以社会力量、居民力量为补充，做好相关的配套服务工作；在社区治理方面，要以居民自治为基本方向，政府要加强引导，社会要加强配合，共同构建多元共治的治理体系。同时，要加强公园治理与社区治理的互通互联，促进公园与社区在资源整合、参与机制、管理方式等方面的融合发展。

二 陶然亭街道公园式社区建设的现状

当前,陶然亭街道在社区绿化方面的重点工作可以通过花园式社区建设来实现,这也是北京市、西城区对社区绿化工作的重要部署。陶然亭街道辖区内有重要的公园资源——陶然亭公园,如何将公园资源与社区绿化有效结合应该是未来的一大方向,也就是建设公园式社区。就目前情况来看,陶然亭街道建设公园式社区主要有两大基础,一个是陶然亭公园的文化和景观资源,另一个就是花园式社区的创建基础。

(一)陶然亭公园的文化与景观资源为公园式社区建设提供了重要支撑

陶然亭公园,位于陶然亭街道南区,1952年建园,是新中国成立后北京最早兴建的现代园林,被誉为"都门胜地",是北京市历史文化名园、国家AAAA级景区。陶然亭公园历史悠久、文化资源丰富,"亭文化"是其重要特征,体现了古代园林艺术与现代造园艺术的融合。陶然亭公园内丰富的文化资源、景观资源,为陶然亭街道建设公园式社区提供了重要支撑。

1. 景区资源众多

陶然亭公园内有众多各具特色的景区。陶然佳境景区是以"陶然"为主题的生态型景区,内有陶然亭、慈悲庵等重要景点,是公园的代表性景区。华夏名亭景区集中仿建了中国六省九地的十余座知名历史名亭,亭景结合、景景相连,曾获全国设计金奖,是公园中的"园中之园"。胜春山房景区以喷泉和月季为主景。潭影流金景区内银杏林茂密,"潭影"意指南城名胜——黑龙潭,"流金"意指穿过银杏林的溪水飘满金色的银杏叶。公园的主要景点有陶然亭、慈悲庵、观音殿、准提殿、文昌阁、云绘楼、辽代经幢、金代经幢、窑台、赛金花墓等。

2. "亭文化"特征明显

陶然亭公园以"陶然亭"命名,"亭文化"是其重要特征。一方面,陶然亭是公园的核心景点，是中国四大名亭之一。陶然亭建于清朝康熙三十四年（1695年），亭名取自白居易《与梦得沽酒闲饮且约后期》中的"更待菊黄家酝熟，共君一醉一陶然"一句，匾额由建亭人江藻书写，亭梁上有采菊图、八仙过海图、太白醉酒图等苏式彩绘，亭墙上有许多石刻。另一方面，华夏名亭园是"亭文化"聚集之地，是公园中的"园中之园"。华夏名亭园建于1985年，园内以1∶1的比例仿建了醉翁亭、兰亭、沧浪亭、杜甫草堂亭、鹅池碑亭、独醒亭、二泉亭、浸月亭、百坡亭、吹台亭、一览亭11座名亭，又自行设计了太白（谪仙）亭，共计12座亭，并依亭配景，亭景相融、相得益彰。

3.历史文化资源丰富

陶然亭公园历史悠久。园中慈悲庵，创建于元代，庵内陶然亭建于清代。五四运动（1919年5月4日）前后，李大钊、毛泽东、周恩来等中国共产党领导人均来过陶然亭开展革命活动。1994年，公园被命名为"北京市爱国主义教育基地"。

园内有众多匾联、诗幅等历史文化资源。陶然亭内有王孟津匾（清）、陶然匾（清）、翁方纲联（拓片复制）、林则徐联（黄苗子补书），文昌阁挂有"帝鉴有德"匾，陶然亭资料室存有蔡锦泉联（清）上联。园内有天南野叟等诗幅、汗园诗幅、《陶然亭小集诗》（清王昶著、王肇嘉刻）。

（二）花园式社区创建为公园式社区建设奠定了重要基础

自2009年北京市开展首都绿化美化花园式社区评比活动以来，陶然亭街道按照《首都绿化美化花园式社区创建工作管理办法（试行）》（见图5），结合地区土地资源紧缺的实际，采取屋顶绿化、垂直绿化、阳台绿化等多元增绿措施，不断提升区域绿化美化水平，实现居民身边见绿、身边环绿，为公园式社区建设奠定了重要的绿化基础。

1.充分发挥自身主导作用，提升街道绿化美化水平

首先，街道有序开展日常公共绿化美化工作，稳步提升地区绿化水平。

以绿色北京、生态北京建设为目标，抓好绿化基础管理。全面梳理地区绿地并进行绿化监管系统录入。坚持辖区绿化维护、病虫害防治，摸排申报地区危树、死树并伐除。

首都绿化美化花园式社区评比条件

1. 社区高度重视绿化美化工作，将绿化美化纳入社区日常工作。
2. 社区有专职绿化队伍及工作人员。
3. 社区绿化布局合理，设计上以人为本。
4. 达到《北京市城市绿地建设和管理等级质量标准（试行）》规定的二级以上绿地管理质量标准。
5. 社区内积极开展屋顶绿化、垂直绿化等立体绿化。
6. 社区内居民、单位能通过植树种草、认建认养等多种形式参与绿化美化建设。
7. 认真组织各种形式的绿化宣传活动，大力倡导"植绿、爱绿、护绿"的社区绿色文化。
8. 社区能主动接受各级绿化委员会监督指导，积极配合开展绿化工作。

图 5　首都绿化美化花园式社区评比条件一览

资料来源：首都绿化委员会：《首都绿化美化花园式社区创建工作管理办法（试行）》，《绿化与生活》2010 年第 10 期。

其次，街道着力推进立体拓绿，创新绿化美化方式。2016 年，完成两块小微绿地建设，增加楼前绿化，实现身边见绿；通过增设藤架、墙面绿化、楼前绿地，增设垂直绿化设施，让居民身边环绿、处处有花。

最后，街道加大政府购买力度，满足居民绿化美化需求。2016 年，陶然亭街道购买公共、公益服务 19 项，满足了居民在环境绿化美化、家庭日常保健等方面的需求。

2. 有效调动多元主体积极性，促进共建共享

首先，加强绿化美化知识培训，提升居民绿化意识与技能。开展绿色大讲堂，加深居民对绿化的认识。通过专家授课、居民体验的方式，组织居民参与生态菜园、美丽阳台建设，促进阳台绿化与百姓健康饮食结合，促使绿化理念融入居民生活。另外，结合西城区"百万鲜花进家庭"活动，定期举办花卉知识讲座，向社区居民讲授花卉的种植、养护技巧。

其次，开展植绿、爱绿、护绿等重点活动，提高公众参与度。组织参与西城区"小树苗"行动，向社区、单位发放苗木，鼓励居民与单位参与植绿、爱绿、护绿活动，制作并安置小区绿地温馨提示牌，加快构建"一院一树、一户一木、一人一花"的美丽社区。参与西城区"百万鲜花进家庭"活动，向社区居民发放鲜花、花种，发放自制花草手册、种植工具，指导居民种植。组织家庭认养绿地，培养小区绿化自主管理能力。以"护身边绿荫、种生态菜园"为活动宗旨，在全民义务植树日组织新婚家庭、亲子家庭、夕阳家庭种植认养绿植，将社区绿意与家庭情意捆绑。在"小树苗"行动中，引导社会单位、社区物业整合绿地认植，使单位绿化与地区美化相统筹。

最后，探索社区激励机制，充分发挥花草协会的作用。充分发挥花草协会、物业协会等社会组织在城市环境建设管理中激发群众参与、解决问题、化解矛盾与桥梁纽带的作用，引导广大市民主动参与城市管理，进一步规范地区环境秩序，实现"有安全防范、有绿化保洁、有维修维护、有停车管理"的建设目标。

三 关于陶然亭街道公园式社区建设的思考

陶然亭街道的公园式社区建设刚刚起步，公园与社区融合不够、景观整体性与特色不强、绿化用地紧张、绿化成果难以维护是当前推进公园式社区建设需要重点关注的四个问题。在西城区打造特大城市核心区公园体系的背景下，陶然亭街道要充分发挥公园资源优势，加强科学化、特色化的统一规划，加强公园式社区建设与陶然亭公园建设的协调统一，不断巩固和强化绿化成果。

（一）陶然亭街道公园式社区建设存在的问题

公园式社区建设，最重要的特征就是将公园建设与社区建设相融合。从陶然亭街道的实际来看，两者的融合度明显不够。同时，地区绿化景观的整

体性较差、文化特色不强也是一大问题。从社区绿化工作本身来看，绿化用地紧张、成果缺乏后期维护也是两大重点问题。

1. 与陶然亭公园的整体融合度不够

从目前来看，陶然亭街道公园式社区建设与陶然亭公园的整体融合度较低，两项工作各自独立。公园式社区建设没有充分发挥陶然亭公园的资源优势，形成与之相匹配的绿化景观、人文景观。陶然亭公园的管理相对独立，社区难以与公园对接，为其提供完善的配套服务。

2. 绿化景观的整体性较差、文化特色不强

一方面，社区绿化涉及居民区、社会单位等区域，多方力量的存在导致社区绿化的整体性较差，特别是与配套设施的不统一严重影响了区域景观的整体性；另一方面，陶然亭街道文化资源众多，而绿化形式、植物品种相对单一，削弱了地区文化特征，难以体现地区人文景观特色。

3. 绿化用地与道路、停车用地矛盾突出

陶然亭街道地处首都中心城区，人口密度大、车辆数量多，特别是随着北区内新小区的建成，人口聚集态势明显。为满足区域通行需求，绿化用地面积受到了严重制约。同时，由于乱停车现象的存在，绿化草地和树木经常受到破坏，影响了地区的绿化效果。

4. 绿化成果缺乏后期养护与管理

陶然亭街道人口密度大，绿化植物生长空间较小，特别是在一些胡同，绿地和树木容易受到人为破坏。同时，由于北京的水资源缺乏，绿化成果的养护和管理成本较高，部分绿化成果的后期养护与管理缺位，影响了绿化成效。

（二）关于陶然亭街道公园式社区建设的建议

"十三五"时期，西城区结合区域生态环境，重点打造特大城市核心区公园体系，公园绿地500米服务半径覆盖率将达到95%。对于陶然亭街道来说，这是发挥自身公园优势，建设公园式社区的重要契机。街道要加强科学化、特色化导向，对公园式社区建设进行统一规划，要加强公园式社区建设与陶然亭公园建设的协调统一。同时，要从增加绿化的耐用性和多元共建两方面着手，降低绿化成果后期的维护和管理成本，巩固绿化成果。

1. 以科学化和特色化为导向，进行统一规划

要加强顶层规划的科学化。科学化重在体现规划的整体性、人本性。整体性是要将社区作为一个整体，统筹协调多个部门，对各个功能区域的景观绿化进行统一规划。要按照西城区打造特大城市核心区公园体系的要求，以公园绿地500米服务半径覆盖率达到95%为目标，加快建设小区公园、院落公园。人本性是要"以人为本"，结合居民居住、活动、休息等方面需求进行规划。要以居民需求为导向，兼顾绿化效果与停车需求进行总体规划，通过规划建立"单行单停"系统解决绿化用地与道路用地矛盾，打造宜居环境。特别要注重与"疏解整治促提升"专项行动相结合，科学规划腾退空间，不断优化街区功能体系。

要加强顶层规划的特色化。陶然亭街道最突出的文化特征就是会馆文化、红色文化、戏剧文化、寺庙文化。在规划阶段，要注重景观绿化与人文景观的协调，突出街区的文化特征，实现景观绿化与文化传承和保护的融合，促进发展、保护、传承的协调与统一。

2. 以资源利用为导向，促进公园式社区建设与陶然亭公园发展的协调统一

陶然亭公园是陶然亭街道的重要组成，特别是在街道建设公园式社区的过程中，陶然亭公园将是一个核心景观。在建设公园式社区的过程中，要充分挖掘陶然亭公园的文化资源，将其作为社区创建的文化支撑，打造社区特色；要打造与公园景观相协调的周边景观，突出陶然亭公园特质，实现陶然亭公园与社区的景观融合；要配合做好公园的景观维护和配套服务工作，让社区成为公园管理和服务的重要补充，实现公园与社区的长期可持续性发展。

3. 以植物耐用和居民共建为导向，有效巩固绿化成果

要因地制宜，主要运用耐用性植物进行绿化，降低绿化维护成本。发挥区域内古树名木众多的优势，加强对古树名木的保护，延续旧城风貌。配置迎春、珍珠梅、棣棠等季相特色明显的植物，体现季节特征，提升绿化景观

的观赏性。要选择与老北京特色相统一的乡土植物，以乔、灌、草相结合的方式进行绿化。观花类可选择玉兰、迎春等，观果类可选择海棠、核桃等，攀缘类可选择常春藤、牵牛等。

要加强宣传引导，提升公众植绿、爱绿、护绿意识，加快形成共管共养、成果共享的格局。公众和社会力量是政府管理维护的重要补充。一方面，要加强建设公园式社区的宣传，不断提升公众创建意识，加快促进公众和社会力量参与；另一方面，要不断创新活动方式，通过居民认养、社会单位认植等形式，巩固和强化绿化成果。

四 从陶然亭街道公园式社区建设看公园式社区建设的重点

陶然亭街道在公园式社区建设方面有经验，也有不足。在推进公园式社区建设的过程中，要从科学规划、功能融合、文化导向、多元参与四个方面着手，实现社区居住、绿化、文化等功能的复合。

（一）强化人本理念，提升统一规划的科学性

公园式社区是公园城市的重要组成，其在建设过程中也要体现人本理念、生态理念、可持续发展理念。规划是公园式社区建设的顶层设计，要充分体现这三大理念。一方面，要加强整体统筹，促进多规融合，体现生态理念，实现可持续发展。另一方面，要注重"以人为本"，体现人本理念，以居民需求为导向，提升社区的宜居程度。

1. 加强整体统筹，促进多规融合

一方面，公园式社区建设要服务于城市公园体系建设，在规划时加强整体统筹和安排。要从实践中寻找规律，围绕城市公园体系建设的中心，明确社区自身定位和特点，以此作为规划的总体指导，保证公园式社区建设与城市公园体系建设的方向一致。

另一方面，公园式社区建设涉及多个部门，需要在规划之初就做好统筹

协调工作，促进多规融合，提升规划的科学性。要统筹协调多个部门，合理规划社区各个空间体系，强化社区在服务设施建设、文化建设、环境绿化等方面的规划融合，优化社区功能，提升社区景观绿化、服务设施的整体性和协调性。

2. 注重"以人为本"，提升宜居程度

和谐宜居是公园式社区的重要特征之一。要从陶然亭街道的实践中寻找规律，以居民需求为导向，思考居民关心、关注的重点问题，提出切实可行的举措，并将其纳入整体规划中来，充分体现人本理念，满足居民居住、活动、服务需求，加快打造宜居社区。

（二）利用公园资源，促进公园与社区功能融合

公园式社区最大的特征是将公园建设与社区建设相融合。2002 年，建设部发布的《城市绿地分类标准》（CJJ/T 85 - 2002）认为公园绿地主要有游憩、生态、美化、防灾四大功能，具体分为综合公园、社区公园、专类公园、带状公园、街旁绿地五大类（见图 6）。要有效发挥各类公园的功能，将其与社区功能进行融合，加快推进公园式社区建设。

1. 发挥综合公园的复合功能

综合公园包括全市性公园、区域性公园，是各类公园中规模最大、内容最丰富的一类公园。在建设公园式社区的过程中，要充分发挥综合公园的游憩、生态、美化等功能，打造与公园景观相协调的周边景观，突出地区的公园特色。同时，社区也要配合做好公园的配套服务工作，实现公园与社区的融合发展。

2. 发挥社区公园的服务功能

社区公园包括居住区公园、小区游园，一般是居住区的配套公园，与社区的关系最为紧密。在建设公园式社区的过程中，要充分发挥社区公园的服务功能，通过各种活动形式加强社区与公园的联系，促进社区与公园的互相开放、互相融合。

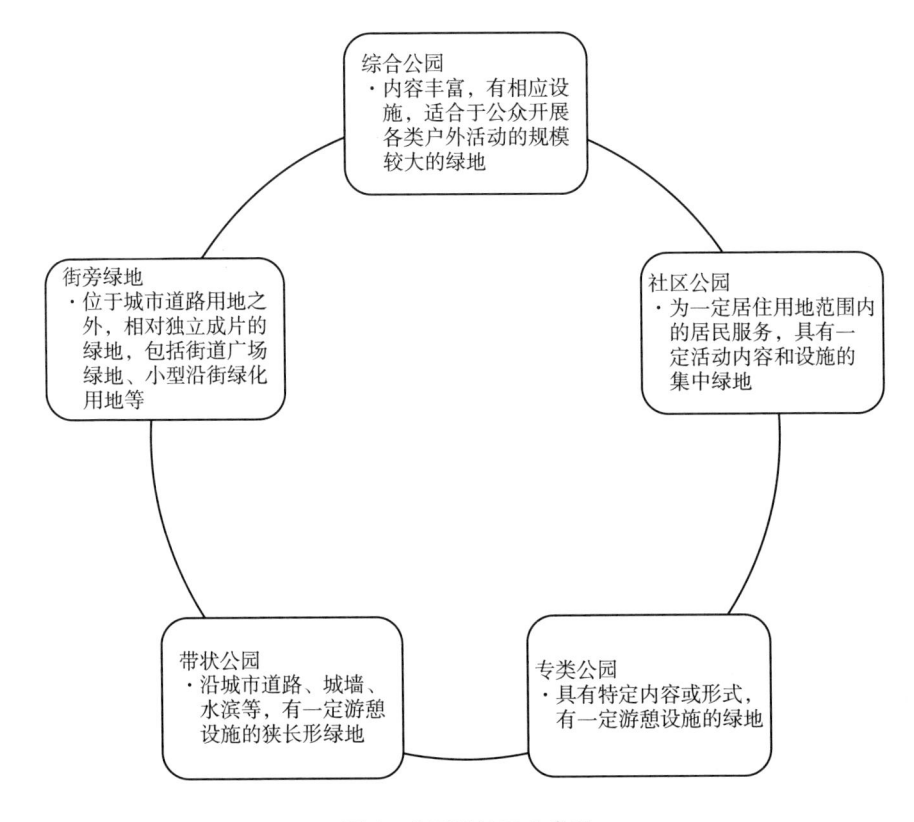

```
        综合公园
    ·内容丰富，有相应设
     施，适合于公众开展
     各类户外活动的规模
     较大的绿地

街旁绿地                    社区公园
·位于城市道路用地之          ·为一定居住用地范围内
 外，相对独立成片的           的居民服务，具有一
 绿地，包括街道广场           定活动内容和设施的
 绿地、小型沿街绿化           集中绿地
 用地等

    带状公园          专类公园
·沿城市道路、城墙、    ·具有特定内容或形式，
 水滨等，有一定游憩     有一定游憩设施的绿地
 设施的狭长形绿地
```

图 6　公园绿地五大类型

资料来源：中华人民共和国建设部：《城市绿地分类标准》，2002。

3. 发挥专类公园的主题功能

专类公园包括动物园、植物园、儿童乐园、历史名园、风景名胜公园、游乐公园等主题性公园。在建设公园式社区的过程中，要充分发挥专类公园的主题功能，将其作为公园式社区的重要特色，构建与之相适应的景观体系和服务体系，实现公园与社区的共同发展。

4. 发挥带状公园的景观功能

带状公园一般沿河、沿路而建，景观功能较为突出。在建设公园式社区的过程中，要充分结合带状公园的景观特色，在社区建立相应的景观体系，促进社区与公园的功能协调、特点一致，实现公园与社区的融合发展。

5. 发挥街旁绿地的绿化功能

街旁绿地包括街道广场绿地、小型沿街绿地，一般规模较小，绿化、美化是其主要功能。在建设公园式社区的过程中，要充分发挥街道在街旁绿地建设中的重要作用，将街旁绿地作为其他四类公园的重要补充，充分发挥其绿化、美化功能，并保持与社区整体绿化建设风格的一致性。

（三）突出文化导向，打造社区特色绿化景观

文化是社区发展的灵魂，是体现社区历史的重要承载，也是体现社区特色的重要标志。要充分挖掘和利用社区的文化资源，突出社区文化特色；将绿化景观建设与文化特征相结合，打造具有社区特色的绿化景观。

1. 充分挖掘和利用文化资源，打造标志性景观

文化资源是历史发展的宝贵遗产，要充分挖掘文化资源价值，将其作为公园式社区建设的核心内容。要将文化传承与景观建设密切结合，在保证景观整体协调的前提下，将文化资源打造成重要景观节点、标志性景观。

2. 有效融合和发扬社区文化，打造特色景观

社区文化是反映社区特色的重要内容。在建设公园式社区的过程中，要将社区文化作为社区建设的重要导向，促进社区文化与绿化景观的融合。绿化景观能有效体现社区文化、体现社区特征，实现公园式社区建设与文化传承和发展的统一。

（四）引导公众参与，构建多元共建共享格局

多元共治是公园式社区发展的基本方向。可以借鉴陶然亭街道在多元共治方面的实践经验，从宣传教育、开展活动两方面着手推进公众和社会单位参与建设，构建起共建共享的创建格局。

1. 加大宣传教育力度，不断提升公众创建意识

要通过新旧媒体相结合的形式，不断加大宣传力度。通过多方位的宣传引导，让公众、社会单位认识到公园式社区建设的重要性和积极作用，自觉加入公园式社区建设中。

要加强绿化美化知识培训，有效提升居民创建能力。通过大讲堂、知识讲座、技能指导和培训等方式，不断提升居民在绿化美化方面的专业技能。

要通过先进评比和宣传的形式，扩大创建工作影响力。要借鉴西城区在创建花园式社区方面的经验，通过开展"最美阳台""最美庭院"等活动，不断扩大公园式社区建设工作在公众中的影响力，为创建工作提供良好的氛围。

2. 有效创新活动方式，不断促进公众和社会参与

一方面，结合区域重点工作，开展相关的创建活动，实现工作开展和公园式社区建设同步推进。另一方面，创新活动方式，提高公众和社会单位参与的积极性。加强政府引导，通过开展公众认养、单位认植等活动，提高公众和社会单位的创建参与度，从而提高其在创建过程中的获得感，形成"参与—获得—再参与—高获得"的良性循环。

3. 充分发挥社区组织作用，凝聚社区创建合力

作为一个自治组织，社区组织在其中扮演着重要角色。要充分发挥社区组织的作用，引导居民参与到公园式社区建设中来，形成社区创建合力，实现社区共建共享目标。

参考文献

连玉明主编《贵阳城市创新发展报告 No. 2 清镇篇》，2017。

贾兴鹏：《住建部首次命名"国家生态园林城市"苏州等 7 个城市上榜》，人民网，2016 年 1 月 29 日。

王洁宁：《生态园林城市解析》，硕士学位论文，南京林业大学，2006。

首都绿化委员会：《首都绿化美化花园式社区创建工作管理办法（试行）》，《绿化与生活》2010 年第 10 期。

中华人民共和国建设部：《城市绿地分类标准》，2002。

北京市西城区园林绿化局：《建设活力魅力和谐新西城 实现绿化美化事业新发展》，《绿化与生活》2012 年第 9 期。

高俊宏、王明明：《西城区胡同绿化的实践与探索》，北京西城文明网，2015 年 7 月 8 日。

B.5
社区自治模式创新研究

摘　要： 社区自治是实现基层民主的有效形式，主要是社区居民以法律为基础，通过民主选举、民主决策、民主管理和民主监督等方式，有序参与社区自我管理与服务的过程。协商民主作为促进多元参与社区治理的重要方式，是社区自治的重点。陶然亭街道自2015年承担创建北京市第二批社区治理和服务创新实验区工作以来，以社区网格化建设为主题，发挥网格议事会平台载体作用，实施参与型协商治理，在强化社区自治功能、完善基层群众自治制度、推进社区民主协商制度化上做出了初步探索。本文从理论研究的角度，结合陶然亭街道的实践，探讨社区自治模式的创新路径。

关键词： 陶然亭街道　社区自治　民主协商　网格议事

一　社区自治的基本理论

（一）社区自治概述

社区自治是实现基层民主的有效形式，主要是社区居民以法律为基础，通过民主选举、民主决策、民主管理和民主监督等方式，有序参与社区自我管理与服务的过程。具体来看，社区自治包括三大要素：第一要素是社区自治的范围，即按照行政区划划定的社区范围；第二要素是社区自治组织，社区自治组织的成员包括社区居民、驻区单位成员等，目前最主要的社区自治组织即社区居委会，其是国家法定的具有权威性的自治组织，需要协助政府开展相关的社区治理工作；第三要素是社区自治的事务，主要是指与社区成员利益密切相关的公共事项。

1. 我国推动社区自治的发展历程

改革开放以来，基层管理体制的改革为社区建设、社区自治的发展提供了重要契机，在中央的推动下，各个城市逐步开展了社区自治的探索与实践。以重大事件为分界点，社区自治主要经历了准备筹划、探索实践、全面推进三个阶段（见图1）。

准备筹划阶段（1978~1990年），以十一届三中全会为起点，重点发布了与居民委员会相关的法律制度，并且宪法明确规定了居民委员会的性质、任务和作用，为居民自治工作的开展提供了必要的法律保障。

探索实践阶段（1991~2000年），以1991年民政部首次提出"社区建设"为起点，重点推进基层治理体系建设。1999年，民政部确定了26个社区建设实验区，加快推进社区建设的探索试验。

全面推进阶段（2000年至今），以民政部确定26个社区建设实验区为起点，总结推广实验区经验，形成具有广泛借鉴意义的经验模式，并下发《民政部关于在全国推进城市社区建设的意见》，全面推广社区自治。

2. 社区自治的必要性

社区自治的兴起与发展同经济社会体制改革密切相关。一方面，社区自治适应了社会转型需求，是对政府管理的重要补充。随着经济体制和社会体制的转变，社会要素发生了重大变化。在经济社会不断发展、居民生活水平不断提升的同时，城乡二元结构、社会关系疏离、弱势群体规模扩大等社会问题日益凸显。政府通过行政手段进行大包大揽管理的模式难以为继，社区成为政府管理的边缘或真空地带，社区自治在此背景下应运而生，成为政府管理的重要补充与助力。另一方面，社区自治满足了居民权利回归需求，是推进基层民主建设的重要内容。随着"单位人"向"社会人"的转变，部分社会管理与服务功能由单位回归到社区，居民迫切需要以自治组织的形式加强自我管理与自我服务。特别是随着经济社会的发展，居民的管理与服务

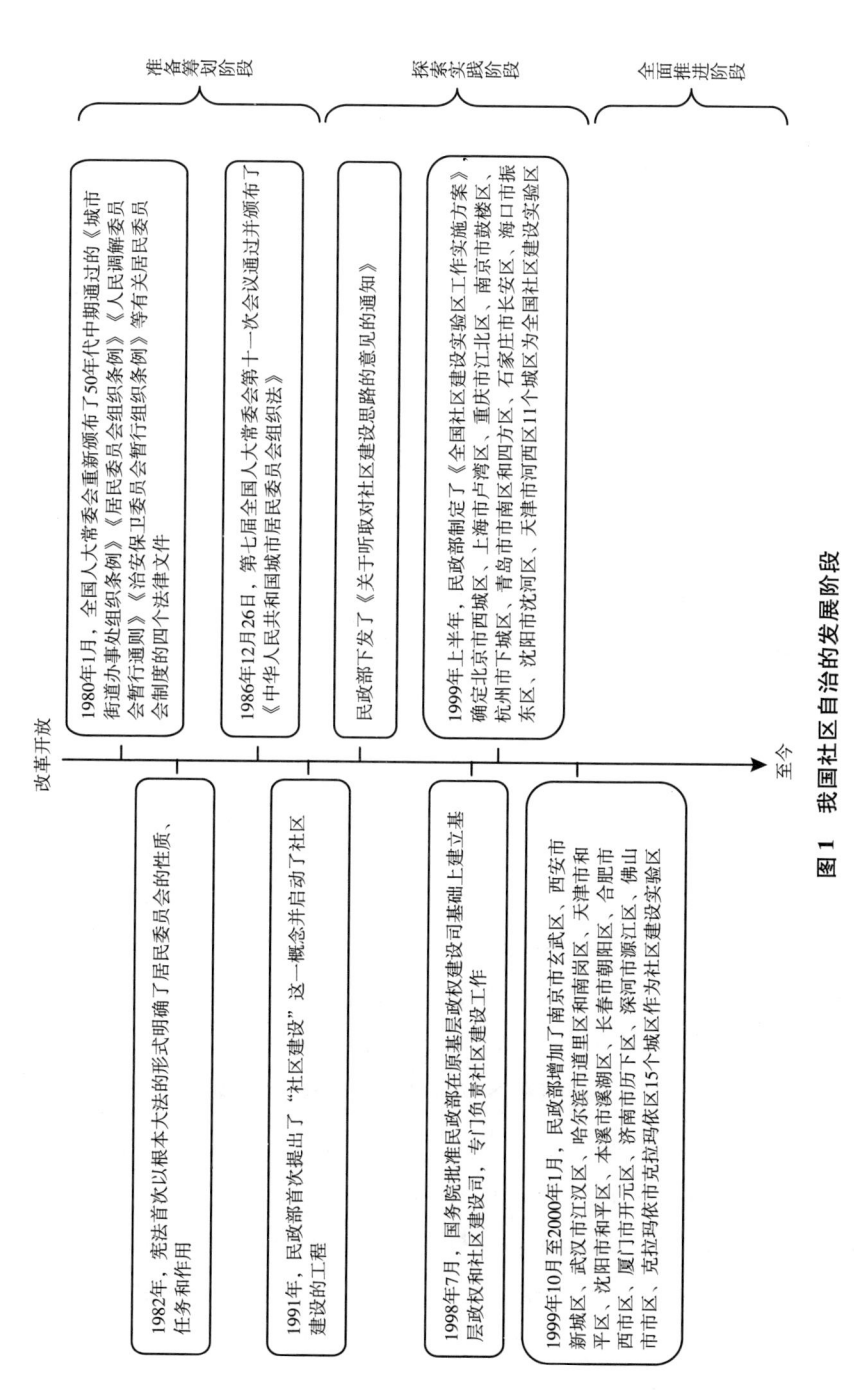

社区自治模式创新研究

图 1　我国社区自治的发展阶段

准备筹划阶段：

1980年1月，全国人大常委会重新颁布了50年代中期通过的《城市街道办事处组织条例》《人民调解委员会暂行通则》《居民委员会组织条例》《治安保卫委员会暂行组织条例》等有关居民委员会行组织制度的四个法律文件

1982年，宪法首次以根本大法形式明确了居民委员会的性质、任务和作用

1986年12月26日，第七届全国人大常委会第十一次会议通过并颁布了《中华人民共和国城市居民委员会组织法》

1991年，民政部首次提出了"社区建设"这一概念并启动了社区建设的工程

探索实践阶段：

民政部下发了《关于牵取对社区建设思路的意见的通知》

1998年7月，国务院批准民政部在原基层政权建设司基础上建立基层政权和社区建设司，专门负责社区建设工作

1999年上半年，民政部制定了《全国社区建设实验区工作实施方案》，确定北京市西城区、上海市卢湾区、重庆市江北区、南京市鼓楼区、杭州市下城区、青岛市市南区和四方区、石家庄市长安区、海口市振东区、沈阳市沈河区、天津市河西区11个城区为全国社区建设实验区

全面推进阶段：

1999年10月至2000年1月，民政部增加了南京市玄武区、西安市新城区、武汉市江汉区、哈尔滨市道里区和南岗区、天津市和平区、沈阳市和平区、本溪市溪湖区、长春市朝阳区、合肥市西市区、厦门市开元区、济南市历下区、深圳市盐田区、佛山市市区、克拉玛依市克拉玛依区15个城区作为社区建设实验区

改革开放　　　　　　　　　　　　　　　至今

资料来源：陈涛：《转型期城市社区自治问题研究》，博士学位论文，复旦大学，2008。

085

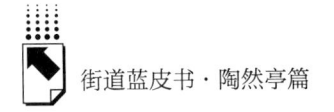

需求也增长。加强社区自治、提升社区管理与服务水平，也是满足居民需求的必然要求。

（二）社区自治的主要模式

1. 国外的社区自治模式

国外的社区自治起源于18世纪。为解决社会问题而提出了一系列的社会福利制度，如德国的汉堡福利制度（Hamburg System）。从社区自治兴起至今，美国、新加坡、日本等国家形成了较为成熟的社区自治模式。

美国的社区自治模式中，政府与社区的分工明确并相对分离。政府主要负责制定社区发展、居民自治等方面的相关政策与法律法规，如《国家和社区服务合作条例》等，对社区进行规划与指导，并给予经费资助。社区组织主要负责具体实施社区相关事务，主要有社区委员会、社区服务顾问团两大组织。其中，社区委员会主要负责制订社区发展计划、开展社区福利工作和社区管理工作等；社区服务顾问团主要负责征集居民意见、集体协商讨论、制定解决方案、组织实施方案等工作。另外，还有官方或半官方组织对社区进行宏观管理，社区中介组织则为社区发展提供相关的其他服务。

新加坡的政府主导模式中，政府与社区联系紧密。政府在各级层面上均设立了管理部门或派出机构，对社区进行直接管理，政府对于社区发展具有主导作用。其中，国家住宅发展局负责统领全国的社区规划、社区发展、社区管理等各项工作，由政府总理兼任负责人，各级领导兼任统计社区管理机构负责人。在社区组织方面，新加坡建立了人民协会—社区发展理事会—公民咨询委员会—居民委员会四级社区管理体系。由于社区组织的主要领导由议员委任或推荐，影响了居民参与的积极性，为此，新加坡着力发展和培育非政府组织，将其作为社区治理的重要补充。

日本的混合模式中，政府干预与社区自治互相融合。政府负责政策制定、制度规范、资金供给，并一定程度上参与到社区治理中来；社区居民则通过社区组织有效参与到社区治理中来，并实现政府与社区的协作。政府通过设立自治省统筹管理社区发展工作，地方则设立社区建设委员会和自治活动课等机构主要负责社区发展工作。社区组织中最具代表性的是町内会，此外，还有町内会联合会、联合自治会等自治组织，通过这些自治组织实现政府与社区的联系。另外，社区中介组织也是社区治理的重要主体，主要参与相关的社区福利工作和社区服务工作。

2. 国内的社区自治模式

相较国外的社区自治，国内的社区自治起步较晚，主要形成于1999年民政部确定社区建设实验区以后。目前，具有代表性的自治模式有沈阳模式、江汉模式、上海模式等。

沈阳模式，社区自治特征突出。以现有的管理组织体系为基础，重新明确社区定位、调整社区规模，将社区定位为街道办事处与居委会之间的一级管理结构，并将社区划分为板块型社区、小区型社区、单位型社区、功能型社区四类；社区内部则形成决策、执行、议事、领导四级管理结构（见图2）。沈阳模式突出了"社区自治、议行分离"的特点，社区定位明确，管理结构科学，管理制度有效，资源利用充分，是我国社区自治的典型模式之一。

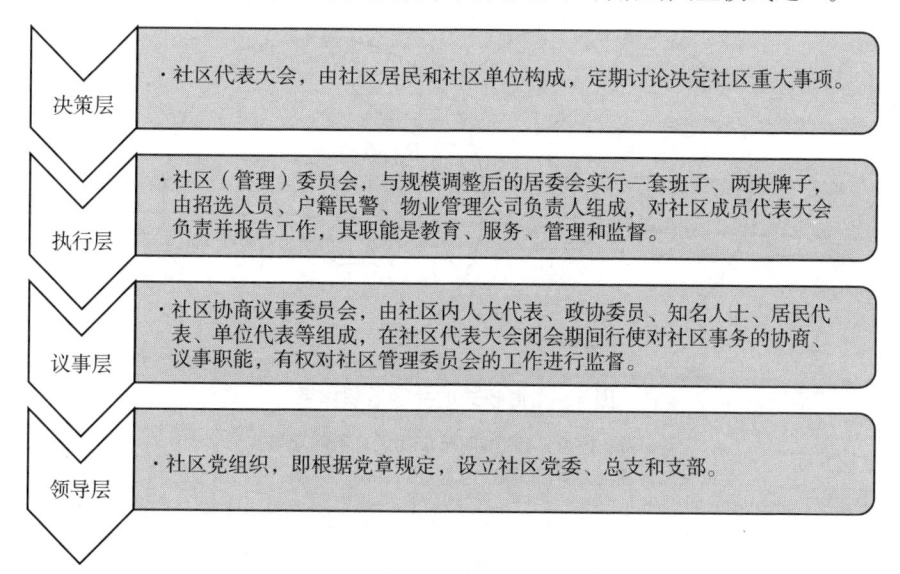

决策层	社区代表大会，由社区居民和社区单位构成，定期讨论决定社区重大事项。
执行层	社区（管理）委员会，与规模调整后的居委会实行一套班子、两块牌子，由招选人员、户籍民警、物业管理公司负责人组成，对社区成员代表大会负责并报告工作，其职能是教育、服务、管理和监督。
议事层	社区协商议事委员会，由社区内人大代表、政协委员、知名人士、居民代表、单位代表等组成，在社区代表大会闭会期间行使对社区事务的协商、议事职能，有权对社区管理委员会的工作进行监督。
领导层	社区党组织，即根据党章规定，设立社区党委、总支和支部。

图2 沈阳模式的社区组织体系

资料来源：陈涛：《转型期城市社区自治问题研究》，博士学位论文，复旦大学，2008。

江汉模式是以沈阳模式为基础的一种探索，具有社区自治与行政管理混合的特征。社区定位与沈阳模式相同，即街道办事处与居委会之间的一级管理结构，社区组织体系基本相同，但在处理政府与社区关系方面江汉模式进行了一定的创新。江汉模式将政府职能下放到社区，街道具体职能部门在社区配置专属工作人员，并为社区工作开展提供相应的经费支持。

上海模式的行政管理特征明显，街道办事处在社区管理体系中的作用突出。上海模式以政府为主导，以促进条块之间互动为基本原则，以构建涵盖社区管理、社区服务、社区安全、公众参与等方面的社区治理体系为目标，形成了"两级政府、三级管理"体制。上海模式的社区治理体系主要包括领导系统、执行系统、支持系统三大系统（见图3），通过三大系统的高效配合有序开展社区治理工作。

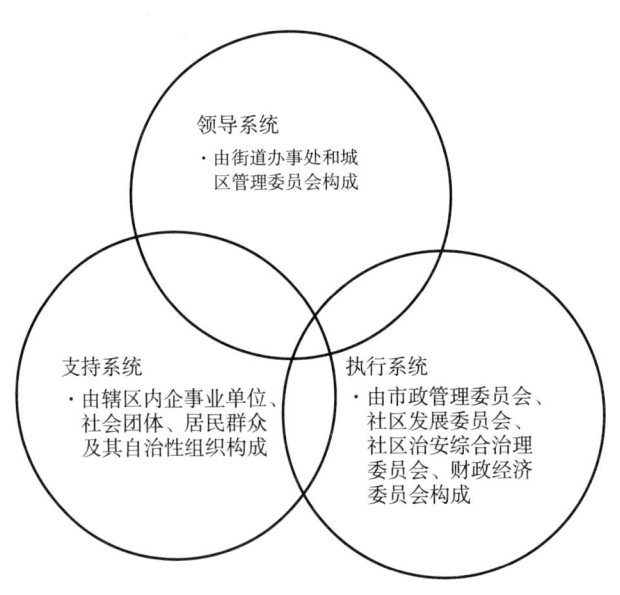

图 3　上海模式的社区组织体系

资料来源：陈涛：《转型期城市社区自治问题研究》，博士学位论文，复旦大学，2008。

（三）协商民主是社区自治的发展重点

随着经济体制和社会体制的转变，社区在被赋予权力的同时，也需要承担更多的责任。"单位人"向"社会人"的转变导致更多的人游离在服务管理之外，居民需求的提升需要进一步改善社区环境和提升服务水平，职能的增加需要进一步优化管理结构。协商民主则有助于多元参与社区治理，为社区工作的开展提供必要的主体支撑，是解决当前社区自治难题的重要途径。

1. 维护社区和谐稳定的要求

社区作为社会的基本组成单元，社区的和谐稳定是社会稳定的基石。因此，社区的和谐稳定也是社区自治的重要目标。协商民主能最大限度地加强居民之间的沟通，了解居民的基本诉求，以公平、公正为原则，满足居民需求，解决居民关注的重点问题与突出矛盾，减少社区的不稳定因素，促进社区和谐与稳定。

2. 提高居民民主意识的要求

实现社区自治，最重要的是促进居民参与，这与居民的民主意识密切相关。协商民主能有效调动居民的民主意识，提升居民的认同感、归属感，促进居民主动参与到社区治理中来。另外，推进协商民主、提高居民民主意识，也是扩大基层民主、巩固基层治理的重要举措。通过协商民主能有效加强党的领导，凝聚社区力量，巩固党的执政基础。

3. 促进社区现代化治理的要求

协商民主能有效凝聚社区居民、驻区单位、社区组织等多元力量，促进社区的现代化治理。通过协商民主途径，构建信息交流平台，促进多元协商共治，打造社区共同体，充分发挥驻区单位的资源优势，发挥居民、社区单位和社区组织的主体作用，推进社区现代化治理。

二 陶然亭街道社区网格议事的实践

陶然亭街道的社区自治模式，是以社区实际为出发点，以居民需求为导向，以各类主体广泛参与为重点的社区治理模式。自2015年承担创建北京市第二批社区治理和服务创新实验区工作以来，陶然亭街道以社区网格化建设为主题，发挥网格议事会平台载体作用，实施参与型协商治理，在强化社区自治功能、完善基层群众自治制度、推进社区民主协商制度化上做出了初步探索。

（一）陶然亭街道社区网格议事的总体思路

在推进实验区创建的过程中，陶然亭街道以网格议事会为载体，积极探索具有自身特色的协商民主议事模式，形成了陶然亭街道"12345"网格议事会运行模式。坚持1个引领核心，即党组织对网格议事会的引领核心；贯彻2个基本理念，即民生工程、民意立项，多元参与、协商民主；搭建3级协作平台，即社区议事会、网格议事会、楼管（宇）会；遵循4个阶段工作流程，即民意征求、民主商议、议题办理、效能评议；秉持5个规范化议事规则，即网格问事体系化、为民办事务实化、协商议事主题化、自治管事自觉化、综合评价科学化。网格议事会以事为主线，充分发挥社区各个主体在社区治理中的作用，实现了居民需求的精准对接与服务。

在此过程中，陶然亭街道的8个社区共成立了12个居民议事会。其中，8个议事会由居委会牵头组织；其余4个由居委会和网格长、家委会、社区党委等共同组织，参会人员包括社区居民、街道科站队所工作人员、专业社工、辖区单位代表、物业公司人员等，协商事项涉及环境整治、车辆停放、荒地绿化、道路修整、噪声扰民、活动计划、技能培训等十个方面。

1. 网格问事：精准了解居民需求

陶然亭街道以完整性、便利性、均衡性和差异性等为基本原则，综合考虑地理位置、人口结构、服务需求等因素，以网格居民的共同利益为导向，将8个社区划分为85个网格，每个网格至少分配一名机关干部和一名社区工作者，并将在职党员纳入网格工作中。同时，街道以"访听解"① 工作机制为基础，形成定期走访、了解需求的网格工作机制。

---

① 2012年以来，西城区启动了"访民情 听民意 解民难"工作，即每个社区派驻1名专职"访民情、听民意、解民难"的工作联络员。工作联络员为到社区定点挂职的机关干部。

2. 群众议事：有序推进居民参与

陶然亭街道注重多方面搭建居民议事平台，促使居民有序参与到社区治理中来。一方面，充分发挥基层党组织、党员在网格议事中的引领作用，以社区党组织为核心、网格党小组为基础，搭建党员群众共同参与的网格议事平台。发挥街道"大工委"和社区"大党委"的统筹领导功能，发挥网格党小组的凝聚功能和党员的模范作用，引导党员群众有序参与到网格议事中来。另一方面，成立网格议事委员会，搭建居民广泛参与的网格议事平台。以合法合规为前提，按照各个网格的实际情况成立网格议事委员会，一个网格内可设置多个网格议事委员会。网格议事委员会成员涵盖社区干部、党员、居民代表、热心群众等多个群体。网格议事委员会作为居民自治组织，需接受居民委员会的领导与监督。

3. 为民办事：务实满足居民需求

陶然亭街道注重从规范流程和统筹资源两个方面着手，不断提升为民办事实效，满足居民服务需求。一方面，街道以流程规范为重点，提升为民办事实效。网格议事委员会通过每月召开网格议事会的会议机制，定期梳理居民服务需求、筛选议题、组织讨论、制定方案，在居民投票表决后上报街道网格监督管理指挥中心，街道、社区等层面在解决问题后及时向居民反馈结果。另一方面，街道注重发挥街道"大工委"和专业委员会的统筹功能，整合社会、市场等各类资源，有效满足居民的多样化服务需求。推行项目认领制，统筹辖区单位资源，为网格居民开展公共服务。加大服务购买力度，统筹公益服务类社会组织等社会资源，为网格居民开展专业服务。以全市第一批开展社会动员工作试点为契机，统筹居民资源，为网格居民开展志愿服务。

4. 自治管事：打造居民生活"共同体"

陶然亭街道以打造"陶然式美好生活"为目标，引导居民打造生活"共同体"。一方面，以社会主义核心价值观为指导，以共治理念为导向，广泛开展具有街道和社区特色的睦邻文化活动，增强居民的认同感、归属感，引导居民广泛参与社区治理。另一方面，以法治理念为导向，加强宣传教育,提升居民法治意识,引导居民通过法治手段合理表达自身诉求。

(二)陶然亭街道社区网格议事的社区实践

陶然亭街道的网格议事模式是在前期试点的基础上进行推广的。红土店社区、龙泉社区通过网格议事会有效解决了居民迫切需要解决的重点、难点问题,促进了社区的和谐与稳定;红土店社区的阳光自治会、粉房琉璃街社区的楼宇俱乐部等社区自治组织依托网格议事平台,广泛凝聚社区合力,促进了社区资源的优化配置,提升了社区治理水平。

1. 红土店社区[①]:以网格议事会推进社区自治

为推进党建区域整体发展,夯实网格管理,务实地为民搭建网格化自治平台,红土店社区从观念引领入手,使居民群众享有充分的话语权、参与权、决策权和监督权。尤其是红土店社区培育的阳光自治会,在一定范围内产生了影响力,不但起到示范引领作用,而且成为助推建设和谐社区的动力,提升了居民的综合文明素质,促使居民以主人翁的姿态携手建设社区、服务社区、管理社区,使社区建设朝着正轨方向前行。

搭建网格管理平台,推行网格议事会。红土店社区按照网格划分的基本原则,结合实际情况,将社区划分为 12 个网格,为社区居民群众搭建起一个良好的网格沟通平台,进一步实施精细化和动态化的社会服务管理。同时,在每个网格内,社区成立网格议事会,由社区网格长、副网格长和网格成员组成,共同研究和协商网格内的大事小情。其中,网格长由社区居委会管片主任担任,副网格长从楼院内党员、居民代表和楼门院长中选出,网格成员由街道联系网格的机关干部以及热心参与的党员、群众、居民代表、积极分子和志愿者等人员构成。通过建立网格议事会,夯实网格议事制度,逐步搭建起网格化平台,达到引导居民共同参事、议事、管事的最终目的,进

---

① 陶然亭街道红土店社区是 20 世纪 50 年代后期建成的由单元楼房、简易楼和旧平房组成的混合型社区。社区面积 0.25 平方公里,常住人口 8747 人,社区内共有党员 259 人,志愿者队伍 7 支共 413 人。

一步推动社区建设。

挖掘小区居民领袖，凝聚居民代表人物。红土店社区结合人员构成特点和人口实际居住情况，通过"访听解"的方式，以楼门院为单元，充分挖掘积极主动、热心奉献、有影响力、解决问题能力强、传播正能量的人作为居民领袖，带头建设本小区楼门院巷，凝聚正能量，影响和带动周围人参与进来，共同为小区建设贡献力量。在社区自治管理方面，首先是发现人才，挖掘领袖资源，不断培育和壮大新生力量，多方吸取不同类型的网格"参谋"。在网格中，通过议事实例，逐步发现人才、培养人才、挖掘人才，树立领袖人物的形象，扩大影响力，彰显领袖人物的凝聚力，影响和带动网格自治，形成"人人出谋划策，人人集思广益，人人争先恐后参与自治管理"的局面。在日常工作中，通过发现各类人才，互动教育、互动影响、互动服务、自动监督，从被动到主动，了解网格内容，理解网格人所思、所想、所问，关心网格建设，从而使真正的领袖人物脱颖而出，凝心聚力参与共建。

推行网格化管理，合力找出共性诉求。红土店社区通过网格问事、协商议事，找出居民共性诉求，以进一步满足居民需求。网格作为反映和收集民情的第一窗口和通道，居民遇到问题可直接向网格长反映。网格长负责判断问题的等级，网格内能及时解决的事情，由网格长第一时间解决，形成"网格问事管事"的联动机制；网格内无法及时解决需要网格进行商议的事情，由网格长组织召开网格议事会，共同研究，统一协商，集体解决。儒福里42号楼通过网格议事发现了很多亟待解决的问题，如车辆摆放凌乱、"僵尸车"多、楼道脏破不堪、墙壁黑掉黑灰、楼里杂物堆放等。收到这些问题的反映后，网格长召开网格议事会进行研讨，从最初的反映问题到过程中的反复议事，协商后最终达成共识。连续召开9次网格议事会，对不同问题进行缜密分析，对不同诉求进行分类梳理，儒福里42号楼找出了需要解决的共性诉求，即统一粉刷墙壁、清理楼内杂物、更换车棚、处理"僵尸车"、增加晾衣竿等12项需求。

培育社区自治组织，巩固社区自治成果。以网格化管理为主线，以网格议事会为载体，积极培育"自我教育、自我服务、自我管理、自我监督"的自治组织，形成有依据、有规范、有约束力的规章制度，进一步巩固自治成果。为了让楼内环境持续保持整洁，社区党委召集42号楼的党员、楼门长和积极分子12人召开网格议事会，就"管不管楼道？""如何管理？"等问题进行了讨论。经过先后9次网格议事会的讨论，最终儒福里42号楼决定成立"阳光自治会"，并拟定楼院公约，总结了公共环境卫生、治安管理、邻里相处3个方面13条公约，并形成正式文本，由副网格长发到每户居民手中，作为大家日常遵照执行的行为规范。阳光自治会的成立，使楼里形成互敬互爱、相互帮助、和睦相处的氛围，使网格管理在楼内逐步落地实施。

整合利用辖区资源，破解网格管理难题。共驻共建单位是促进社区建设发展不可或缺的重要力量，社区的发展也离不开共建单位的参与和支持，只有二者联动起来，才能发挥"1+1>2"的整体优势。为推进区域共建，红土店社区从党建创新联手、社区资源互助共建、社区为民服务共享、社区治安管理共创、社区环境宜居共造、社区文化繁荣共鸣、社区网格管理共进、社区自治管理共行八个方面向共驻共建单位征集金点子、新智慧，形成新的管理方法，更好地破解网格难题，促进区域党建共建。为解决日益严重的"停车难"问题，红土店社区充分挖掘辖区共建单位资源优势。经过多次沟通与协商，辖区单位儒福宾馆义务奉献停车资源，为社区居民无偿提供停车位，解决了儒福里网格居民的心头难事，实现了共驻共建资源共享的愿望。

2. 龙泉社区[①]：以网格议事会激活网格化管理机制

龙泉社区党委、居委会在街道党工委办事处的领导和指导下，将党的群众路线教育实践活动与开展社区协商有机结合，建立了网格化管理机制，启动了网格议事会工作模式，有效推进了社区民主自治进程。

---

① 龙泉社区于2000年成立，位于陶然亭街道南部，占地0.74平方公里，常住居民3158户8833人，是陶然亭地区面积最大的社区。社区内有主要街巷7条，居民楼22栋、平房院落40处，属混合型居住社区。

健全网络打基础。2012 年 7 月，龙泉社区启动网格化管理机制，将龙泉社区所辖区域划分为 10 个网格，建立起 10 名社区工作者任格长，30 名党员、志愿者任副格长，105 名楼门长的双向联动组织网络。在管理运行中，赋予网络中的每个成员相应的工作职责，形成了定人定岗定责的全覆盖、全过程网格化管理体系。2015 年 5 月，社区党委启动"微网先锋"党建创新项目，在网格区域建立党支部，微网格区域建立党小组。网络的建立与运行为协商民主打下了良好的基础。

网格议事增活力。为提高社区居民参与社区事务的积极性，社区启动网格议事会工作模式，组织居民主体商讨网格事务。网格议事会工作模式突出议事主体，在议事程序上充分体现了主体思维和主体决策。通过广泛征求民意、可行性议题筛选、协商共论解决方案、居民代表议事决策、民主监督决议落实，层层递进、渐趋一致的协商讨论，最终达成居民广泛认可的议题决议。网格议事，借用居民的一句话，那就是"我的地盘我做主"。网格议事，不仅网聚了居民身，更凝聚了居民心，让居民彼此更熟悉、更团结。里仁东街小区是教委宿舍楼，无专业物业管理，环境和安全问题让居民非常头疼。社区充分调动老教师们的服务热情，组织楼内居民商讨共同解决难题。通过协商议事，达成了聘请门卫值守、引进蔬菜直通车、改造自行车棚、道路修复、安装扶手等多项决议，现已全部落实。龙爪槐胡同 27 号楼是陶然亭公园的宿舍楼，院内自行车棚陈旧，有的居民在院内堆放杂物、搭建房屋、乱停乱放车辆。从 2015 年 4 月到 2015 年的 8 月，社区先后召开了民意征求会三次，全楼入户征求意见两次，最终确定了改造方案。如今，自行车棚原址翻新、院内通道台阶改为坡道等十项议题全部纳入街道为民办实事方案，并得到了有效落实。龙爪槐胡同 6 号陶然湖景小区南侧为待征地，多年来无人管理，荒草丛生，凌乱不堪，居民对此意见很大。社区发动小区居民，开展网格议事，共商解决良策，确定了待征地改造方案：打通消防通道，两侧绿化，去除影响居民及影响美观、存在病虫害的树种，保留具有一定价值的作物，补种新树种。后期居民认种认养，并制定了绿化空间居民公约。网格议事不仅解决了难题，更集聚了智慧。2016 年初，龙泉社区组织部分居民和双文顾问团成员，就双文社区建设协商建言，提出了党建文化、历史文化、艺术文化、德育文化、自治文化和争做文明市民、文明家庭、文明楼门院的双文社区建设内容。此外，抓住新春时机，动员有特长的居民自己动手，写春联、做剪纸、搞联欢、做手工、拍照片，联手打造了里仁东街新春文化墙。

3. 粉房琉璃街社区[①]："楼宇俱乐部"搭建协商议事平台

粉房琉璃街社区是平房和老旧楼房并存的混合型社区，辖区单位较少。在居民服务需求日益多样化、居民参与治理积极性不高的情况下，粉房琉璃街社区充分整合辖区资源，成立了社区社会组织"楼宇俱乐部"。其作为多元主体参与协商议事、社区治理的重要平台，不断提升社区自治水平。

首先，建立三社联动的运行机制。楼宇俱乐部由居民代表、专业社工、社区工作者三类主体构成。其中，居民代表负责动员居民在家庭居室开展无偿服务，密切居民之间的联系；专业社工负责动员社会力量、居民参与无偿社会服务、公益服务，并提供专业指导；社区工作者负责以项目制引进市场服务，满足居民的多样化服务需求。

其次，搭建居民需求信息收集反馈和公共事务协商民主议事两大平台。其中，居民需求信息收集反馈是指楼宇俱乐部以网格为基础，通过互助服务网络收集居民服务需求，并进行反馈；公共事务协商民主议事是指楼宇俱乐部组织居民代表集体协商、讨论公共事务，形成协商共识，然后向社区进行反馈。

最后，依托社区党组织，整合多方资源，满足居民服务需求。楼宇俱乐部在收集需求、厘清责任的基础上，依托社区党委统筹多方力量，有效解决了社区的重点、难点问题。如，针对"停车难"问题，成立停车自治小组；针对楼道堆物和小广告问题，制定长效维护公约。下一步，粉房琉璃街社区

---

① 粉房琉璃街社区位于陶然亭街道中北部，始建于2000年。2002年与潘家社区居委会合并，2003年区划调整，原潘家社区居委会全部并入本社区；2015年区划调整，原果子巷社区并入本社区。社区占地0.1平方公里，有4栋楼房、96个平房院，有户籍人口5784人。社区内原98处平房院拆迁，现在是中信城在建工程。

党委拟打造"社区多元共治党支部"创新项目。由社区工作者和居民中的党员、社区社会组织、辖区单位党员组成,与专业社工、社会组织合作,推行楼宇党建网格化服务,培育党员志愿服务组织,定期开展长效便民服务、志愿服务,不断提升社区自我服务能力。

三 陶然亭街道社区网格议事的经验

陶然亭街道社区在网格议事方面的实践,兼容并收了各个社区治理模式的特点,既有"一委多居"(一个社区党委、多个社区居委会)的社区自治结构,也有"一委一居"(一个社区党委、一个社区居委会)的社区自治结构,实现了政府、社会、居民等各个主体的有效参与,对于其他地区来说具有重要借鉴。从陶然亭街道实践来看,其主要是从党委领导、搭建平台、规范流程、凝聚共识等方面着手,加快形成基层参与型协商治理的工作格局。

(一)坚持党委领导,夯实参与型协商治理的组织基础

积极推进基层党组织领导下的多元参与协商治理组织体系建设,构建以街道"大工委"为统领、社区"大党委"为支撑和"网格党小组"为基础的参与型协商治理网络体系。在街道层面,组建街道"大工委",由街道工委领导班子成员、社区居民代表、单位党组织负责人构成,主要负责统筹、协调、规划区域发展。在社区层面,成立社区"大党委",通过建立协商议事机制,引导社会单位、社区居民等多元主体广泛参与协商治理。在楼院层面,以网格为基础组建"网格党小组",充分发挥社区党员在参与型协商治理中的先锋模范作用。通过再造组织体系,夯实参与型协商治理的组织基础,实现对区域内人、地、物、事、组织的全覆盖。同时,注重发挥党组织的统筹领导作用,引入专业型社会组织,协调辖区社会资源,引导居民力量,形成多元主体共同参与协商治理的社区自治机制。

（二）构建多维格局，搭建参与型协商治理的实践平台

在深入开展"访民情、听民意、解民难"的基础上，结合社会服务管理工作，搭建"重心下移、力量下沉、资源下倾"的参与型协商治理平台。在每个网格内成立网格议事会、楼管会、院管会，构建"大社区、小网格、微自治"的工作格局，实现社区民主自治的重心下移。推行街道机关干部联系派驻网格机制和社区工作者联系网格"外勤"制，科站队所等职能部门和人大代表、政协委员、辖区单位代表也依据各自职责联系网格，形成解决问题的合力。每年投入基础资金用于整合行政、社会、市场、居民、党建等各类资源，通过项目制运作，为居民解决网格议事中提出的问题。

（三）规范工作流程，建立参与型协商治理的运行机制

以网格议事会为平台载体，组织居民参与问题发现、分析、解决的全过程，在实践中逐步规范协商治理的流程、组织架构。网格议事会负责协商议事的组织工作，接受社区居委会的监督指导。网格议事会定期研究社区环境、民生保障、文化活动等涉及居民公共利益的社区事务。网格议事会组织居民对提交的议题进行充分讨论，在街道职能部门和法律工作者的参与下制定可行性方案。方案以投票、举手表决等方式经90%以上的居民赞同后，交付相关科室、部门解决。解决结果以"一事一评议"的形式向居民进行反馈。

（四）培育文化自觉，凝聚参与型协商治理的广泛共识

加强社区居民自治管理，建立问题解决之后把参与型协商治理成果巩固下来的长效机制，进一步强化社区的自治功能。制定居规民约。重点培育居民诚信、互助、公益、有序的公德意识，把协商治理的结果以居民公约的形式固定下来，形成一批各具特点的自治公约。尊重社区居民的主体地位，对议事效果好、功能发挥好的网格予以正确引导和支持保障，培育一批社区领

袖,形成环境建设与每个人、每个组织息息相关的共识。积极动员辖区单位和居民群众共同参与非首都功能疏解、街巷环境整治等工作,通过大家携手努力,解决群众反映强烈的环境建设问题,共驻共建共享的家园意识为越来越多的居民所认同。街道通过引导居民"自治管事",使居民积极自觉地参与到网格议事中来,社区治理的长效机制不断完善。

参考文献

陈涛:《转型期城市社区自治问题研究》,博士学位论文,复旦大学,2008。
童建勇:《治理理论视野下城市社区自治问题研究》,硕士学位论文,广西大学,2008。
张美华:《城市社区中的协商民主机制研究》,硕士学位论文,上海交通大学,2008。
卫晓溪:《完善社区自治 建设和谐社区》,硕士学位论文,安徽师范大学,2007。
魏占增:《依托网格工作机制 探索社区自治模式》,2014。
龙泉社区居委会:《网格议事——参与型协商民主微平台》,2017。
张丁:《实施参与型协商治理 强化社区自治功能》,2016。

B.6
文化品牌在文化街区中的作用研究

摘　要： 文化街区是文化城市的重要组成，一般承担城市众多文化功能中的一个或多个功能。文化品牌是识别地区文化的一种名称、标志、符号或设计等，其作用是识别一个地区与另一个地区在文化上的区别。在创建文化街区的过程中，文化品牌能依托自身特征，在提升街区文化竞争力、带动文化产业和文化事业发展、保护街区历史文化、提升街区凝聚力、提升街区文化品位等方面发挥重要作用。本文以陶然亭街道创建文化街区为研究对象，结合文化品牌在文化街区中的重要作用，对推进文化街区建设进行初步探讨，并提出相关建议。

关键词： 陶然亭街道　文化品牌　文化街区　文化事业　文化产业

一　文化品牌与文化街区的基本理论

文化品牌和文化街区都是与文化城市建设相关的概念。文化街区是文化城市的重要构成，文化品牌是文化街区、文化城市的对外形象。在文化街区的创建过程中，文化品牌能够发挥自身品牌效应，促进文化街区在文化产业与文化事业功能上的发展，并形成多元参与、共建共享的文化街区创建格局。

（一）文化品牌与文化街区的基本概念辨析

1. 文化城市

文化城市是一种城市发展模式，是城市发展到较高阶段的一种状态。与以往依赖资源、工业等物质基础的城市发展模式不同，文化城市是主要依赖文化、创意等精神和内涵形成的新型发展模式。文化城市以文化为中心，将城市要素重新整合，以文化创意为动力，以文化产品为终端，以文化服务和文化生活为内容，将文化贯穿于城市发展的各个过程。

具体来看，文化城市具有三个特征。其一，文化城市的发展高度依赖文化与创意，并以此来寻找内生型发展之路。文化城市不同于以往的资源型城市，其主要依赖城市的文化潜能和创造力，具有可持续发展的内生型特征。其二，文化产业是文化城市的支柱型产业。文化贯穿于文化城市的经济、社会等各个领域。在经济领域，文化的潜能得到充分挖掘，文化产业发展繁荣，文化产业对文化城市的贡献突出。其三，文化城市强调文化与科技、经济等其他要素的融合。文化作为文化城市的主导要素，通常要与文化城市的其他要素融合，形成共促共进的协调发展关系。具体来说，要发挥文化要素的主导作用，丰富经济、科技等要素的内涵；也要发挥经济、科技等核心要素的重要作用，提升文化要素相关产业的核心竞争力。通过各要素之间的融合发展、相辅相成，共同提升文化城市的软实力和硬实力。

2.文化街区

文化街区是文化城市的重要组成，一般承担城市众多文化功能中的一个或多个功能，是文化城市大系统中的一个小系统。除了承担城市的文化功能外，文化街区本身也具备良好的文化体系，在文化价值与内涵、公共文化事业发展、文化产业发展等方面具有较好的基础与发展潜力。

相对于文化城市的复杂结构，文化街区结构相对简单，特征更加明显。一般来说，文化街区按照功能可以划分为众多类型，包括历史文化街区、文化商业街区、文化旅游街区、文化产业园区等类型，也包括复合型文化街区，如历史文化街区与文化商业街区复合、历史文化街区与文化旅游街区复合等。因此，在打造文化街区的过程中，要立足街区发展实际，有效挖掘街区文化资源，合理确定文化街区发展定位，以确定文化街区发展的基本类型与方向。

3.文化品牌

文化品牌是指以历史文化、民俗文化、大众文化、文化产业等城市文化要素为基础，以系统化、差异化、形象化等为导向，以文化要素为主要构成所打造的一种地区品牌形象。具体来看，文化品牌是识别地区文化的一种名称、标志、符号或设计，其作用是识别一个地区与另一个地区在文化上的区别。文化品牌在公众头脑中形成印象，使其产生对该地区文化的认知。文化品牌主要由文化品牌名称、文化品牌标记、文化品牌价值三个层次构成（见图1）。

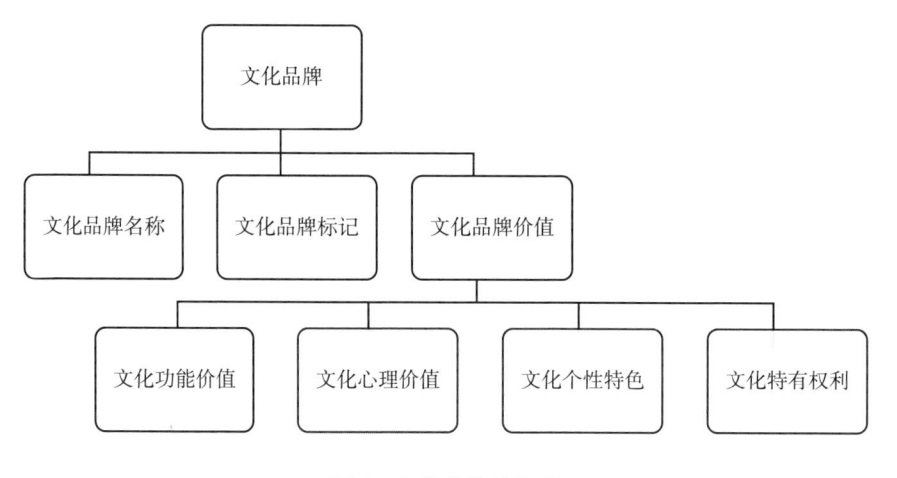

图1 文化品牌的构成

（二）文化品牌在文化街区中的作用

文化品牌是文化街区的对外形象，反映了文化街区的文化特质和发展特征。在建设文化街区的过程中，文化品牌能够发挥品牌影响力，提升街区文化竞争力，优化街区文化功能，保护街区传统文化，提高街区文化凝聚力，提升街区文化品位，促进文化街区的全面、快速发展，对文化街区发展意义重大。

1.提升街区文化竞争力

街区的文化竞争力包括文化资源、文化环境、文化资本、文化产业、文化市场、文化服务体系等所有与文化相关的内容。对于文化街区来说，文化品牌能有效吸引文化资本、文化产业集聚，促使文化与经济形成联动。一方面，文化品牌通过发挥品牌辐射效应，吸引文化资本集聚和促进文化产业发展，为文化街区发展提供经济支撑；另一方面，文化资本的集聚，有助于进一步挖掘文化品牌的价值和内涵，从而进一步提升文化品牌影响力，提升街区文化竞争力，形成文化街区发展的良性循环。例如，美国的拉斯维加斯作为"博彩"之都，博彩文化是城市发展的主要动力与支撑，也是城市的文化名片。

2. 优化街区文化功能

文化产业和文化事业是文化街区功能的重要承载。街区文化品牌能够发挥品牌辐射带动作用，为文化事业和文化产业提供更多的发展机会和更大的发展空间，提供更多的优质文化资源，促进文化事业和文化产业的快速发展。一方面，文化品牌能够发挥品牌影响力，帮助文化产业打开文化市场，占领市场份额，为文化产业的发展提供良好的基础和空间。另一方面，文化品牌能够发挥自身影响力，吸引和带动社会力量推动文化事业发展，进一步丰富文化事业的发展形式，让更多的社会公众享受到文化事业发展的成果。同时，文化产业的发展也能反哺文化事业，为文化事业发展提供必要的资金支持。例如，山东的孔子文化系列品牌为山东的文化产业和文化事业发展提供了重要支持，形成了山东文化大发展的氛围。

3. 保护街区传统文化

街区的传统文化是文化街区的核心要素，也是文化品牌的基本构成要素。在现代文化的冲击下，传统文化的保护变得迫在眉睫，这也是建设文化街区的一大重点任务。文化品牌则能通过形象化、可感知的形式，唤醒人们对传统文化的记忆，为传统文化的保护与发展提供空间。同时，文化品牌也能发挥自身品牌效应，吸引社会力量、文化资本共同参与到传统文化的保护中来，并推动传统文化价值与内涵的挖掘，促进传统文化的再发展、再繁荣。例如，威尼斯水城凭借自身品牌价值，坚守"水"文化的传统，拒绝现代文化入侵，打造了不可撼动的文化城市地位。

4. 提升街区文化凝聚力

文化凝聚力是文化街区发展的一种黏合剂和内生动力。社会公众的文化参与度也反映了文化街区的发展水平。文化品牌以形象化、可感知的形式让社会公众理解街区文化，凝聚社会和公众的文化共识，促进居民之间的交流与融合，增强居民的文化自豪感与荣誉感。同时，文化品牌能够发挥自身影响力，广泛凝聚智慧，促使社会力量参与文化建设和文化服务，促使街区居民参与文化生活和文化建设，并积极为文化街区发展建言献策，形成多元参与、共建共享的文化街区创建模式。例如，巴西的里约热内卢以桑巴舞文化品牌凝聚城市力量，有效抵御了美国霹雳舞文化的入侵，使其进入了世界文化名城之列。

5. 提升街区文化品位

街区文化品位体现在文化建设水平、文化发展水平、居民文明程度等方面，是街区对外形象的重要体现。文化品牌的树立能有效提升街区文化品位，主要体现在三个方面。在文化建设方面，文化品牌能发挥品牌效应，影响管理者更多地考虑街区文化内涵，建立符合街区文化特征的文化设施体系。在文化发展方面，文化品牌能发挥品牌效应，吸引多元力量参与街区文化的研究和价值挖掘，推动街区文化大发展。在居民文明方面，文化品牌能发挥品牌效应，潜移默化地培养居民文明意识，形成良好的人文环境。特别是文化品牌能影响外来人口对文化街区的印象，以一种文化"软约束力"，促使他们遵守街区文化秩序，共同推进文化街区建设。

二 陶然亭街道以文化品牌推进文化街区建设的实践研究

陶然亭地区历史文化资源丰富，文化特征明显。在推进文化街区建设的过程中，陶然亭街道充分挖掘区域文化内涵，塑造文化品牌，以文化品牌带动街区发展，形成了具有陶然亭特色的文化街区发展模式。

（一）陶然亭街道文化特色分析

陶然亭地区的先民受到陶然亭地区独特自然地理与人文环境的影响，形成了独特的陶然文化。陶然文化历史发展脉络传承有序，具有鲜明的阶段性特征，自古代至当代表现为三大核心文化的发展：以士人传统文化为核心的文化、以士人变革文化为核心的文化、以大众文教文化为核心的文化。

1. 以士人传统文化为核心的文化

以士人传统文化为核心的文化包括近城胜景文化、街巷胡同文化、江亭觞咏文化（雅集）、士子会馆文化、园林寺庙文化等。近城胜景文化代表有黑龙潭、野凫潭、龙王亭祈雨、窑厂等。陶然亭作为老北京城的重要组成，是街巷胡同文化的重要载体，目前街道存有蔡家楼胡同、粉房琉璃街、龙泉胡同、龙爪槐胡同、福州馆街、高家寨胡同、响鼓胡同、南堂子胡同、新建里等40条胡同。江亭觞咏文化主要集中在陶然亭、刺梅园，这两处均是旧时文人士子春秋佳日宴集觞咏的场所，其中陶然亭的名声尤盛。陶然亭地区是宣南①会馆的集中地域，《北京会馆资料集成》记录的陶然亭地区有会馆118座，占宣南地区会馆总数的42%。这些会馆主要分布在于潘家胡同、粉房琉璃街、贾家胡同、米市胡同、前中兵马街、南横东街、大吉巷一带、保安寺街、迎新街、福州馆街、官菜园上街、珠朝街等，没有会馆的街巷极少。陶然亭地区地处北京东南，古时水系发达，芦苇丛生，因此建有以黑龙潭龙王亭、祖园、封氏园等为代表的一批历史名园，素有"都门胜地"之誉，园林名亭文化也在这里蓬勃发展起来，以亭为特色的陶然亭公园已成为展示首都园林风采的重要窗口。同时，陶然亭地区的寺庙也是宗教文化、世俗文化、士人文化和红色文化的重要载体，目前该地区保存完整的寺庙只剩下慈悲庵和三圣庵了。

2. 以士人变革文化为核心的文化

以士人变革文化为核心的文化包括先贤变法文化和红色文化。陶然亭地区的先贤变法文化主要表现为自鸦片战争以来，龚自珍与林则徐等人创办

---

① 宣南，即宣武门以南的外城地区。

"宣南诗社",康有为发起"公车上书",以及谭嗣同、秋瑾等进行变革活动。陶然亭地区的红色文化主要是指,在此,陈独秀、李大钊创办五四时期著名刊物《每周评论》,胡适曾任主编;李大钊设立"少年中国学会"的秘密活动地点;毛泽东和邓中夏及"辅社"在京成员集会商讨"驱张斗争"问题。

3. 以大众文教文化为核心的文化

以大众文教文化为核心的文化包括戏曲文化、商业文化、校园文化、街道文化。旧时,陶然亭地区是北京著名的"戏窝子",中国戏校、北京戏校都坐落在此,包括北昆等许多戏曲流派的重要代表人物和从业者也都居住在此。被誉为"中国舞蹈之母"的戴爱莲就在陶然亭地区建立起中国第一个芭蕾舞团——中央芭蕾舞团,著名的《红色娘子军》便是诞生于此。中国歌剧舞剧院也坐落于此。老字号是商脉和文脉的一个载体,在陶然亭地区经营或者与这里有渊源的老字号有"小肠陈""致美楼""白水羊头""大和恒""清华池""便宜坊""谭家菜"等(见表1)。陶然亭地区教育资源丰富,最早的学校成立于1903年;新中国成立以后当地更是大力发展教育事业,当时小学多达12所。截至2017年,辖区内有大学1所、中学2所、中专1所、小学3所、幼儿园1所。陶然亭街道在"陶然式美好生活"发展目标的指引下,形成了独具特色的文化品牌,包括规范青少年道德和行为的"六德"教育、以地为纸以水为墨的陶然地书、传承孝老文化的"耆援"工程、文艺形态百花齐放的"陶然剧场"和传统与现代兼容的"民间艺人工作室"等。

表1 陶然亭主要老字号及其特色

老字号	特色
大和恒	北京"大和恒"粮行成立于1915年,始终坚持品质优良、产地进货、精工细做、薄利多销的经营之道。招牌产品"小米面""三条腿玉米面"于2011年入选区级非物质文化遗产名录,享誉京城
清华池	北京"清华池"建于1905年,是京城洗浴业百年老店,名列北京老字号。现是京城最大的脚病治疗中心。传统修脚术已列入国家级非物质文化遗产保护名录

续表

老字号	特色
便宜坊	北京最老的烤鸭店"便宜坊"建于米市胡同,成立于明代永乐十四年(1416年),至今已有600余年历史
谭家菜	官府菜的代表。"谭家菜"位于米市胡同内,是我国餐饮行业的一块瑰宝

资料来源:陶然亭街道:《陶然文化内涵及价值研究》,2017年1月。

(二)陶然亭街道以文化品牌推进文化街区建设的经验

陶然亭在推进文化街区建设的过程中,坚持以文化人、以文育人、以文聚人的理念,进一步挖掘整理丰富的区域文化资源,形成了以地书文化为核心、以"六德"文化为重点、以民俗文化和红色文化为补充的陶然特色文化品牌体系,并以文化品牌建设全面推进文化街区建设,取得了良好成效。

1. 以地书文化品牌为核心,塑造陶然文化形象

长期以来,陶然地书爱好者们自发组成了志愿者队伍,每天活跃在陶然亭公园中,形成了特色鲜明的人文景观,吸引了众多海内外友人。早在2002年,陶然地书志愿者就自发组织开展了地书大赛。地书大赛的举办,为街区地书爱好者搭建了展示舞台,提供了地书文化交流平台,促进了陶然地书的发展。2003年,为进一步扩大地书的影响力,陶然地书志愿者成功举办了北京首届"陶然杯"地书邀请赛,将这一赛事扩大为北京市所有地书爱好者都能参加的比赛,并获评"北京市群众文化活动十大创新项目",成为陶然文化对外的重要品牌。截至2017年,北京"陶然杯"邀请赛已连续举办了15届。大赛的规模不断扩大,影响力不断提升,地书的技艺和形式得到不断创新,地书文化发展迅速。

近年来,在陶然亭街道办事处的支持下,陶然地书文化志愿者队伍坚持开展不同的志愿服务活动,旨在发扬志愿精神,在社区特别是青少年中,义务推动传统文化艺术的传承和发展。每年组织地书比赛、笔会、展示等活动,为地书爱好者提供学习、交流、切磋的平台,以提高其习字的技能。志

愿者利用业余时间，义务在社区中开展书法绘画等文化传播活动。每年春节前夕，陶然地书文化志愿者开展的"写福字，送春联"活动，已成为一项品牌活动。对书法的热爱和对文化的传承已经随着他们书写的春联、"福"字等作品送到千家万户。志愿者每年在社区中开展陶然地书"新苗奖"活动，免费指导地区青少年书写地书，从执笔、起笔、运笔、笔顺等方面向大家传授专业技巧，并为初学者练习地书自编了一套"陶然地书"教程，每年假期为辖区内中小学生义务讲授，受到未成年人的喜爱。

2. 以"六德"文化品牌为重点，提升陶然文化凝聚力

2002年初，街道将传统道德古训与公民道德建设行为规范融为一体，归纳提炼了"责任、爱心、诚实、守信、宽容、礼让"六种品德，并将其作为地区青少年长期遵从的道德规范和行为准则，开创了"六德"教育品牌活动。2015年，街道结合时代特点和青少年成长规律，从践行社会主义核心价值观的角度，将原"六德"整合、提炼、完善为新"六德"，即"爱心、诚实、好学、礼让、节俭、自强"，进一步深化了"六德"的内涵，拓展了"六德"宣传教育活动的发展空间。

多年来，街道本着时代性与规律性相结合的原则，分阶段、分步骤地打造"六德"教育品牌。通过举办"六德"教育大讨论，组织开展"'六德'伴你每一天"主题活动，向青少年印发"六德"日记本和课程表等宣传材料，宣传"六德"的内涵和意义。举办"六德""陶然娃"形象大使评选活动，通过树立典型和开展一系列侧重青少年实践体验和养成教育的道德实践活动，进一步加强对青少年的思想引导，吸引更多的青少年参与"六德"教育。通过搭建学校、家庭、社区"三位一体"无缝对接的教育格局，构建起全方位、社会化的未成年人思想道德建设模式，激发"六德"教育活力。通过构建领导、标准、阵地、机制"四统一"的工作体系，整合各方资源，形成工作合力。

十余年来，"六德"教育收获了学生、家长、社会以及有关政府部门的肯定，各媒体多次报道。陶然亭街道也被评为"全国关心下一代工作先进集体""全国未成年人思想道德建设先进单位""全国五好基层关工委先进

集体""首都未成年人思想道德建设工作先进集体"等。

3. 以民俗文化品牌为重点，传承陶然传统文化

陶然亭街道深刻认识到，历史文化名城存在的价值就在于商脉和文脉的延绵不断，老字号恰恰是这种历史文化延续的活化石。因此，街道在推进文化街区建设的过程中，注重加大对老字号等民俗文化的支持与保护，在"清华池"等老字号开展市民体验活动。市民体验活动的开展，让街区居民进一步认识了老字号、感知了老字号，提升了老字号在居民中的影响力，促进了老字号文化品牌的传承与保护。

4. 以红色文化品牌为重点，丰富陶然文化内涵

红色文化是马克思主义基本原理同中国革命具体实际相结合的精神结晶，是对中国优秀传统文化和世界优秀文化的继承、发展与创新。陶然亭街道深刻认识到红色文化在现代文化体系中的重要作用，尤其是其在引导公众树立社会主义核心价值观方面作用重大。因此，街道依托红色文化资源，积极举办"近代陶然亭与中国共产党创立""孙中山与陶然亭"系列座谈会，加强爱国主义文化教育，展现陶然革命文化底蕴。

（三）关于陶然亭街道以文化品牌推进文化街区建设的下一步思考

陶然亭街道在下一步以文化品牌推进文化街区建设的过程中，要结合陶然文化特色，以文化街区建设规划为顶层指导，以文化品牌建设为核心，从挖掘文化内涵、完善文化品牌体系、加强文化品牌宣传、激发文化产业活力、完善公共文化服务体系、完善文化运行机制等方面着手，充分发挥文化品牌的带动作用，以文化品牌带动文化街区建设，以文化街区建设深化文化品牌内涵，形成具有陶然特色的文化街区建设模式。

1. 加强顶层设计，制定文化街区发展规划

顶层设计是文化街区建设的重要指导，也是有序推进文化街区建设的重要保障。陶然亭街道在下一步以文化品牌推进文化街区建设的过程中，要以陶然文化为基础，制定符合陶然特征的文化街区建设规划，从文化品牌体系、文化产业体系、公共文化服务体系、文化服务队伍、文化运行机制等方

面为文化街区建设提供具体指导,加快形成以文化品牌推进文化街区建设的陶然模式。

2.加强文化研究,挖掘陶然文化内涵

历史文化是一个地区文化的根,是构成对外宣传形象独具魅力和特色的重要内容。为了进一步发挥陶然文化在区域发展中的重要作用,必须加强对陶然文化的研究,持续开展相关史料的挖掘工作,不断丰富陶然文化底蕴。

一方面,要继续加强"北京西城陶然文化研究会"的建设。积极吸纳新会员加入,特别是一些对北京区域历史文化深有研究的学者和一些在陶然亭地区居住的文化名人。定期举办学习、交流活动,成员彼此之间共享研究成果。文化研究会内部可制定一定的奖励机制,以鼓励成员多出文化精品。

另一方面,要继续深挖陶然亭地区的历史文化资料。持续开展对"老物件、老照片、老故事"的收集和整理工作,不断梳理陶然地区的历史文化发展脉络。重视对辖区内会馆历史文化的专题挖掘和整理工作,对居住在陶然亭地区的历史文化名人、革命志士等的生活轨迹展开挖掘和整理工作,重视对辖区内老居民的走访,加大对口述历史资源的普查、征集、保存与利用工作。

同时,对陶然文化的研究还要与时俱进。运用唯物辩证法的态度分析对待传统文化,立足新的实践,引进新的研究理念和研究方法,依据当代最新的研究成果,对传统文化做出合乎逻辑的阐释,不断注入新的时代内涵。

3.加强品牌建设,完善文化品牌体系

文化品牌是陶然亭街道打造文化街区的重中之重。在下一步以文化品牌推进文化街区建设的过程中,要重视对陶然文化品牌的经营和塑造,树立陶然地区的新精神地标,扩大陶然亭地区在西城区乃至北京的影响力。

首先,要深入推进陶然地书的专业化建设,提升陶然文化对外影响力。继续办好"陶然杯"地书邀请赛,加强陶然地书品牌专业化建设,定期开展书法作品展、笔会等文化交流活动，加强与国内外民间社会组织的文化交流，扩大陶然地书品牌影响力。

其次，要加快创新"六德"教育形式，提升陶然文化对内凝聚力。在辖区内的中小学生中开展"六德"少年评选活动，加强与地区中小学、共建单位的合作，建设集阅读、活动、实践于一体的"六德"教育系列阵地，谱写教唱"六德"歌曲，建设"六德"书架。同时，要充分发挥"北京西城陶然文化研究会"的资源优势，定期在社区和中小学中举办陶然历史文化知识宣讲活动，重视对未成年人的引导和教育，宣传陶然文化。

再次，要加大对会馆文化的保护力度，推进多元参与历史文化保护。成立"陶然亭历史文化遗迹保护促进中心"，制定陶然亭地区历史文化遗迹保护方案。对区域内的传统建筑、名人故居加强日常修缮，对基础设施加以改善，切实落实不可移动文物腾退保护计划。动员社会资金，以自助方式进行小规模整治与改造。在重要文化遗产周围设立保护范围及缓冲区，维护景观的完整性。在区域历史文化遗迹和名人故居前，安装标识、解说牌或生成二维码，对其历史沿革进行说明。搭建陶然亭历史文化遗迹信息平台，深入实施历史遗迹的"解危、解读、解放"工程。开发相应的应用软件，进行虚拟仿真体验式传播，让居民通过视觉、触觉、听觉等诸多方式感知陶然地区的文化气息。充分发挥民众和社会组织的积极作用，完善文化遗产的社会监督机制。

最后，要打造文化活动品牌，丰富陶然文化内容。以"美德陶然、文明陶然、诚信陶然、法治陶然、人文陶然"为理念，通过轻松欢快的活动，为辖区内居民搭建交流互动的平台，形成文明和谐的新型睦邻关系。借助陶然亭地区丰富的艺术文化资源，在重要节日期间连续举办系列活动，如"厨艺大比拼""广场舞大赛""票友会"等活动，促进邻里和睦。

4. 创新宣传方式，加大文化品牌宣传力度

当前，文化品牌的宣传要符合现代社会发展特征。一方面，要充分借助新媒体宣传平台，利用各种媒体，特别是新媒体，如微信、微博等，宣传、推广陶然文化。重视地区微信公众号的建设，可利用官方微博、微信公众

号,对重大事件特别是精神文明建设相关内容进行发布、转发和推送,并结合群众路线教育实践活动不定期发送相关宣传报道。另一方面,要促进文化品牌的可视化、形象化,将陶然亭地区的吉祥物"陶陶"作为域内文化活动的唯一形象标识,统一形象展开宣传推广,扩大陶然文化的影响力。

5. 挖掘品牌价值,激发文化产业发展活力

陶然亭街道在下一步以文化品牌推进文化街区建设的过程中,要充分认识发展文化产业的重要性,将其作为文化街区发展的重要动力。街道要深入挖掘街区文化品牌的价值,将其作为发展文化产业的重要导向。一方面,要充分挖掘会馆文化、陶然亭公园文化等文化品牌的价值,提升区域文化品牌的影响力,吸引影视文化行业的关注,带动区域发展。另一方面,要充分挖掘"陶然地书"、老字号等文化品牌的价值,提升文化品牌的影响力,带动相关的文化商业、文化旅游业发展,促进街区发展。

6. 建设文化地标,完善公共文化服务体系

公共文化服务体系的完善程度是反映文化街区创建水平的重要指标。陶然亭街道要结合文化品牌建设,不断完善公共文化服务体系。一方面,以文化地标建设完善区域公共文化设施。街道要按照各个社区、各个区域的不同文化特质,结合区域居民文化服务需求,打造一批具有街区特色的标志性文化设施,如文化广场、文化馆等。同时,街道要继续实施博物馆网络构建工程,支持多元主体创办的社区小微专题博物馆。另一方面,以文化精品战略提升公共文化产品质量。文化精品战略的重点要落在挖掘陶然文化精髓上,创作更多的反映陶然文化精神、体现街区文化特色的优秀文艺作品。从社区层面来说,要深入开展"人文社区+"主题创建活动,讲好陶然故事。

7. 优化文化队伍,完善文化运行机制

文化运行机制是文化街区有序推进的基础,文化队伍则是文化机制运行的重要主体。对于陶然亭街道来说,要充分理顺各大创建主体之间的关系,加快形成高效、畅通的信息互通机制,着力打造多元主体协同参与的文化队伍。

首先,理顺街区文化建设各大主体之间的关系。街道要明确在文化街区

建设中的主体责任，加快推进公共文化服务体系建设。社区要提升统筹协调能力，聚集地区文化资源，促进文化自治组织的发展与作用发挥。另外，街道在体现地区文化内涵、满足居民需求的同时，要创新布局设计和运营机制新模式，成立由"文体领袖＋专职社工＋志愿者"组成的骨干团队，促进多元主体参与文化街区建设。

其次，建立一支高素质、高效率的陶然文化工作队伍。文化建设的主体是人，陶然亭地区文化建设需要一支高素质的文化建设队伍，包括管理团队、文化艺术队伍、群众文艺骨干队伍等。

最后，建立上传下达的信息互通机制。对于街道层面来说，要通过电话、网络、微信等多种途径，畅通社区、居民反映文化需求、提出文化建议的渠道，实现街道信息的有效传达。对于社区层面来说，要充分发挥社区居委会的自治功能，通过入户走访、网格议事等形式畅通民意表达渠道，并建立与街道层面的信息互通机制，实现信息的上传下达。

三 关于以文化品牌推进文化街区建设的若干思考

文化街区的文化建设离不开文化事业、文化产业。从陶然亭街道的实践来看，文化事业、文化产业的发展与文化品牌的建设也息息相关。因此，在推进文化街区建设的过程中，要注重挖掘街区文化内涵，建立具有街区特色的文化品牌体系，并充分发挥文化品牌的带动作用，促进文化事业和文化产业的共同发展。

（一）挖掘文化内涵，构建特色文化品牌体系

文化品牌对于文化街区的创建具有重要的引领作用，文化品牌的建设则依托于街区的文化底蕴。在推进文化街区建设的过程中，要充分挖掘街区的文化内涵，传承传统文化，发展现代文化，以传统与现代相结合的方式，构建起具有街区特色的文化品牌体系，进而以文化品牌带动文化街区建设。

1. 传承传统文化

传统文化是文化街区的发展之根。在推进文化街区建设的过程中，要充分挖掘传统文化内涵，着力打造传统文化品牌，以传统文化品牌塑造街区文化形象。

一方面，加大对历史文化的保护与传承，打造历史文化品牌。借鉴陶然亭街道的经验，加强对历史文化遗迹的保护，并充分挖掘历史文化的内涵与价值，构建具有街区特色的历史文化品牌。

另一方面，加大对民俗文化的保护与传承，打造民俗文化品牌。民俗文化与百姓生活密切相关，也是街区发展的一个缩影。加强对民俗文化的传承，并与时俱进赋予民俗文化新内涵，打造能够生动代表街区特征的民俗文化品牌。

2. 发展现代文化

现代文化是文化街区的发展之力。在推进文化街区建设的过程中，要充分挖掘和丰富现代文化内涵，塑造现代文化品牌，提升街区发展凝聚力。首先，以树立社会主义核心价值观为导向，打造现代文化品牌，提高街区的文化凝聚力。其次，以街区文体活动为重点，打造文体活动品牌，促进多元参与文化街区建设。最后，以现代志愿文化为重点，打造志愿文化品牌，推进多元参与社会治理过程。

（二）以文化品牌推进文化事业发展

文化事业是文化街区的重要组成之一，是文化街区发展水平的重要体现。在推进文化街区建设的过程中，要充分发挥文化品牌的带动作用，以文化品牌推进传统文化保护、文化服务体系建设、特色文化发展等，促进文化事业的全面发展。

1. 以文化品牌建设推进传统文化保护

文化品牌建设依托于传统文化，同时也能推进传统文化保护。在推进文化街区建设的过程中，要充分发挥文化品牌的影响力，广泛聚集政府、社会、居民等多方力量，保护传统文化。

一方面，凝聚多方力量，加强传统文化的挖掘与传承。借助传统文化品牌影响力，成立传统文化研究类社会组织，统筹推进街区传统文化研究，挖掘传统文化内涵，以资料研究、民间走访等形式加强对传统文化的传承。

另一方面，促进多元参与，加强传统文化的保护与发展。发挥传统文化品牌影响力，推进政府、社会、居民参与传统文化保护和发展。政府要发挥统筹引领作用，加强对传统文化的保护。同时，要积极通过政府购买服务等形式，引导社会力量参与传统文化保护。另外，要提高传统文化品牌在居民中的影响力，引导居民参与到传统文化保护中来。

2. 以文化品牌建设推进文化服务体系建设

建设文化服务体系是文化街区服务于街区居民的主要途径。在推进文化街区建设的过程中，要充分对接居民文化服务需求，加强文化服务品牌建设，提升文化服务品质，构建起满足公众需求、服务品质优良的文化服务体系。

一方面，结合街区文化特质建立文化地标，完善文化服务设施。结合居民需求，建立具有街区文化特征的文化广场、文化馆、博物馆等标志性建筑，满足居民多样化的公共文化服务需求。

另一方面，发挥街区文化优势，打造文化服务产品品牌，提升文化服务品质。实施文化精品战略，对接居民文化需求，发挥街区文化优势，形成街道、社会等多元提供优质文化服务产品的文化服务局面。

3. 以文化品牌建设推进特色文化发展

特色文化是街区将自身特征与现代文化相结合的一种新型文化，是现代文化事业体系的重要组成部分。在推进文化街区建设的过程中，要充分发挥现代文化品牌的影响力，打造街区特质明显的特色文化。一方面，树立街区核心价值体系，打造街区特色文化品牌，提高街区发展凝聚力。另一方面，注重塑造社区文化，打造社区特色文化品牌。对文化资源丰富、文化底蕴深厚的社区加强文化挖掘，促进形成社区文化品牌，为居民提供优质的社区文化服务，如志愿服务文化品牌、为老服务文化品牌、文体活动文化品牌等。

（三）以文化品牌推进文化产业发展

文化产业是文化街区的重要组成之一，是促进文化街区发展的内生动力。文化街区的发展离不开文化资本的投入，文化产业则是吸引和集聚文化资本的重要载体。因此，文化街区的发展与文化产业的发展息息相关。

1. 发挥文化品牌影响力，吸引文化资本

文化资本是文化街区发展的基本要素。在推进文化街区建设的过程中，注重通过文化交流、文化宣传等形式，充分发挥文化品牌的影响力，尤其是传统文化品牌的影响力，吸引各类文化资本向街区入驻，为文化街区发展提供资本支撑。同时，街区也要注重文化资本的筛选，结合街区特征和发展需求，选择相应的文化资本，为街区的可持续、高质量发展提供保障。

2. 依托文化品牌优势，发展特色文化产业

文化产业体系是文化街区发展的主要动力。在推进文化街区建设的过程中，要充分发挥街区文化品牌优势，形成具有街区特色的文化产业体系，促进街区可持续发展。依托名人、名景、名业等传统文化品牌，发展与传统文化相关的影视文化产业、文化商业、文化旅游业等。依托文化服务品牌，发展与文化服务产品相关的文化产业。同时，在发展文化产业的过程中，要注重互联网、大数据等现代科技的应用，将街道特色文化品牌与现代科技相结合，衍生出符合街道特质、科技含量高的现代文化产业。

参考文献

陶然亭街道：《陶然文化内涵及价值研究》，2017年1月。

陶然亭街道工委、办事处：《陶然亭街道"六德"教育简要介绍》，2016。

陶然亭街道工委、办事处：《北京陶然地书协会简介》，2016。

柳建坤、张鸿雁：《论苏州特色文化城市建构的"城市文化自觉"》，《中国名城》

2016年第5期。

王林生：《"文化城市"理念出场的历史语境及理论内涵》，《城市问题》2014年第4期。

苏萱、李锦华：《城市文化品牌概念模型及分析》，《城市问题》2010年第6期。

刘文俭：《省域文化品牌建设的思路与对策——以山东为例》，《北京行政学院学报》2010年第4期。

调研报告

Survey Reports

B.7
关于陶然亭街道社会救助工作的调研报告

摘　要：社会救助是国家或者其他社会主体对失去劳动能力或者低收入者提供基本帮助，保障其最低生活水平的一种方式，是社会保障体系的重要组成。社会救助包括最低生活保障、特困人员供养、受灾人员救助、医疗救助、教育救助、住房救助、就业救助、临时救助等内容。陶然亭街道内混合型社区较多，人员构成复杂，困难群体数量多、就业率低，社会救助问题是街道当前推进社会治理面临的重点问题。针对陶然亭街道社会救助的问题，课题组通过文献研究与访谈座谈相结合的方式，重点调研了陶然亭街道社会救助工作的基本情况、主要经验与做法，分析了陶然亭街道社会救助工作面临的问题，并针对现有问题提出了具体建议，以期为陶然亭街道完善社会救助工作体系提供一些参考。

关键词： 陶然亭街道　社会救助　救急难　社会救助工作体系

一　陶然亭街道社会救助工作的基本情况

陶然亭街道位于北京市西城区南侧中段，面积约为2.14平方公里，辖区内设8个社区。调研资料显示，街道共有户籍人口25719户55758人，实际居住19341户54698人。由于陶然亭街道所辖的8个社区，混合型社区较多，居民楼的构成复杂，包含了商品房、回迁楼、宿舍楼、平房等各种类型，因此，社会救助工作呈现以下特征。

困难群体数量多。由于街道内部老旧小区、平房区聚集，困难群体也呈现数量偏多的现状。调研资料显示，截至2015年9月，陶然亭街道有低保户634户1044人，低收入成员家庭10户19人，共计644户1063人（具体情况参见表1）。截至2016年，街道共有低保家庭608户999人，低收入家庭3户5人。

表1　陶然亭街道低保救助工作情况统计

社区	社区基本情况	低保户/低保边缘户情况	主要致贫原因	贫困家庭就业情况
米市社区	人口3323户7255人，流动人口1300余人	低保162户，边缘4户	残疾、两劳释放、单亲家庭、孤老、疾病	有劳动能力的灵活就业人员占低保户的一半左右，就业意愿低
粉房琉璃街社区	人口1959户4984人，流动人口398人	低保74户，边缘0户	残疾、两劳释放、单亲家庭	"4050"人员找工作难，媳妇没工作、外地户口，基本没有就业意愿
福州馆社区	常住人口2641户6015人，流动人口1600余人	低保27户，边缘1户	残疾、两劳释放、单亲家庭、孤老、疾病	有劳动能力的占1/3，基本没有就业意愿

续表

社区	社区基本情况	低保户/低保边缘户情况	主要致贫原因	贫困家庭就业情况
南华里社区	常住人口2715户8145人,流动人口1295人	低保48户,边缘0户	残疾、两劳释放、老年人(无保险保障)	约10户有劳动能力,无就业意愿
新兴里社区	常住人口2200户6200人	低保58户,边缘2户	残疾、两劳释放	有劳动能力的较少,没有就业意愿
黑窑厂社区	常住人口3123户8096人,流动人口1300人	低保112户,边缘0户	残疾、两劳释放、单亲家庭、疾病	有劳动能力的占30%(其中15%灵活就业),基本没有就业意愿
龙泉社区	常住人口3158户8833人,流动人口1644人	低保84户,边缘1户	残疾、两劳释放、单亲家庭	有劳动能力的占30%(其中10%灵活就业),基本没有就业意愿
红土店社区	户籍人口2424户6537人,流动人口2210人	低保69户,边缘2户	残疾、两劳释放	32户有劳动能力,无就业意愿

说明:"4050"人员是指女40岁以上、男50岁以上的处于劳动年龄段的劳动者。他们就业愿望迫切,但因自身就业条件较差、技能单一等原因,难以在劳动力市场竞争中就业。

资料来源:根据调研期间社区提供资料整理,时间截至2015年9月。

人户分离的困难群体多。由于中信城①的建设规划,街道的部分老旧小区、平房区纳入了配套建设的拆迁范围,拆迁区或规划拆迁区的困难群体人户分离现象较为严重。例如,米市社区是拆迁区,162户困难家庭中有150多户属于人户分离。此外,粉房琉璃街社区、新兴里社区、南华里社区的人户分离情况也较多。

---

① 中信城:位于陶然亭街道米市社区,是2008年后成立的商品房小区,包括中信锦园小区、中信沁园小区、中信禧园三个小区。

困难群体就业率低。从调研情况来看，各个社区困难群体整体上就业率低，基本都没有就业意愿。一方面，这与困难群体劳动能力低有关，大多数困难群体属于老年人、残疾人，有劳动能力的均不超过一半。另一方面，这也与困难群体水平低有关，困难群体中有部分属于两劳释放人员，自身水平较低，也存在无法与社会融入的问题，导致其就业意愿较低。

专业社会工作者数量多。调研资料显示，六个参与座谈的社区都有持社会工作者职业水平资格证书的工作者（含助理社工师、中级社工师）。其中，米市社区有2人，福州馆社区有4人，粉房琉璃街社区有6人，南华里社区有2人，新兴里社区有3人，红土店社区有5人。

二 陶然亭街道社会救助工作的主要做法

陶然亭街道的社会救助工作主要通过低保补贴、医疗救助、临时救助、慈善救助、教育救助、捐赠救助、城市特困人员供养、冬季采暖补贴等方式开展。为做好社会救助工作，陶然亭街道按照西城区有关政策要求，建立"救急难"机制，强化救助政策落实，推进社会救助工作有效实施。

（一）成立"救急难工作领导小组"，加强统筹领导

陶然亭街道从街道、社区两级层面加强机制建设，加强对地区社会救助工作的统筹领导，促进资源的统筹协调，加快实现社会救助工作的多元参与和街区联动。

在街道层面，陶然亭街道成立"救急难工作领导小组"，由书记担任组长，副书记及各相关科室领导作为小组成员。负责科室职责明确、各司其职，形成横向联动的救助工作机制。

在社区层面，由街道为社区配备民政专干，促进社会救助工作的上下互动。一方面，民政专干要做好困难群众的救助工作，重点协助困难群众办理好救助申请和登记工作。另一方面，民政专干要配合好上级民政部门的救助工作，落实对困难群众的入户走访、情况核查等。

（二）建立"一门受理、协同办理"工作机制，畅通救助渠道

街道为更好地为服务对象提供服务，建立了"一门受理、协同办理"的工作机制。在街道公共服务大厅设置社会救助窗口，社会救助工作人员依照工作职责现场接受咨询，处理救助申请。同时，公布监督电话，并将相关救助政策在大厅显示屏滚动播放。社会救助机制的建立，有效地提升了街道为人民服务的水平，真正做到了让困难群众"找得到门、见得到人、问得到政策"，最大限度地减少和避免了冲击社会道德底线和心理底线的事件发生。

（三）推出救助"套餐"机制，实现多项救助的有效衔接

街道将医疗救助、临时救助、慈善救助、捐赠资金救助等救助进行有效衔接和整合，推出救助"套餐"（见图1），使困难群众充分享受有关政策，得到最大限度的救助，织密编牢社会救助安全网，切实维护困难群众的生存权益，守住人民群众基本生活的安全底线。以职业救助为例，陶然亭街道会为需要职业救助的失业人员提供"就业套餐服务"，即在"紧急救助期"的三个月

- 临时救助248人次，发放救助金638329元
- 联合募捐自主资金救助13人，发放救助金92767.10元
- 慈善救助28人，发放救助金330160元
- 开展"携手慈善新春送暖活动"，慰问地区生活困难户80户，发放慰问款160000元
- 低保老人医疗救助项目64人，发放救助金24521元
- "部队送温暖"慰问地区贫困户50户，发放慰问金25000元
- 医疗救助周转金使用31人次，共计268261.66元
- 慰问困难知青139人次，发放慰问金41700元和价值9488元的慰问品
- 教育救助102000元

图1 2016年陶然亭街道社会救助工作

资料来源：根据调研时陶然亭街道提供的资料整理。

内，每周推送一条合适的职业岗位信息和提供一期《劳务信息报》，每月提供一次专项服务，并建立相应的跟踪服务档案。针对困难家庭还会开展各类救助相结合的"集束式"救助服务，促进家庭就业与困难解决。

（四）制定《医疗救助周转金管理制度》，加大便民服务力度

《医疗救助周转金管理制度》的出台，既方便了困难群众的医疗救助，也加强了社区对医疗救助周转金的管理。一方面，该制度优化了门诊就医及住院期间的受助程序，最大限度地为困难群众提供了便利。该制度的核心内容是，可以为患危重病急需住院治疗却无力支付住院费的低保人员、低收入人员提供救助，待服务对象出院后再还清借款，确保医疗救助周转金循环使用。真正做到"以人为本"，为困难群众"解急难"。2015年，街道共为39人次的低保户垫付医疗周转金52万元。另一方面，通过加强对医疗救助周转金的管理，提高了医疗救助周转金的使用频次。2016年，医疗救助周转金使用了31人次，共计268261.66元。

（五）利用全响应网格管理平台，建立主动发现机制

陶然亭街道积极利用全响应网格管理平台，建立主动发现机制，推动救助关口前移，实现社会救助从后置补救向前置预防转变。发挥楼门院长的主观能动作用，建立网格发现机制，加大对困难群体的关注，及时发现网格内困难群体的困难，提高社会救助信息的及时性。建立动态管理机制，定期对困难家庭进行入户走访，加强信息摸排与采集，提高社会救助信息的准确性。

（六）引入社会组织，建立社会救助社会化机制

面对救助任务复杂繁重的现实需求和人员编制相对紧缺的困难，陶然亭街道不等不靠，积极想办法找出路，敢于创新，向社会组织借力，推进社会救助社会化。一方面，街道积极搭建社会救助信息发布平台，由街道发布救助资源，社会组织发布救助项目，困难群体发布救助需求。通过政府搭建平台、社会组织提供服务的方式，实现救助服务与需求的有效对接，促进社

救助服务的社会化、高效化。另一方面，街道通过项目补贴、宣传引导等多种形式，促使社会组织、社工服务机构发挥自身优势为困难群体提供对口帮扶，提高社会救助服务的社会化水平。陶然亭街道通过项目制购买服务，由社会组织负责部分民生服务内容，解决了街道民生服务人员不足的问题，提升了社会救助服务的质量。

三 陶然亭街道社会救助工作中遇到的问题

通过座谈和访谈，调研组发现陶然亭街道在开展社会救助工作的过程中经常遇到一些困难。如何更合理地用足政策，解决一些棘手个案，需要在工作中不断总结和反思。具体来看，陶然亭街道面临的问题集中体现在社会救助对象、管理服务、救助机制、工作者队伍四个方面。

（一）社会救助对象的致贫原因复杂

陶然亭街道的困难群体数量较多，其原因较为复杂。具体来看，主要有以下三个方面原因。

就业能力低导致的贫困。困难群体中有部分历史拆迁户，这部分居民当时选择现金补偿所得的补偿款不足以购置新住房，自身又没有很好地利用补偿款，加之就业能力较低，现在成了需要救助的对象。困难群体中非劳动力多、就业水平低等问题突出。老年人、残疾人、两劳释放人员等特殊人群较多，影响了困难家庭的整体就业水平。

就业意愿低导致的贫困。调研资料显示，陶然亭街道贫困家庭服务对象有劳动能力的约占贫困家庭人数的1/3，而有劳动能力的人员就业意愿却很低。这与现行的低保捆绑福利政策有关，当低保救助福利水平高于工资水平时，这部分人群的就业意愿就会较低。比如，部分"4050"人员没有技能、找工作难、工资待遇低，其申请低保的意愿就会高于就业意愿。

医疗费用导致的支出型贫困。调研资料显示，陶然亭街道贫困家庭贫困部分是由医药费用支出导致的。按照低保救助标准统一发放的每月710元，难以满足困难群体支付医药费用的需求。医疗救助和临时救助有报销比例和额度限制，无法解决困难群体难以支付医药费用的问题。

（二）社会救助对象管理服务难度大

社会救助对象管理服务难度大既有社会救助对象结构复杂的原因，也有工作人员队伍不稳定的原因。具体来看，有以下四个方面原因。

大量人户分离的救助人口加大了管理服务难度。在陶然亭街道，拆迁带来的社会救助工作问题相对较多。由于现行的社会服务政策与户籍挂钩，陶然亭街道作为首都功能核心区的组成部分，相关的福利制度优于其他区县和地区，大量的属于救助范围的拆迁人口选择不迁户籍。这就造成救助人口的人户分离状况突出，给救助人口的服务和管理工作造成了不便。

大量的老年人口对社会救助提出了更多的服务需求。调研资料显示，陶然亭街道现有老年人口约1.4万人，占常住人口的1/4左右，街区老龄化现象严重。大量的老年人口对老年人基础设施建设、老年人照料等为老服务提出了较大需求；同时，随着经济社会的发展，老年人的需求也日趋多样化、个性化，这也对街道的为老服务工作提出了更高要求，需要街道从为老服务的各个方面升华服务，提高社会救助水平。

大量的流动人口对社会救助提出了更高的服务要求。由于陶然亭街道地处首都功能核心区，居住区密集，吸引了大量的流动人口进入。调研资料显示，街道现有流动人口1万多人，约占常住人口的18%。流动人口的聚集，对街道的社会救助、社会服务提出了更高的要求，需要街道从流动人口的服务管理、困难群体救助等方面提升服务，并提供相应的公共服务设施和公共服务，不断提升街区的救助水平和服务水平。

工作人员压力大导致了社会救助队伍不稳定。调研资料显示，从事社会救助工作的社工由于压力大而辞职的现象多发，社会救助队伍不太稳定。一方面，由于困难群体的整体文化水平较低，社会救助工作者需要在救助工作中付出更多的努力以实现有效沟通，工作强度较大；另一方面，社会救助工

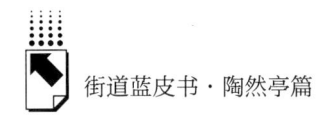

作者容易受到困难群体情绪影响而情绪低落，同时还会受到部分困难群体的谩骂与人身攻击却无法还击，工作压力较大。

（三）社会救助机制不完善

社会救助机制方面的问题包括救助资金、医疗救助周转金等使用的问题，也包括社会救助工作管理服务、条块分割等方面的问题。具体来看，有以下四个方面问题。

救助资金使用效率不高。调研资料显示，陶然亭街道存在少数救助对象频繁讨要救助、无理讨要救助等现象，街道根据维稳要求或者相关部门要求，依旧会发放救助，导致了救助资金使用效率不高的问题。

医疗救助周转金周转较难。一方面，周转金亏空现象明显。街道出台的《医疗救助周转金管理制度》缓解了困难家庭的燃眉之急。然而，在实际工作中，困难家庭扣除报销后的款项，还有20%左右无力偿还，造成了周转金的亏空。另一方面，资金审批及拨付程序还不甚顺畅。5万元的启动资金不足以满足实际的救助需要。街道需要想方设法通过各种渠道筹措资金，在这方面承担了很大的压力。2015年，陶然亭街道垫付了周转金几十万元。

工作重管理，轻服务。调研资料显示，陶然亭街道的社会救助工作主要集中在物质救助上，行政化、碎片化现象突出，人文关怀不够，针对性强的个性化服务则较少，难以满足困难群体的实际需求。

工作中存在条块分割的问题。与社会救助相关的领域包括社保、民政、社会工作、社区服务等，具体负责的科室之间由于缺乏统一领导而存在条块分割的情况。如，社保所负责低保申请、初审和资金发放，民政科负责低保审核、上报以及相关的服务管理工作，两个科室之间的救助工作紧密相连却由不同领导分管。条块分割造成了社会救助工作效率不高。

（四）专业社区工作者的作用发挥不充分

社工师资格证书是对社区工作者专业化的一种认可。持证工作者在工作中理应从事社工岗位，提供更加专业化的服务，运用专业的理念和方法为服务对象提供服务。陶然亭街道的持证社区工作者数量较多，理应发挥队伍专业化的优势。然而，在调查中发现，陶然亭街道很多持证社区工作者与其他社区工作者的工作岗位、工作内容基本相同，专业性优势没有充分发挥。具体来看，持证社区工作者没有真正发挥应有作用主要有两方面原因。一方面，与持证社区工作者自身水平有关。部分社区工作者并非专业社工，其社区工作专业水平有限，并且部分持证社区工作者的考证目的是获得政府补贴，这也造成持证社区工作者整体水平不高。另一方面，与社区工作的性质有关。社区工作范围覆盖较广，既有专业性较强的社区管理与社区服务工作，也有行政性质较强的日常事务工作，造成了持证社区工作者难以有较多经历投入专业性社区工作。

四 陶然亭街道完善社会救助工作体系的对策建议

陶然亭街道在社会救助工作机制方面已经形成了一定的模式，但街道社会救助工作仍面临社会救助对象情况复杂、社会救助管理服务难等方面的问题。因此，街道在进一步完善社会救助工作体系的过程中，要结合街道面临的实际问题，重点从提升服务、多元参与、优化队伍、完善机制等方面着手，系统构建多元化、科学化、专业化、职业化的社会救助工作体系。

（一）建立复合型的社区老年人日间照料中心，完善社区服务体系

社会救助成效与社区服务水平密切相关，较高的社区服务水平能解决社会救助难以解决的持续性问题。针对陶然亭街道老年人多、困难群体多、流动人口多等问题，建议街道结合各个社区的实际情况，选取合适的社区成立复合型的社区老年人日间照料中心①，包含为老服务、残疾人服务、流动人口服务、

---

① 社区老年人日间照料中心，即为社区内自理老年人和半自理老年人提供膳食供应、个人照顾、精神文化、休闲娱乐等日间托养服务的设施。

贫困家庭儿童服务等多种社区服务功能（见图2）。在设置方式上，建议采取一中心多址方式，设立多个类似骡马市10号楼楼宇会[①]的服务中心，让中心的服务功能辐射更多的社区和区域。在参与主体上，政府要发挥统筹引领作用，加大服务购买力度，引导专业性社会组织提供相关的社区服务，并带动社区社会组织的发展，形成多元参与的社区服务格局。在运行机制上，要按照"一室多能、一室多用"的原则，充分发挥中心的服务平台作用，为社区居民尤其是困难群体提供为老服务、残疾人服务、流动人口服务、贫困家庭儿童服务等。

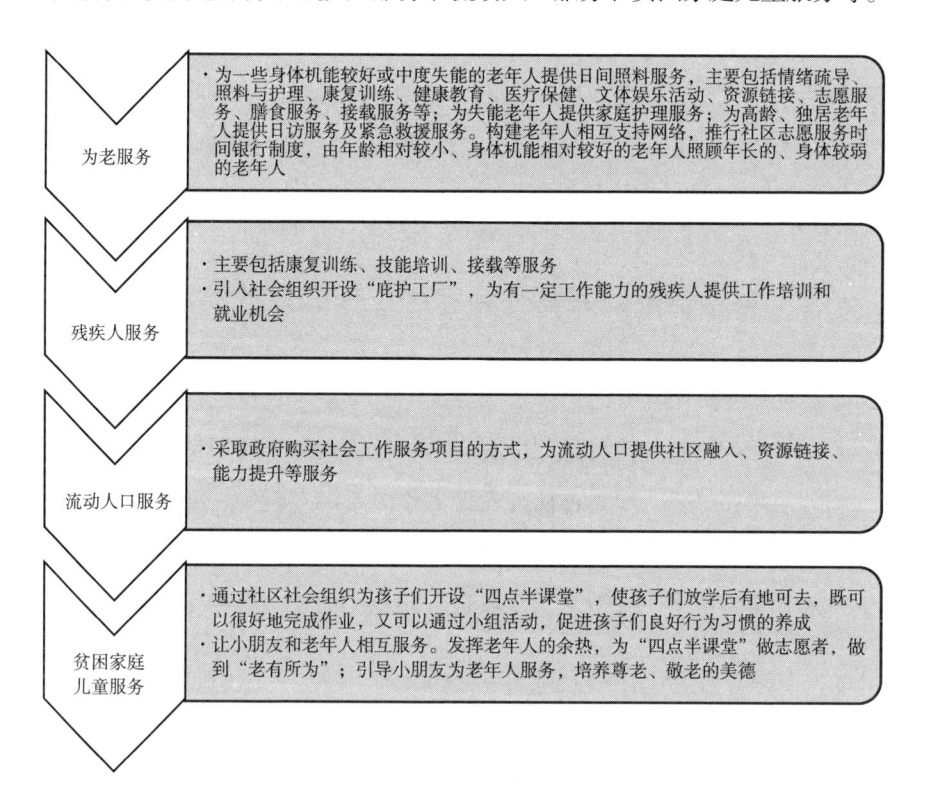

为老服务	·为一些身体机能较好或中度失能的老年人提供日间照料服务，主要包括情绪疏导、照料与护理、康复训练、健康教育、医疗保健、文体娱乐活动、资源链接、志愿服务、膳食服务、接送服务等；为失能老年人提供家庭护理服务；为高龄、独居老年人提供日访服务及紧急救援服务。构建老年人相互支持网络，推行社区志愿服务时间银行制度，由年龄相对较小、身体机能相对较好的老年人照顾年长的、身体较弱的老年人
残疾人服务	·主要包括康复训练、技能培训、接送等服务 ·引入社会组织开设"庇护工厂"，为有一定工作能力的残疾人提供工作培训和就业机会
流动人口服务	·采取政府购买社会工作服务项目的方式，为流动人口提供社区融入、资源链接、能力提升等服务
贫困家庭儿童服务	·通过社区社会组织为孩子们开设"四点半课堂"，使孩子们放学后有地可去，既可以很好地完成作业，又可以通过小组活动，促进孩子们良好行为习惯的养成 ·让小朋友和老年人相互服务。发挥老年人的余热，为"四点半课堂"做志愿者，做到"老有所为"；引导小朋友为老年人服务，培养尊老、敬老的美德

图2　复合型的社区老年人日间照料中心的四大功能

---

① 骡马市10号楼楼宇会：骡马市10号楼是粉房琉璃街社区的一个老旧小区，楼宇会通过社区—社工—居民自治组织（10号楼楼管会）三方联动模式，开展为老服务、老旧小区的服务与管理等。

（二）加快培育和发展社会组织，构建多元参与的社会治理体系

党的十九大报告明确指出，要发挥社会组织作用，实现政府治理和社会调节、居民自治良性互动。治理理论也强调了福利输送过程中各主体之间有相当密切的关系，是良好的合作伙伴。因此，无论是政策层面还是理论层面，加强政府与社会的合作是必然趋势。政府与社会的合作，要抓住转变政府职能、促进社会组织参与这条主线，从加强与社区社会组织、专业性社会组织两类社会力量的合作着手，不断改善社会服务，构建多元供给的社会服务体系。

一方面，街道要加快培育和扶持社区社会组织，构建共建共享的社区治理体系。社区社会组织源于社区，是社区治理的重要主体，也是社区治理能力提升的关键主体。因此，陶然亭街道在完善社区治理体系的过程中，要注重社区社会组织的培育和发展，促进社区社会组织参与社区治理。结合陶然亭街道的实际来看，重点要从社区社会组织的规范化发展、多样化发展两方面着手。针对社区社会组织规范化发展的问题，要按照《北京市城乡社区社会组织备案工作规则（试行）》加强社区社会组织的管理和备案，并为社区社会组织的规范化运作提供指导。针对社区社会组织多样化发展的问题，要从目前文体娱乐类社区社会组织较多的实际情况出发，培育和发展公益互助类社区社会组织，引导社区社会组织参与志愿服务、社区自治，提高社区自治水平。

另一方面，街道要推进政府购买专业服务，构建多元化的公共服务供给体系。加大政府购买力度，是中央对全面深化改革、推进社会治理创新的明确要求。对于陶然亭街道来说，加大政府购买力度，特别是加大向专业性社会组织的购买服务力度，也是创新社会服务供给方式，满足社会居民多样化服务需求的重要途径。从公共服务的角度来看，陶然亭街道要进一步推进政府购买民生服务，让专业性社会组织为社会公众提供专业化、多样化的社会服务。从社区服务的角度来看，政府要充分发挥专业性社会组织的专业优势，加大购买服务力度，让专业性社会组织介入社区服务和社区管理，带动

社区社会组织的发展，帮助社区社会组织提升管理水平和服务能力，形成多元参与的社区服务格局。

（三）优化工作队伍，促进社会救助工作职业化、专业化

2014年国务院发布的《社会救助暂行办法》和2015年民政部、财政部联合发布的《关于加快推进社会救助领域社会工作发展的意见》，明确了社会救助领域社会工作服务机构和社会工作者的服务内容（见表2），推动了社会救助从单一的物质救助模式向多元救助相结合的综合救助模式转变。

表2 社会救助领域社会工作服务机构和社会工作者服务内容的相关规定

发布时间	发布部门	发布文件	相关规定
2014年2月21日	国务院	《社会救助暂行办法》	县级以上地方人民政府应当发挥社会工作服务机构和社会工作者作用，为社会救助对象提供社会融入、能力提升、心理疏导等专业服务
2015年5月4日	民政部、财政部	《关于加快推进社会救助领域社会工作发展的意见》	社会救助领域社会工作服务机构和社会工作者的服务内容为提供社会融入服务、能力提升服务、心理疏导服务、资源链接服务和宣传倡导服务

资料来源：中华人民共和国国务院：《社会救助暂行办法》，中华人民共和国中央人民政府网站，2014年2月21日；民政部、财政部：《关于加快推进社会救助领域社会工作发展的意见》，中华人民共和国民政部网站，2015年5月4日。

按照两个文件对社会工作服务机构和社会工作者的要求，结合陶然亭街道社会救助工作者队伍服务能力不足的现状，建议从引入专业社会工作者、发挥持证社工作用两个方面着手，提升社会救助职业化、专业化水平，提高社会救助工作成效。

一方面，通过政府购买服务等方式，引入专业社会工作者开展服务，提高救助服务专业化水平。社会工作者的角色主要是服务提供者、支持者、陪伴者、资源链接与整合者、政策倡导者。专业社会工作者可以发挥专业特

长，向救助对象开展针对性强的专业化、个性化服务，如向有劳动能力的救助对象开展社会融入指导、技能提升指导等，减少救助依赖现象。同时，专业社会工作者也能对社区工作者提供专业化指导，如开展心理疏导、技能指导等，提高社区工作者队伍的专业化水平。

另一方面，通过设立专业社工岗位，加强社工管理，提高社会救助的职业化水平。陶然亭街道要发挥持证社区工作者数量多的优势，注重强化社区工作者的社区救助功能，通过设立专业岗位，减少社区工作者的行政性事务工作，以社会救助队伍职业化提升社会救助水平。同时，街道还要注重加强社工管理，定期开展社工岗位考核，并适当予以优秀奖励或经费补贴，以提升社区工作者的工作积极性，进而提升社会救助水平。

（四）完善社会救助工作机制，提高社会救助工作成效

社会救助工作机制完善与否，对于社会救助工作能否有序开展具有重要影响。从调研情况来看，陶然亭街道在工作机制方面面临的最大问题是条块分割和财政支持不够，因此需要重点从加强科室合作、加大财政支持力度两个方面着手，破解街道社会救助工作的当前困境。

一方面，加强科室之间的合作，打破条块分割局面。陶然亭街道要充分依托"救急难工作领导小组"，加强社会救助相关科室之间的沟通与合作，形成社会救助的联动机制，提升社会救助工作成效。

另一方面，加大财政支持力度，解决救助资金不足困难。针对陶然亭街道支出型贫困家庭多、医疗救助周转金周转难等问题，建议街道加强与区级政府协商，加大对社会救助的资金投入，合理扩大社会救助范围和加大社会救助力度。通过创新救助方式、加大救助资金投入等方式加大对支出型贫困家庭的救助力度，如减少医疗救助周转金还款比例等，让支出型贫困家庭得到合理的社会救助补贴，避免影响其正常的生活。同时，还要加大医疗救助周转金的储备。医疗救助周转金有一定的回款周期，街道要加强与上级政府协商，可以根据街道困难群体数量适当加大储备资金，解决街道储备资金不足的困难。

另外，针对陶然亭街道部分救助对象就业意愿低的问题，街道应从建立完善的宣传教育制度着手，以救助对象能够接受的宣传形式加强教育引导，定期开展政策宣传和教育活动，定期走访宣传教育，不断提升救助对象的就业意识和就业意愿。

参考文献

中华人民共和国国务院：《社会救助暂行办法》，中华人民共和国中央人民政府网站，2014年2月21日。

民政部、财政部：《关于加快推进社会救助领域社会工作发展的意见》，中华人民共和国民政部网站，2015年5月4日。

B.8 关于陶然亭街道流动人口服务与管理的调研报告

摘　要： 《北京城市总体规划（2016年~2035年）》提出调整人口布局，降低城六区人口规模的目标。陶然亭街道地处首都功能核心区，在疏解非首都功能的大背景下，如何推动人口疏解，如何做好辖区内流动人口工作，成为地区社会建设、社会治理的重点与难点。本报告在实地调研的基础上，分析了陶然亭街道流动人口的基本特征，并针对陶然亭街道在流动人口服务与管理方面存在的问题提出了相应的解决办法与改进措施。

关键词： 陶然亭街道　流动人口　人口疏解　流动人口服务

一　流动人口服务与管理创新的必要性

随着城市的发展，流动人口也会呈现集聚态势。流动人口的集聚又会反过来影响城市的运行与发展。陶然亭街道地处首都功能核心区，随着街区的快速发展，流动人口呈现快速集聚态势，随之也带来了一系列的"城市病"与社会治理问题。因此，对于陶然亭街道来说，加快流动人口服务与管理创新，既是推进非首都功能疏解和疏非控人工作的必然要求，也是解决街道面临的社会治理难题的重要途径。

（一）做好流动人口服务与管理改革是疏非控人工作的必然要求

人口流动是市场经济条件下生产要素流动、资源整合、结构调整的具体表现，2016年我国流动人口总数已经达到了2.45亿人。随着经济社会的转型、城市化进程的加速，特别是新时期我国社会主要矛盾发生转变，如何克服流动人口数量大、稳定性差、难以统计管理、素质差异大等难题，做好流动人口的服务与管理工作，更好地满足流动人口的服务与管理需求，成为当前我国社会治理的一项重要内容。

2015年发布的《京津冀协同发展规划纲要》明确提出要严控增量、疏解存量、疏堵结合调控北京市人口规模。2017年《北京城市总体规划（2016年~2035年）》提出调整人口布局，降低城六区人口规模，城六区常住人口在2014年基础上每年降低2~3个百分点，争取到2020年下降约15个百分点，控制在1085万人左右，到2035年控制在1085万人以内的目标。所以对于城六区来说，调控人口数量的任务十分严峻。在北京市人口疏解过程中，一个重要的问题是做好对流动人口的服务和管理，在推进人口疏解的同时实现区域的稳定发展。对于陶然亭街道来说，加强对流动人口的服务与管理，要从社区做起，要加强街道层面的统筹安排，为"疏非控人"工作奠定基础。

（二）对流动人口服务和管理的诸多问题依然存在

从总体上看，近年来我国各级政府在流动人口服务与管理创新方面进行了重要探索并取得了一定成果，但是依然存在严峻的问题。一是管理理念需要调整。城市管理者把流动人口视为城市发展的不稳定因素，对城市流动人口以管理限制为主，可以说重防范管理，轻服务保障，使城市中的流动人口成为城市发展的边缘群体，基本的生活权益无法得到保障，从而进一步增加了这类群体的不稳定性。二是管理的体制机制存在问题。流动人口的管理和服务涉及多个部门和机构，职能部门间职能交叉、相互制约，衔接不畅通，主体不明确，在管理体制上不顺畅。流动人口服务管理政策法规体系存在盲点，缺少统一、权威的法律保障。对于流动人口的信息采集不完善，缺乏大数据层面的统计，这给流动人口的服务和管理带来了一定的困难。三是社区对流动人口的治理相对薄弱。目前对城市流动人口的管理主要采取政府主导型管理模式，以行政手段管理为主，城市治理的基层组织（街道、社区）

的力量相对薄弱，没有充分发挥街道社区在流动人口管理服务中的作用。而且街道社区对流动人口的管理也存在机构设置不合理、职责不统一、权利主体不明确等问题，导致对流动人口的情况掌握不足，没有形成统一的信息系统和有效顺畅的工作机制。为此，需要探索新型的城市流动人口管理模式，即以服务为手段、法律法规为依据、统一的人口管理制度为基础、现代化的信息技术为支撑，符合全面建成小康社会目标新要求的城市流动人口管理模式。

近年来，地处首都功能核心区的陶然亭街道，结合自身功能定位，逐渐形成了"统筹区域整体发展，共创陶然美好生活"的工作思路，地区发展环境不断优化，人民生活水平不断提高。但随之而来的是大量流动人口不断涌入，这成为地区社会建设和社会管理的重点、难点问题，也成为社会治安综合治理工作需要解决的重要问题。在街道层面，如何做好辖区内流动人口工作，为实现北京非首都功能疏解贡献力量，陶然亭街道需要在实地调研的基础上提出有针对性的措施。为此，在社区调研的基础上，本报告针对陶然亭街道在流动人口服务与管理上存在的困难提出了相应的解决措施。

二 陶然亭街道流动人口服务与管理的实践

陶然亭街道流动人口呈现在服务业集聚、整体素质不高等特征。结合流动人口的特征，陶然亭街道以流动人口管理办公室相关工作为核心，推动流动人口的信息共享与共同管理，取得了较好的成效。

（一）陶然亭街道流动人口的基本特征

依据陶然亭街道流管办2015年针对陶然亭地区流动人口动态监测提供的数据分析，当前，陶然亭地区流动人口群体的主要特征如下。

第一，农村户籍流动人口是流动人口的主体，流动人口性别比例较为均衡。数据显示，陶然亭地区流动人口中有男性6029人（占流动人口总数的50.65%），女性5875人（占流动人口总数的49.35%）。

第二，从年龄分布来看，流动人口以青壮年为主，但年龄跨度较大。2015年，陶然亭地区流动人口中，6岁以下的29人（占流动人口总数的0.24%），6~18岁的330人（占流动人口总数的2.77%），18~35岁的5076人（占流动人口总数的42.64%），35~60岁的5212人（占流动人口总数的43.79%），60岁以上的1257人（占流动人口总数的10.56%）。

第三，流动人口整体素质不断提高。从流动人口受教育水平来看，初中文化程度有5112人（占42.94%），高中文化程度有3315人（占27.85%），大学专科和本科学历有2538人（占21.32%），研究生学历有248人（占2.08%），另有小学文化程度和不识字的流动人口691人（5.81%）。

第四，流动人口的就业渠道主要集中在服务业。从从业类型分析，辖区内流动人口涵盖了居民生产生活中的绝大部分行业，以住宿餐饮、居民服务、批发零售商业为主，房地产建筑业次之。从职业情况分析，以商业、服务业为主，共5497人，占总人数的67.77%；各类专业技术人员1095人，占13.51%；单位负责人及办事人员1325人，占16.34%；从事生产运输及农林牧渔水利工作者193人，占2.38%。另有部分流动人口从事建筑业及文化、体育和娱乐业等其他行业。

（二）陶然亭街道流动人口管理的基本模式

流动人口管理是一项需要跨部门合作的复杂工程，其中不仅涉及流动人口的单向管理问题，也需要为辖区内流动人口做好服务工作。为此，陶然亭街道成立了流管办，并以此为依托，保障流动人口信息在相关部门之间的共享，同时在流动人口服务方面，以流管办为窗口，实现资源的汇集。

1. 流动人口管理组织建设

陶然亭街道流管办成立于2008年5月。陶然亭街道综治办按照原宣武区综治办颁发的宣综治办〔2008〕1号文件要求，委托街道社保组织面向社会公开招聘流动人口和出租房屋管理员。街道综治办通过对应聘人员逐个政审，根据相关技能考试及体检等筛选项目对应聘人员择优录用，组建了27人的陶然亭街道流动人口和出租房屋管理员队伍。

2008年至2015年在职流管员队伍最高峰值达到38人（2015年按要求配备流管员19人）。不断整合调整后的街道流管员的整体面貌已得到很大改观。目前在职流管员的平均年龄为34岁，与组建流管员队伍时的平均年龄43岁相比，队伍更加有活力。而且在职流管员的最低学历，也从初时的初中学历达到目前的大学专科学历，队伍的整体素质得到了明显提升。

街道流管办为街道办事处和街道派出所双重管理。按区流管办要求，地区定编流管员应有19人，现有流管员18人。人员分配情况为办公室3人，办事处行政大厅2人，米市社区2人，粉房琉璃街社区1人，福州馆社区1人，新兴里社区2人，南华里社区2人，黑窑厂社区1人，龙泉社区2人，红土店社区2人。

2. 流动人口服务

2012年为贯彻落实市、区流管办提出的"民生为本、服务为先、融合为要"新理念，陶然亭街道流管办以"一个人不嫌少，一件事不嫌小"为主导意识，积极探索为流动人口办实事、做好事，更好地引导流动人口有序融入，切实增进流动人口与本市居民沟通联系和交往认同的新途径。

其间，街道流管办深入社区、学校、施工工地，组织了多次宣传服务活动，在为暂住流动人口解决实际困难的同时，现场宣传相关法规法律；并且依托辖区内陶然亭公园党史教育基地，对辖区流动人口展开"新居民爱陶然"的爱国爱党教育，使这些生活、工作在陶然亭地区的"新居民"更加了解陶然，更加热爱陶然。在街道流管办组织的众多宣传服务活动中，尤其以2013年街道流管办组办的以"快乐中国梦"为主题的大型文艺慰问演出活动最受辖区流动人口好评，并被北京电视台进行了现场追踪报道。

三 陶然亭街道流动人口服务与管理存在的问题分析

陶然亭地区流动人口的大量涌入，缓解了地区人口老龄化造成的劳动力短缺问题，方便了市民生活，推动了区域社会经济发展。但同时，流动人口的大量涌入也对区域的资源配置、社会服务等公共服务领域提出了更多的要求，给区域的社会治安、安全生产等社会管理领域带来了一系列问题。

（一）流动人口以租房为主的居住形式给地区日常管理工作带来很大压力

从调查来看，流动人口在本地区居住多以租住房屋为主。租赁住房的3015人，占24.46%；在单位租房作为宿舍居住的3290人，占26.69%；住在工作场所的1266人，占6.21%；住在建筑工地的265人，占2.15%；自购房屋人数为1844人，仅占总人数的14.96%；借住的1673人，占13.57%；寄宿的765人，占6.21%；其他居住情况的210人，占1.70%。流动人口因经济条件所限，往往租住地下空间和合租，这给城市管理、消防安全等公共安全管理等带来了新的问题。对于街道来说，为适应日益增多的流动人口趋势，需要不断加大财政投入，以打造一支符合管理需求的管理队伍。

（二）流动人口维权意识的增强给服务与管理工作提出了新的标准和期待

随着我国逐渐迈入新时期，社会格局和社会环境不断转变，流动人口的群体也由以往以农民工为主的务工人员，转向具有一定素质水平和相应学历的劳务型人员，流动人口的维权意识逐步提高，这给政府的服务管理工作带来了新的挑战。目前，我国户籍制度的相关规定使流动人口无法完全享受与当地居民同等的待遇，例如教育、医疗、就业、住房等方面。特别是陶然亭街道地处首都功能核心区，因户籍制度导致的流动人口与户籍人口社会权益不一致，加剧了流动人口对社会的不满。流动人口迫切地希望能够得到有关部门更多、更优质、更高效的服务。

（三）流动人口流动性大、变化快的实际情况给社会治安综合治理工作提出了新的挑战

长期以来，街道层面在对流动人口的服务和管理方面，缺乏较为符合实际需求的举措，服务管理流动人口的各职能部门之间配合不到位、协调不通畅、彼此脱节、缺乏统筹等问题严重。同时，管理科技应用不足、管理方法不科学的问题也较为突出，人盯人、人跟人、人控人的传统模式难以适应流动人口管理新形势的需要。此外，流动人口的基本特征为动态化，但是部门之间、流入地与流出地之间等相关体制机制的不畅通，导致流动人口的信息传递不通畅，各种与流动人口有关的数据和情况无法第一时间实现共享，从而很难准确地把握流动人口的最新动态，这进一步增加了流动人口的服务与管理难度。

（四）流动人口的数量多、变化快对流管办的资源配置合理化提出了更高的要求

从2008年至2018年，陶然亭街道流管办的主要工作已经历了从简单的流动人口信息采集和数据统计向档案化、系统化、数据化转变。其已从之前采集流动人口和出租房屋基础信息、办理流动人口暂住证的机构，逐渐演变成能为流动人口和出租房屋提供多功能管理服务的一个窗口。

2008年初，陶然亭地区在册流动人口只有1359人。陶然亭街道流管办组建当年年底就将地区流动人口基础信息采集人数增至12475人。随着街道流管基础信息采集核实工作的不断深入，流管员不断强化走访检查力度，至2009年年底，街道流管办已掌握辖区流动人口13408人的基础信息；2010年已掌握辖区流动人口15128人的信息；2011年已掌握辖区流动人口15004人的信息；2012年已掌握辖区流动人口15198人（最高峰值）的信息；2013年已掌握辖区流动人口14007人的信息；2014年已掌握辖区流动人口11562人的信息。其间，街道流管办平均每年采集流动人口5092人的信息；核销流动人口4928人的信息；更新流动人口2486人的信息；迁移流动人口

1542人的信息。平均每年采集辖区出租房屋379户的信息；核销出租房屋180户的信息；更新出租房屋393户的信息。截至2015年9月15日，流管平台在册陶然亭地区流动人口共有10904人，出租房屋2113户。

按西城区流管办要求，陶然亭地区定编流管员要分配到每个社区的流管站，需要承担近一个社区流动人员数据采集工作。其工作量大、工作时间紧，特别是在一些高档小区，入户调查难更是限制了流动人员工作的效率，影响了流动人员调查数据更新的及时性和可靠性。

四 陶然亭街道创新流动人口服务与管理工作的路径思考

流动人口服务与管理面临的新形势对陶然亭街道的流动人口服务与管理工作提出了更高的要求。脱离传统的流动人口管理政策的路径依赖，实现社会治理创新是陶然亭街道治理改革重要的政策目标。与传统的以政府单向管理模式不同，新的流动人口服务与管理的路径更加突出治理的特点，即多元主体参与和互动。对于新流入流动人口合理疏导，对于存量流动人口采取社会融合的措施，从而真正实现流动人口的合理布局。因此，陶然亭街道需要重点从工作理念、工作导向、工作模式和工作保障等方面加强创新，将流动人口作为区域发展的重要一分子，加快实现"陶然式美好生活"的发展目标。

（一）转变思维旧模式，树立以人为本的工作理念

加强流动人口服务与管理，必须牢固树立以人为本的理念。从整个国家和全社会的层面讲，在制定法律法规、实施城市建设与管理、加强社会保障体系建设等工作中，要以公平、公正为原则导向，促进流动人口与常住人口享受同等待遇。从一个街道、一个地区的层面来讲，就是要更新管理理念，用科学的方法调整人口管理工作思路。要树立以人为本的工作理念，有效对接流动人口的管理与服务需求，建立科学、公正的流动人口管理与服务新机制。要以社会长治久安和经济可持续发展为基本导向，处理好流动人口与相关群体的利益关系，将流动人口作为区域发展的重要组成部分，构建共建共

享的"陶然式美好生活"。2015年，陶然亭地区建立了"大综治"系统，辖区内的各单位也被纳入"大综治"架构中，成为地区综合治理的成员单位。在这些单位中，不乏一些流动人口密集的行业和单位。这一举措，在一定程度上使地区流动人口工作从防范式管理向以人为本的服务式管理转变，激发了"新陶然人"的主体意识，使他们积极参与到街道、社区平安建设中去。

（二）树立"管理先行、服务至上"的工作态度

陶然亭地区的流动人口就业涵盖了居民生产生活中的绝大部分行业，他们是地区社会经济发展的建设者，也理应成为直接受益者。因此，在流动人口服务和管理中，街道要充分考虑流动人口公共服务需求，合理统筹分配服务资源，逐步构建起供需对接的流动人口公共服务体系。在完善社保政策方面，街道要以保障流动人口的基本权益为导向，重点关注农民工的参保情况，构建起广覆盖的流动人口社会保障体系。在保障流动人口子女入学教育方面，要明确服务与管理职责，探索在地区内建立农民工子弟学校，贯彻国家九年义务教育制度。其他如医疗卫生、计划生育服务等方面都应从总体上进行考虑和分析研究，合理配置服务资源，满足广大流动人口的服务需求。

（三）促进流动人口自治组织的培育和发展

流动人口自治组织是流动人口出于自我管理、互相帮助等目的而自发形成的民间组织，其由于扎根于流动人口而能真实地反映流动人口诉求。从陶然亭街道的现状来看，培育和发展流动人口自治组织，发挥好流动人口自治组织的作用，是当前街道探索流动人口服务和管理多元参与新模式的重要内容。具体来看，街道要促进流动人口自治组织的培育和发展，进一步发挥流动人口自治组织在流动人口管理上的能动作用，扩大流动人口自治组织在流动人口中的影响力，发挥其优势，开展相关信息咨询、流动人口生活服务、流动人口技能培训等服务，从而进一步保障流动人口的权益。

此外，街道还应加快建立流动人口的党团工妇组织，将其纳入单位或社区等层面的组织体系中来。将流动人口的党团工妇组织作为街道与流动人口沟通的重要桥梁，有效对接流动人口服务和管理需求，从而不断提升街道对流动人口服务和管理的水平。

（四）强化流动人口管理组织建设和加大资源投入

流管办作为流动人口主要的管理主体，在综治办和派出所的双重领导下开展流动人口数据采集和服务工作。但是，由于投入资源有限，流管办及下属流管站的工作效率受到限制，特别是流动人口数据采集方面，数据难以确保及时更新；此外，流管员的精力主要集中在流动人口数据采集方面，限制了对流动人口的服务工作，使得流管办的工作依然只有传统的单向管理，缺少社会融合内容。因此，应当加强对流管组织建设的资源投入。一方面，增加流管人员数量，确保每个社区的流管人员能够及时更新流动人口数据；另一方面，提升流管人员综合素质，培养其为流动人口服务的意识。

参考文献

陈菊红：《"国家-社会"视野下的流动人口自我管理研究》，博士学位论文，中共中央党校，2014。

王宁：《稳住流动的脚步》，《中国人口报》2014年11月11日。

B.9
关于推动陶然亭街道文体中心建设的调研报告

摘　要： 陶然亭地区曾经是会馆集中之地，还留有众多革命先驱和老一辈无产阶级革命家英勇奋斗的足迹，人文资源丰富。作为文化街区，陶然亭应以文化为切入点，通过文化内涵和文化底蕴展现城市魅力。合理规划使用街道公共文化资源，利用协商民主的传统优势，引导社会各界共同参与到问题解决和工作落实的过程中，将社会治理作为实现路径，形成社会治理和文化建设的新突破。在这一过程中，街道文体中心的建设将是一个重要平台。本报告通过对陶然亭街道文体中心的实地调研，结合陶然亭街道文化资源和文化活动情况，以问题为导向，对陶然亭街道文体中心建设与发展提出了思考和建议。

关键词： 陶然亭街道　文化建设　文化服务　文化设施　文体中心

一　陶然亭街道文化资源和文体活动情况分析

（一）陶然亭街道文化资源情况分析

陶然亭街道历史文化资源丰富。街道共有文物保护单位3处，分别为中山会馆、湖广会馆和三圣庵。街道的会馆文化资源丰富，这里曾经是宣南会馆的集中地域。《北京会馆资料集成》记录的陶然亭地区会馆有118座，其中以南海会馆、中山会馆、蒲阳会馆、湖广会馆最为著名（见图1）。街道的亭景文化资源丰富，主要集中在陶然亭公园内，有陶然亭、黑龙潭、龙王亭等。街道的宗教文化也有一定的发展，目前地区保存完整的寺庙有慈悲庵、三圣庵两处。同时，街道的红色文化资源也较为丰富。在新民主主义时期，李大钊、陈独秀、毛泽东、周恩来等革命先辈均在陶然亭地区留下过英勇奋斗的足迹。

南海会馆
- 即康有为故居，在西城区米市胡同43号；始建于清道光四年（1824年），是广东南海籍京官捐资购置；现存有重要石刻《南海会馆碑记》等
- 改良派领袖康有为和梁启超创立"经济学会"和"知耻会"，策划戊戌变法的场所

中山会馆
- 即孙中山故居，位于西城区珠朝街；清嘉庆年间由广东香山县乡友筹建，称香山会馆；孙中山逝世后，广东香山县改名为中山县，香山会馆亦更名为中山会馆；现为市级文物保护单位
- "广东青年会"和"中山少年会"的办公地点

蒲阳会馆
- 为民族英雄林则徐在京的寓所，在宣武区贾家胡同31号；现为西城区重点保护单位

湖广会馆
- 坐落在西城区骡马市大街东口南侧（虎坊桥西南），建于嘉庆年间
- 会馆前院有戏台1座，后台10间；后院有乡贤祠、文昌阁、宝善堂、楚畹堂等；北京市第100座博物馆——北京戏曲博物馆在文昌阁内
- 孙中山从事革命活动的场所，孙中山纪念馆和湖广会馆大戏楼已成为爱国主义教育和京城戏迷、票友及海外旅游欣赏国粹的首选场所

图1 陶然亭街道著名的四大会馆

资料来源：根据陶然亭街道提供的调研资料整理。

陶然亭街道教育文化资源丰富。陶然亭地区最早的学校成立于1903年，系浙江人杜若洲创办的女学堂。1905年，保安寺设立了私立国民小学堂。1906年，龙泉寺和尚心学和道兴在龙泉寺创办的孤儿院，成为陶然亭小学的前身。在此期间，中国女学思想的倡导者、民族革命志士秋瑾也曾在米市胡同兴办小学。新中国成立以后，陶然亭地区大力发展教育事业，当时小学多达12所。截至2017年，辖区内有大学1所（北京市工会干部学院），中学2所（北京十五中、北京六十二中），中专1所（中国戏曲学院附属中学），小学3所（陶然亭小学、福州馆小学、太平街小学），幼儿园1所（幸福时光陶然幼儿园）。同时，辖区内还有南城少年儿童的活动中心以及中央芭蕾舞剧团等文艺团体。

陶然亭街道文体组织数量较多，共有各类群众文化体育组织30余个。

其中，太极拳队曾在第三届"白云杯"全国太极拳剑邀请赛中荣获三等奖，舞蹈队在"舞动北京"大赛中斩获团体金奖。

陶然亭还有两大群众文化品牌，分别为陶然地书与"六德"陶然娃。陶然亭自2003年举办北京首届"陶然杯"地书邀请赛至2017年已连续举办了15届。该活动被评为"北京市群众文化活动十大创新项目"之一。现有团体会员15家，个人会员1200余人，主要分布在北京市陶然亭、天坛、丰益、颐和园、玉渊潭、红领巾、景山、北海、龙潭湖、天通苑各大公园。"六德"教育则是陶然亭街道于2002年提出的未成年人思想道德教育体系，经过多年的摸索与发展，现在形成了"爱心、诚实、好学、礼让、节俭、自强"的新"六德"。因为"六德"教育品牌，陶然亭街道荣获"全国关心下一代工作先进集体"称号。

（二）陶然亭街道文体活动情况分析

北京核心区人口密度高达每平方公里2万多人，其中西城区最高，为25767人/平方公里，而根据2015年"西城区年鉴"的数据测算，陶然亭地区人口密度为26026人/平方公里。这个地区属传统的居住区，居民多以原住居民为主。人口结构呈现五多：老年人多、困难群体多、残疾人多、人户分离多、流动人口多。2014年，街道统计60周岁以上的老年人是12898人，占地区常住人口的29.68%，将近1/3。陶然亭街道人口密度大，老龄化严重，在开展文体活动方面具有特殊性，本报告利用定量分析和定性分析相结合的方法进行综合分析。

在实际工作中，《陶然之窗》作为陶然亭街道主办的内部刊物，是一个对外宣传的重要阵地，街道层面发生的大规模、有代表性的文体活动在上面都有体现。通过对《陶然之窗》报道的文体活动进行梳理，采集有效的数据样本，就可以做到定量的数据分析，比较全面地勾勒出街道文体活动的整体现状，并以此为基点对文体中心的功能设计提供依据。

从2016年第271~292期的《陶然之窗》上，共梳理出172条相关信息，并以时间、主办单位、主题、人数、地点等关键词分类记录这些文体活动。

通过统计可以发现，2016年1~11月中，5月和8月文体活动最多，其次是1月、3月和7月（见图2）。节庆和寒暑假期对文体活动的影响是显而易见的。由于2016年秋季涉及换届选举工作，9月份各社区并未举办很多有关中秋、国庆、教师节、重阳节的活动。

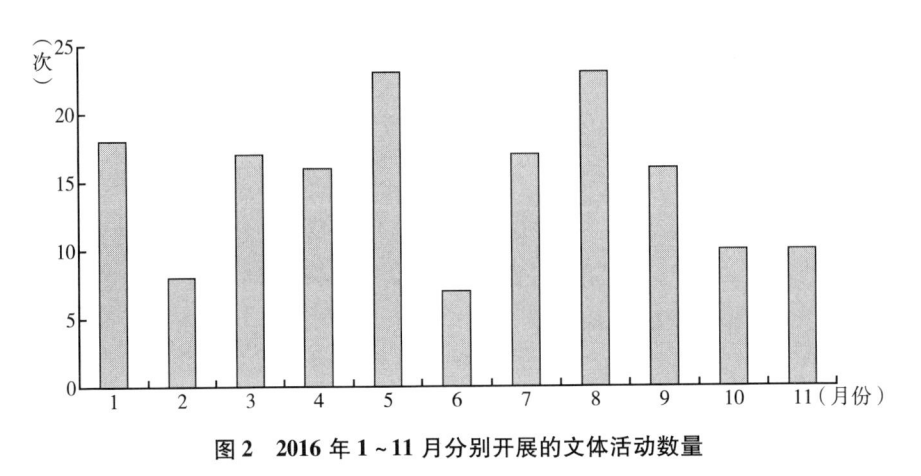

图2 2016年1~11月分别开展的文体活动数量

从主办单位情况来看，8个社区中，龙泉社区开展的最多，其次是新兴里和米市社区（见图3）。街道所属部门开展的活动占45%左右，其中社区服务中心、工会、残联、妇联、陶然文化研究会等部门和组织占很大比例，可见文体活动已经成为不少部门开展工作的主要抓手之一。另外，社区与辖区单位联合举办文体活动22次，占总数的12.7%。其中，陶然亭公园、北灯公司、北京职工服务中心、清华池等单位与街道各社区和部门联系比较紧密。

从主题来看，文化活动占23%。从2015年8月到2016年11月，陶然文化研究会已经举办了10期文化大讲堂活动，其他书法、绘画和诗歌等活动也比较频繁。占比较大的还有体育运动和培训讲座，分别占17%和16%（见图4）。

在能够统计到人数的102条数据中，我们对参加人数做了分组统计。参加人数为21~40人的活动最多，达到32%；其次是41~60人的，占17%，仅这两项就占所有活动的近一半（见图5）。

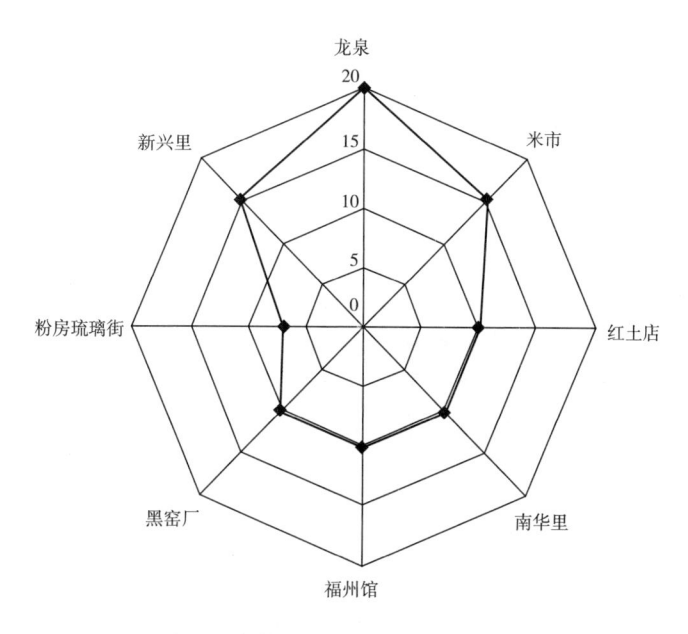

图3 各社区开展的文体活动数量

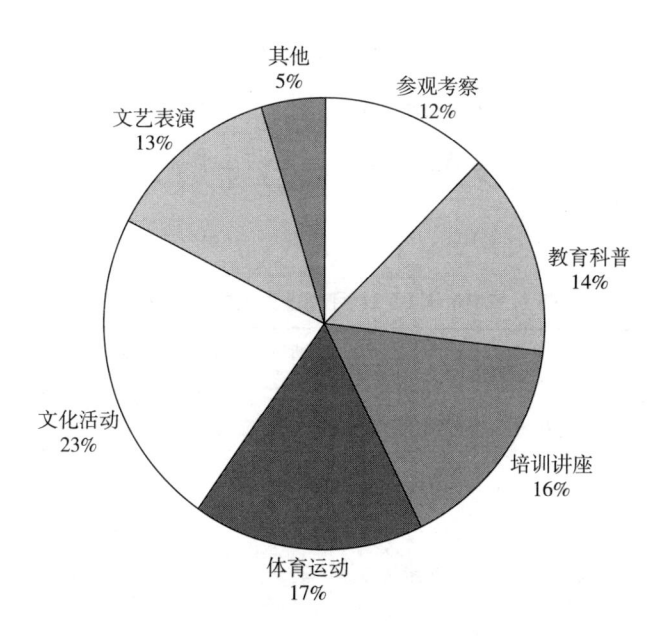

图4 文体活动主题分类情况

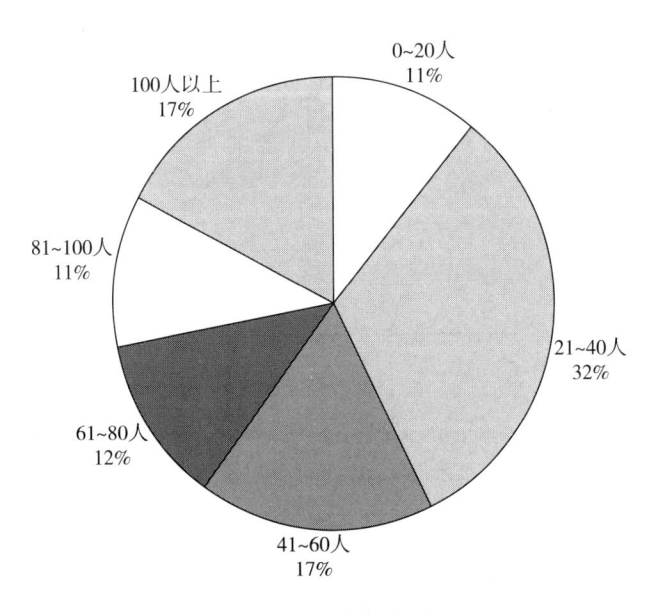

图5 以人数分组的文体活动比例

在所有活动中，以"乐享青春·悦动陶然"为主题的第三届职工运动会参加的人数最多，600余名职工在第十五中学体育场展开竞技；规模最大的活动是第十四届"陶然杯"地书邀请赛，北京赛区约1000人参赛，近70名书法高手应邀参加决赛。超过100人的活动几乎都是在街道所属范围以外的场所举办（见表1）。

表1 2016年1~11月超过百人的文体活动

时间	主办单位	主题	参加人员情况	地点	来源
3月8日	街道	参观南海子公园	150人	南海子公园	《陶然之窗》第274期
4月7日	龙泉	健步走活动	150人	奥林匹克森林公园	《陶然之窗》第276期
4月12日	黑窑厂	环湖走活动	120人	陶然亭公园	《陶然之窗》第276期
5月	社保所	插花艺术培训	百名退休人员	街道二层多功能厅	《陶然之窗》第278期

续表

时间	主办单位	主题	参加人员情况	地点	来源
5月26日~5月27日	街道总工会	观看影片《百鸟朝凤》	140名职工	广安门电影院	《陶然之窗》第279期
6月	南华里	以"生育关怀,共享亲情"为主题的文艺演出	近150人	社区小广场	《陶然之窗》第280期
7月7日	街道社区服务中心	公益摄影讲座	百余名居民	服务中心	《陶然之窗》第282期
7月	街道机关工会	划船比赛	一百余名会员	陶然亭公园	《陶然之窗》第283期
7月25日~7月29日	街道老年人协会主办、西城区第二文化馆承办、福州馆社区协办	"我眼中的最美"个人绘画摄影	数百人	西城区第二文化馆	《陶然之窗》第284期
8月11日	街道社区服务中心	家庭绿植扮靓阳台讲座	100余位居民	服务中心	《陶然之窗》第285期
8月19日	街道	军民一家亲运动会	180多人参加	陶然亭小学	《陶然之窗》第285期
8月19日	黑窑厂	第十届"和谐杯"乒乓球赛	150位居民	黑窑厂社区院内	《陶然之窗》第285期
9月2日	街道	2016年"六德"陶然娃评选活动表彰大会	150余人	北京职工服务中心	《陶然之窗》第286期
9月8日	龙泉	龙泉社区第二届文化艺术节	7家单位,观众300多人	宣武少年宫	《陶然之窗》第286期
9月12日	街道总工会	观看钢琴演奏会	100名工会会员	北京青年剧场	《陶然之窗》第287期

续表

时间	主办单位	主题	参加人员情况	地点	来源
10月10日	陶然亭街道	第十四届"陶然杯"地书邀请赛	北京赛区约1000人参赛，近70名书法高手应邀参加北京陶然亭赛区决赛	陶然亭公园	《陶然之窗》第289期
10月16日	街道	以"乐享青春·悦动陶然"为主题的第三届职工运动会	600余名职工	在北京市第十五中学体育场	《陶然之窗》第288期
10月	社区服务中心	体验"老字号"服务	100余人	清华池	《陶然之窗》第288期
11月22日	街道社区服务中心	"爱烘焙，爱生活"讲座	101余人	服务中心	《陶然之窗》第292期
11月28日	红土店	第五届百家宴	100位居民	红土店社区活动馆	《陶然之窗》第292期

在这次调研中，调研组对街道8个社区进行了走访，了解、观看了一些文体活动的排练情况和现场演出，尤其对"陶然地书"这样的重大文体活动进行了参与式调研，得到了很多第一手的资料。除了对《陶然之窗》的定量分析外，调研组还从对各社区主管文体活动领导的调研中得到了一些描述和估计的数据。

各社区的文体活动呈现"三少一难"的情况。第一，活动场地少，目前街道除各社区的多功能厅兼有文体活动室功能、地下人防工程改造的场地外，地上没有专门的文体活动场所。第二，参与人员少，日常主要是老年人和儿童，而且每个社区经常参加活动的也就百十人。第三，活动品类少，主要集中在合唱、舞蹈、太极拳、乒乓球、手工编织这几类（见表2）。同时，由于专项资金较少、申请程序复杂、专职人员缺少，各社区都反映活动组织难。

表2 各社区常年活动已经成形的文体队伍

社区	团队	人数
龙泉	合唱	70多人
	舞蹈	近40人
	葫芦丝	20多人
	京剧	14~15人
红土店	乒乓球	10多人
	太极拳	10多人
	合唱	10多人
南华里	合唱	50~60人
	太极拳	20多人
	手工编织	15~16人
	舞蹈	10多人
黑窑厂	合唱	20多人
	京剧	5人左右
	太极拳	20多人
	诗社	20~30人
福州馆	合唱	40~50人
	书法绘画	10多人
	手工编织	10多人
	摄影	10多人
	乒乓球	10多人
粉房琉璃街	舞蹈	10人左右
	手工编织	8人左右
米市	太极拳	一队50多人,二队30人左右(高水平)
	舞蹈	一队30多人,二队15人左右(高水平)
	合唱	38人
	书法绘画	11人
	摄影	12~13人
	轮滑	10多人
新兴里	瑜伽	10多人(包含其他社区)
	合唱	近20人
	八段锦	10~20人

151

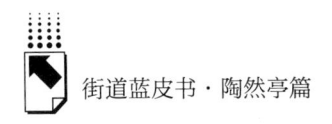

二 陶然亭街道文体中心建设情况

陶然亭街道文体中心位于陶然亭地区东北部，两广路与虎坊桥十字路口向南30米马路西侧北京工人俱乐部后方，原为虎坊桥人才市场。东面是北京工人俱乐部排练楼，南面靠福州馆街，北面邻湖广会馆，西面接福州馆小学。

根据提供的图纸，这一建筑有两层，每层可使用的空间，长18.9米，宽26.8米，改造面积为532.2平方米，整栋改造面积为1082.94平方米。里面原有隔断都可打掉，重新安排布局。另外，整个建筑顶部还可以改造出一个露台，供休憩使用。

由于建筑比较破旧，除主体框架外，整个建筑需根据实际需要做较大改造，并重新进行规划布局。

两层室内面积（不包括屋顶），如果除去楼梯（56平方米）、卫生间（57平方米）、过道（30平方米）、墙体（20平方米）等，根据粗略估算，可以用于功能分区的使用面积大概有920平方米。

建筑四周有部分道路可以改造为停车区域和活动区域，邻近的平房也可以作为后勤用房和活动室。

（一）陶然亭街道文体中心建设的背景

为加快落实中央提出的构建现代公共文化服务体系和建设"四个中心"要求，2015年6月，北京率先印发了"1+3"公共文化政策文件。2015年12月，西城区召开街道基层公共文化推进会，对照北京市提出的公共文化服务示范区创建标准进行了分析，并通报了各街道的完成情况。对照标准，西城区在硬件设备上尚有较大差距：突出的难点是空间场地问题，其次是人员编制问题，弱项是数字工程、信息工程、共享工程。这三个问题中，空间场地问题最为严重。根据创建标准，街道综合文化中心建筑面积要求是：常住人口＞4.5万人，设施建筑面积≥2000平方米。西城区15个街道人口都应多于4.5万人，建筑面积都应在2000平方米及以上，而全区有7个街道没有达标，陶然亭是其中之一。面对这种情况，陶然亭应积极落实综合文化中心建设任务。

同时，陶然亭作为文化街区，应以文化为切入点，通过文化内涵和文化底蕴展现城市魅力。合理规划使用街道公共文化资源，利用协商民主的传统优势，引导社会各界共同参与到问题解决和工作落实的过程中，将社会治理作为实现路径，形成社会治理和文化建设的新突破。在这个过程中，文体中心的建设将是一个重要平台，其不仅在硬件上提升了城市品质，还可以成为社会组织的孵化器，进一步承载社会治理的功能。

根据以上情况，调研组采取了文献梳理与实地调研相结合、综合多项研究结论确定需求点和创新点的方法（见图6）。核心内容是对文体中心各种要求、需求和预期进行综合分析，并由此来确定最后方案的各项内容。

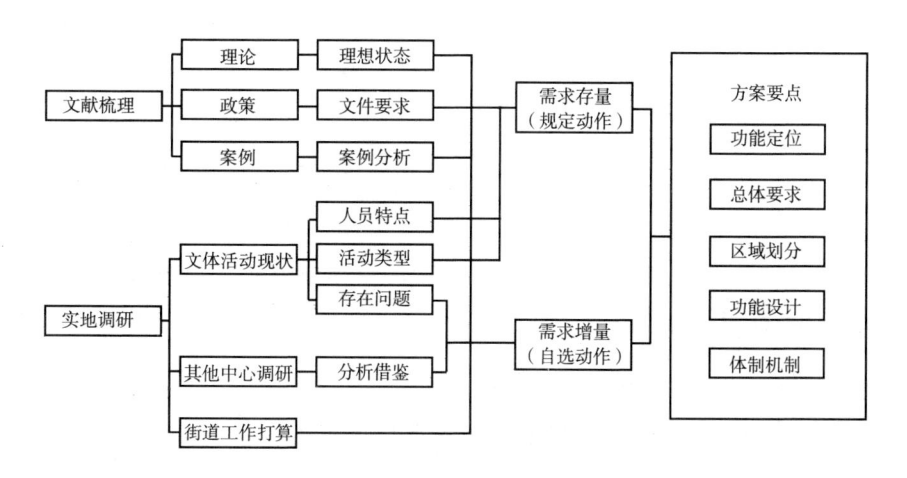

图6 陶然亭街道文体中心技术路线图

（二）陶然亭街道文体中心的功能定位

街道文体中心是政府向居民开展公共文化服务的重要载体。对于街道来说，其是贯彻落实文化政策、加强文化宣传、开展文化教育、提供文化服务、发展文化事业的重要平台。对于社区来说,其功能定位对社区文化服务中心的建设、社区文化服务的开展具有重要的指导作用。对于辖区居民来说,其是开展文化活动、进行文化学习和体育健身等文体活动的重要场所。

根据《北京市基层公共文化设施建设标准》,街道文体中心应提供的基本公共文化服务和文化产品主要包括:听广播,上互联网、看电视、看电影、看书、看报、看政府公开信息,参加文艺辅导培训、演出排练、文艺创作、文化活动、体育健身,接受党员教育、校外教育(含学生自习)、老年大学教育、科学技术和卫生保健,欣赏文艺演出、文艺作品、展览展示二十大类。

(三)陶然亭街道文体中心的功能与设施布局

陶然亭街道根据《北京市基层公共文化设施建设标准》《首都公共文化服务示范区创建标准》,参考西城区、东城区、朝阳区以及上海等地文体中心的建设标准,并结合街道文体活动开展的实际情况,将街道文体中心功能布局分为展演中心、管理中心、活动中心、交流中心四个板块。

1.展演中心

包括多功能厅、小剧场、社区影院、展览厅,用于召开会议、讲座,进行演出、排练、展览等。

多功能厅:300平方米,座位在100席以上,配置灯光、音响、数码放映设备、大屏幕、投影机、活动桌椅等,并配有化妆更衣间和音控室。可以用于举行报告讲座、小型集会、联谊活动、数码电影放映、文艺表演等。

小剧场(排练厅):200平方米,具有开展各种文艺节目排练和演出所必需的灯光、音响、乐器、舞台、幕布等基本设施。有可以移动的舞台;有隔板设计,可以将空间分隔为更多独立空间;配可折叠活动椅,满足群众性文艺作品演出、排练和群众观演的需要。

社区影院:200平方米,60人座,内设投影机、大屏幕,配合灯光和影院座椅。基本达到专业影院级别的效果。可提供电影放映、举办讲座、演讲比赛等服务。

展览厅：300平方米，可结合走廊、公共大厅布置，用于作品展示、形势宣传、科普展览、藏品陈列，配置陈列设备、活动展板及其他展示材料。运用VR虚拟影像、三维数字沙盘、各种形式的触屏和投影等多媒体技术，利用先进的声光电设备，结合各种艺术手段，展现陶然的历史文化和建设成果。

2. 管理中心

包括文体协会、志愿者办公室、会议室、外联办公室、保安室等，进行各方面的服务管理。

办公室：作为工作人员的办公、管理用房。可根据实际情况设计大小，但每间面积不少于12平方米，总面积不超过总建筑面积的10%。

会议室：30平方米，配备环形桌台、投影机和音响设备，可容纳20人召开会议。

接待室：30平方米，内部装修有档次，配备沙发，用于接待重要人物。

配套用房：设备间、杂物间、卫生间及其他。

3. 活动中心

包括图书馆、舞蹈大厅、棋牌室、器乐房、儿童之家、书画摄影室、乒乓球室、台球室、健身房，满足各个年龄层次居民的文化娱乐需求。

图书馆：150平方米，藏书数量达到10000册以上，订阅报刊10种以上，每年更新率不低于5%。配有整齐的图书、报刊架和阅览桌椅，阅览座席30人以上。有接受过专业培训的图书管理员，能开展正常的借阅活动。电子阅览区，配备10台电脑，有宽带接入，建有全国文化信息资源工程基层服务点，能够通过互联网等途径利用文化共享工程资源，实现远程流媒体互动。

舞蹈大厅：100平方米，至少一面墙壁装玻璃镜面，木质地板，用于开展舞蹈、瑜伽、健身操等形体类活动。

棋牌室：40平方米，配备桌椅，有象棋、围棋、军棋、扑克、麻将等娱乐设备，方便群众开展休闲娱乐活动。

器乐房：40平方米，装修应考虑吸音材料，用于社区学校器乐教学以

及排练。

儿童之家：50平方米，设置0~6岁儿童的游乐场，配备显示屏、话筒等教学设备。为社区内儿童提供启蒙教育和健康指导，也可以借此吸引年轻父母参加其他活动。

书画摄影室：60平方米，有适合开展书画交流活动的笔、墨、纸、砚、画案、毛毡等用品；充分考虑摄影的灯光要求，墙壁应设计成展示区域，配备相应装置以便于作品展示。

乒乓球室：60平方米，2张乒乓球台，考虑地板的防滑性。

台球室：100平方米，需要配备斯诺克台球桌1张，美式落袋台球桌、花式九球台球桌共4张，球杆、台球、记分显示等运动器材和设备。室内照明充足，光线柔和。

健身房：150平方米，需要配备跑步机、椭圆交叉机、卧式脚踏车等三种以上健身设备。

4. 交流中心

包括吧台茶座、培训教室、非物质文化遗产工作室、社团办公室，用于开展各种课程，并通过各种交流活动，巩固发展各类社会组织。

吧台茶座：100平方米，应充分利用开放的公共区域，用于休息、用餐、谈话，也可以开展形式活泼的交流、讲座和心理咨询。建议这一区域考虑引入市场机制以提供优质服务。

培训教室：60平方米，有桌、椅和必要的照明设施，配备投影机、话筒等基本教学设施，能容纳至少30人参加学习。主要用于举办各类文化艺术培训和实用知识培训，也可以用于老年学校、阳光之家、社区学校的教学活动。

非物质文化遗产工作室：100平方米，有适合展览用的展柜、展橱，有传承人的工作室，每间不小于12平方米，最好采用全玻璃的结构形式以便于参观。对辖区内的非物质文化遗产项目进行普查、收集、整理，建立非物质文化遗产资料档案陈列室，使这些元素具象化，从而有利于普及和传承陶然文化。

社团办公室：60平方米，共5间，每间12平方米，有桌、椅和必要的照明、用电设施，主要作为成形的社会组织的办公场所。

三 陶然亭街道文体中心运行存在的问题

陶然亭街道文体中心由于建成时间尚短，作用发挥尚不充分，在运行过程中面临文化服务供给主体单一、文化服务形式不丰富等问题。具体来看，有以下三个方面的问题。

（一）文化服务供给主体单一，以街道为主

目前，陶然亭街道文体中心开展的文化服务主要由街道供给。服务供给主体相对单一，导致了文化服务供给与居民服务需求之间存在矛盾。其一，服务数量不足。街道单一主体提供的服务数量难以匹配日益增长的居民服务需求。其二，服务质量不高。街道主体提供的文化服务以公共文化服务为主，较专业性社会组织提供的服务质量相差甚远。其三，社区文体组织的主体作用发挥不充分。社区文体组织属于居民自发形成的社区组织，陶然亭街道文体组织的主要作用就是组织开展文体娱乐活动，但其提供文化服务的作用发挥不充分。

（二）文化服务形式单一，针对性不强

目前，陶然亭街道文体中心开展的文化服务主要为组织开展常规性的文体活动，服务形式不丰富，针对性不强，难以体现陶然文化特色。一方面，专业指导型的服务不多。陶然亭街道的合唱队、舞蹈队等文体组织数量较多、分布零散，由于缺乏针对性强的专业指导，整体水平不高。另一方面，文化服务形式不丰富，覆盖范围不广。由于文化服务形式的限制，陶然亭街道的文化服务对象以老年人为主，针对小、中、青等群体的文化服务内容较少，难以满足居民的服务需求。

（三）文化服务体系不完善，中心作用发挥不大

目前，陶然亭街道在文化服务体系建设方面已经取得了一定进展，建立了街道文体中心、乒乓球长廊及多处健身工程，但是街道文化中心的作用发挥尚不充分。一方面，由于街道文体中心的自身场地限制，难以像堡头地区文化中心等大型文化中心一样打造地区文化地标，文体中心的影响力不足；另一方面，由于街道的文化服务体系不完善，街区整体的文化设施配置不足，街道文体中心对社区文化活动中心的指导作用不够，尚未形成以街道文体中心为核心、具有陶然特色的文化服务体系。

四 关于陶然亭街道文体中心运行机制建设的建议

由于空间等条件所限，陶然亭街道文体中心应以布局设计和运营机制为突破口，创新出更多工作亮点。街道要加快探索公共文化和体育活动的新模式，积极推进理念、机制、运行方式等方面的创新，坚持做到四个结合（老人、儿童和中青年人相结合，政府投入和市场运作相结合，公共设施和商业机构相结合，线上团体和线下交流相结合），实现政府从"办文化"向"管文化"的转变，使文化中心成为居民加快实现"陶然式美好生活"的一个重要载体和方式。

（一）加大服务购买力度，促进社会合作，建立多元供给的公共文化服务体系

针对文化服务供给主体单一的问题，陶然亭街道急需加大服务购买力度，并发挥街区文体资源丰富的优势，加强地区资源整合，加快形成多元供给的文化服务格局。一方面，街道要加大政府购买和社会资金募集力度，通过政府投入、社会募集资金等多种渠道，扩大对文化服务的资金支持，并通过政府购买服务、商业合作等形式促进专业性社会组织提供专业服务，提升文化服务的专业化水平。另一方面，街道要加强对地区文体优势资源以及志

愿资源的整合，通过形成"文体领袖＋专职社工＋志愿者"的工作机制，打造文化服务骨干团队，满足居民文化服务需求，提升街区文化服务水平。

（二）结合实际情况，对接居民需求，促进公共文化活动多样化、特色化

针对文化服务形式不丰富的问题，陶然亭街道要结合实际情况，依托网格化管理模式，对接居民需求，加强文体中心对文体队伍的指导，加快文体活动形式创新，不断提升街区文体活动水平，着力打造具有陶然特色的文体活动。一方面，针对文体活动队伍分布散、水平低的问题，陶然亭街道要充分发挥文体中心的指导作用，加强对文体队伍的摸排与资源整合，促进各个社区文体队伍的融合发展、专业化发展，为街区治理提供一种文化凝聚力。另一方面，针对文化服务覆盖范围不广的问题，陶然亭街道要充分发挥文体中心作用，结合小、中、青等群体的活动需求和特征，用专业的社会工作方法开展学习培训、交友联谊、志愿服务、文化艺术、体育比赛等活动，推行"一站式"文化服务，打造具有陶然特色的文化活动品牌，加快实现"陶然式美好生活"发展目标。

（三）推进社区综合活动中心和文体设施建设，形成以街道文体中心为核心的文化服务网络

针对文化服务体系不完善、文化设施配置不足的问题，陶然亭街道要加快推进以街道文体中心为核心的文化服务网络建设。首先，街道要根据人口与地区的实际情况设置社区文体活动中心的延伸服务点，除了社区综合活动中心外，在居民小区建立文体设施和站点，形成中心辐射的互动服务网络。其次，街道要借鉴大栅栏街道的经验，加强对老字号企业、商务楼宇等地区资源的协调与整合，拓展街区文化教育活动场所，实现共促共建。最后，街道要借鉴堡头地区文化中心的经验，以文体中心为依托成立文化自治委员会，以街道为指导，推进居民文化自治。

B.10 关于陶然亭街道党员教育管理服务中心的调研报告

摘 要： 近年来，在北京市提出大力推进党群活动服务中心建设的背景下，西城区提出要全力打造"一街一品"党群活动服务中心。陶然亭街道作为西城区的15个街道之一，在充分了解街道党建现状的基础上，结合街道没有楼宇、没有场地的实际，协调多方力量寻找场地，提出了加强党员教育、管理、服务的工作重点，最终成立了党员教育管理服务中心。为进一步了解党员教育管理服务中心的建设运行情况，本报告在前期调研的基础上，对陶然亭街道党建的基本情况、党员教育管理服务中心的建设情况进行梳理，就党员教育管理服务中心存在的问题进行思考，最终提出要以形成陶然党建文化特色为主线，重点从组织架构、工作机制、工作制度方面着手，不断扩大党员教育管理服务中心的服务人群，加快推进区域化党建，统领街道各项工作的建议。

关键词： 陶然亭街道 党员教育 党员管理 党员服务 党员教育管理服务中心

一 陶然亭街道党组织和党员基本情况

陶然亭街道内有社区党组织、机关党组织、非公党组织三类党组织，共有8个社区党委46个党支部2299名党员。街道总体呈现党组织多、党员多的特点。从党组织类型来看，三类党组织各有特点。

社区党组织建制全、支部多、党员多。陶然亭街道的主要构成就是居民区，因此社区党组织在三类党组织中规模最大。社区党组织包括米市社区党委、粉房琉璃街社区党委、福州馆社区党委、南华里社区党委、新兴里社区党委、黑窑厂社区党委、龙泉社区党委、红土店社区党委8个社区党委30个党支部2031名党员（见表1），是三类党组织中建制最全、支部数量最多、党员数量最多的党组织。

表1 陶然亭街道8个社区党组织基本情况一览

社区党委	支部数量(个)	党员数量(人)
米市社区党委	4	226
粉房琉璃街社区党委	2	120
福州馆社区党委	3	147
南华里社区党委	4	327
新兴里社区党委	4	199
黑窑厂社区党委	5	445
龙泉社区党委	5	338
红土店社区党委	3	229
合计	30	2031

资料来源：根据2017年调研时陶然亭街道党员教育管理服务中心提供资料整理。

机关党组织支部数量最少。由于街道工委的组织架构相对固定，因此支部数量相对较少。机关党组织包括陶然亭街道工委党支部、工委党支部办事处第一党支部、工委党支部办事处第二党支部、事业单位党支部、离休处退党支部、机关退休党支部6个党支部192名党员（见表2），是三类党组织中支部数量最少的党组织。

表2　陶然亭街道机关党组织基本情况一览

单位：人

支部名称	党员数量
陶然亭街道工委党支部	27
工委党支部办事处第一党支部	24
工委党支部办事处第二党支部	35
事业单位党支部	20
离退休处党支部	23
机关退休党支部	63
合计	192

资料来源：根据2017年调研时陶然亭街道党员教育管理服务中心提供资料整理。

非公党组织党员数量最少。陶然亭街道的主要构成是居民区，没有商务楼宇，只有按照党组织要求零星设立的非公党支部，党员数量较少。非公党组织包括菜市口五金交电有限公司支部委员会、华海昌泰联合支部委员会、京广五金交电有限公司支部委员会、菜市口文化用品有限公司支部委员会、南来顺分店支部委员会、梦求建筑装饰工程有限公司支部委员会、陶然北岸底商联合支部委员会、京都瑞城大厦联合支部委员会、非公企业第一联合党支部（功能型）、非公企业第二联合党支部（功能型）10个党支部76名党员（见表3），是三类党组织中党员数量最少的党组织。

表3　陶然亭街道非公党组织基本情况一览

单位：人

支部名称	党员数量
菜市口五金交电有限公司支部委员会	5
华海昌泰联合支部委员会	4
京广五金交电有限公司支部委员会	15
菜市口文化用品有限公司支部委员会	7
南来顺分店支部委员会	3
梦求建筑装饰工程有限公司支部委员会	2

续表

支部名称	党员数量
陶然北岸底商联合支部委员会	2
京都瑞城大厦联合支部委员会	6
非公企业第一联合党支部（功能型）	10
非公企业第二联合党支部（功能型）	22
合计	76

资料来源：根据2017年调研时陶然亭街道党员教育管理服务中心提供资料整理。

二 陶然亭街道党员教育管理服务中心的实践

陶然亭街道党员教育管理服务中心建筑总面积为192.2平方米（套内面积为184.86平方米），于2017年5月18日正式运营。党员教育管理服务中心的主要工作由一名专职社工负责，中心由街道工委直接领导，重点围绕党员的教育、管理、服务三个重点开展工作，设施建设基本完善。

（一）陶然亭街道党员教育管理服务中心成立的背景

为认真贯彻党的十八届六中全会精神，深入推进区域化党建和基层服务型党组织建设，不断强化基层党组织服务党员、群众的能力，实现党员教育管理常态化，陶然亭街道按照西城区打造"一街一品"党群活动服务中心的要求，结合街道实际，着力推进街道党员教育管理服务中心建设工作。中心于2017年5月18日正式运营。

1. 西城区打造"一街一品"党群活动服务中心的要求

近年来，在北京市提出大力推进党群活动服务中心建设的背景下，西城区提出要全力打造"一街一品"党群活动服务中心，将其和区域化党建、基层服务型党组织建设等重点工作紧密结合，重点在规范建设、功能提升、运行高效等方面着手，推进15个街道的党群活动服务中心全覆盖，构建"一街一品"特色格局。陶然亭街道作为西城区的15个街道之一，立足街道党建现状，结合街道没有楼宇、没有场地的实际，协调多方力量寻找场地，提出了加强党员教育、管理、服务的工作重点，最终成立了党员教育管理服务中心。

2.陶然亭街道解决地区党员教育管理服务问题的需要

区域化党建工作需要充分发挥党员的带头作用，基层服务型党组织建设需要做好对党员的全方位服务。因此，这两项重点工作对党员的教育、管理、服务均提出了要求。陶然亭街道有2000多名党员，加强党员的教育、管理、服务，有助于凝聚党员力量、发挥党员的先锋模范作用，为推进区域化党建、基层服务型党组织建设提供重要的队伍基础。党员教育管理服务中心的成立，则为加强党员的教育、管理、服务提供了重要的阵地条件。

3.陶然亭街道解决非公党建没有工作场地问题的举措

非公党建是基层党建的重要组成。陶然亭街道没有楼宇，在党员教育管理服务中心成立之前，非公党建工作没有场地而难以开展。党员教育管理服务中心的成立，则为非公党建工作提供了平台。目前，陶然亭街道楼宇社会工作服务站、陶然亭街道非公企业第一联合党支部、陶然亭街道非公企业第二联合党支部都已入驻党员教育管理服务中心。

（二）陶然亭街道党员教育管理服务中心的定位

党员教育管理服务中心坚持"区域统筹、开放共享、高效统一"的原则，面向区域内所有党组织、党员群众开展服务，在党员教育管理上做到"严"、在服务党员群众上做到"活"，是从严治党的阵地、服务党员群众的平台。其与辖区党组织实现共建共享，进一步激发区域化党建的内在活力，为实现区域化整体发展、共创"陶然式美好生活"的奋斗目标发挥示范引领作用。

1.从严治党的阵地

从严治党是"四个全面"（全面建成小康社会、全面深化改革、全面依法治国、全面从严治党）的重要内容之一。为深入贯彻落实中央要求，党员教育管理服务中心将重点从党员的教育、管理着手，全面推进从严治党。一方面，加强党员的思想教育，坚定其理想信念，提升其思想政治意识。另一方面，按照从严治党的要求，加强党员的管理，严格按照党章办事，在党内生活讲党性、讲原则，严格按照党章规定的标准发展党员，严格执行党的纪律。通过从严治党，有效发挥党员的带头示范作用，加快推进区域化整体发展，实现共创"陶然式美好生活"目标。

2. 服务党员群众的平台

加强基层服务型党组织建设，是当前基层党建的重要任务。党员教育管理服务中心将以服务党员为切入点，不断扩大服务人群，实现服务地区党员、流动党员、地区群众等服务群体的全覆盖，加快推进基层服务型党组织建设，加快凝聚地区发展合力，加快推进区域化整体发展，实现共创"陶然式美好生活"目标。

3. 与辖区党组织实现共建共享

共建共享是区域化党建的基本要求。党员教育管理服务中心将通过提供场地资源、学习资源等形式加强与辖区党组织的联系，并着力推进与辖区党组织的资源共享，加快推进共建共享，加快推进区域化党建，以区域化党建引领区域化整体发展，实现共创"陶然式美好生活"目标。

（三）陶然亭街道党员教育管理服务中心的基础设施建设和功能分区

党员教育管理服务中心按照"一室多用"的原则，实行敞开式服务、窗口式办公、规范化管理，向党员、群众和辖区单位党组织开放。主要功能包括政策咨询、信息查询，交流沟通、收集意见，教育培训、党性锻炼、能力提升，活动展示、志愿服务、会议场地等。具体划分为接待区、先锋驿站、多功能厅、党员能力提升工作室、党代表工作室、党员之家六个功能区域。

1. 接待区

接待区面积为15平方米，在设计上体现了陶然特色，"一个支部一盏灯，一个党员一面旗"。主要开展党员服务、党务信息查询，为党员群众提供政策咨询，收集党员群众意见、建议等工作。同时，接待区还要负责对相

关工作进行预约登记和统筹安排。

2. 先锋驿站

先锋驿站面积为19平方米，设置"对党忠诚，用心服务"党建理念墙，介绍街道党员管理服务中心理念和功能分区。主要开展党建工作宣传，搭建党员群众交流、联谊的平台。驿站墙上对8个社区的先进党员风采进行集中展示，驿站内设立电脑、电视、阅读栏等供党员学习使用。

根据工作人员的调研反馈，以后的"先进党员风采"将主要展示"陶然党员先锋行"的党员先锋，让中心工作跟重点工作联系更加紧密。"陶然党员先锋行"原名为"党员+"，主要是为发挥社区老党员在街道治理中的带头作用，带动居民参与。改名后的模式将转变为社区党员带动居民参与重点工作，实现与背街小巷治理、"红墙意识"等重点工作的结合。

3. 多功能厅

多功能厅面积为56平方米，全面体现党要管党、从严治党内容。新形势下党内政治生活若干准则、《中国共产党党内监督条例（试行）》等制度上墙，制作入党誓词展板，进行集中宣传教育；展示党建项目引领、"大工委"组织架构等区域化党建成果，并展示阶段性的党建工作重点，如"红墙意识"等。多功能厅主要用于党员教育培训与管理服务，开展党课、报告、宣讲、专题片放映、小型演出、文艺排练、游艺等活动，为党员群众开展文体活动。

4. 党员能力提升工作室

党员能力提升工作室面积为14平方米，主要工作为围绕"一增强，两提升"工程，搭建党员教育管理、党员发挥作用的平台，实现党员互学、互促，为在职党员、流动党员开展各类志愿服务提供空间，促进党员意识、党员作用双提升。目前，党员能力提升工作室提供图书、电脑等。

根据工作人员的调研反馈，以后党员能力提升工作室的墙面将主要展示重要党建活动风采，成为党组织、党支部沟通交流的重要平台。

5.党代表工作室

党代表工作室面积为17平方米,主要工作为促进党代表履职。党代表职责、党代表工作室工作制度、党代表接待党员群众工作流程上墙,安排区、街党代表工作日到场接待党员群众,设立党代表与党员群众的谈心空间,加强感情联络。

6.党员之家

党员之家面积为32平方米,主要为党员群众提供召开定期会议、学习教育、培训场地。通过社区微党课、阅读学习、网络教育、党员召开会议等形式,经常开展党的理论学习、"三会一课"、远程教育、党内会议等党组织活动和党员教育工作。

(四)陶然亭街道党员教育管理服务中心的工作开展情况

由于成立时间尚短,党员教育管理服务中心尚处在理顺工作机制、建立合作关系阶段。中心以陶然"红色阵地"每月一场主题活动的形式,围绕建党96周年、党的十九大等主题开展了一系列活动,取得了一定成效。

为纪念建党96周年,重温党的历史和优良传统,发挥党建引领作用和党员带头作用,陶然亭街道党员教育管理服务中心开展了庆祝建党96周年主题党日活动及系列活动。活动上,街道工委命名了首批十名"陶然党员先锋",老党员带领新党员重温入党誓词,为每名党员发放"红色充电宝"(见图1)。

围绕党的十九大,陶然亭街道党员教育管理服务中心从会前保障和会议学习两个方面着手,加强服务保障和精神学习。会前,中心组织开展"铸忠诚、勇担当、创佳绩"专题讨论,认真学习习近平总书记的讲话精神,凝聚街区党员的广泛共识。会中,中心贯彻落实街道工委要求,带头开展党的十九大学习教育,观看党的十九大开幕式,学习党的十九大报告,深入领会中央精神,推动中心党员教育、管理、服务三项工作的有序开展。

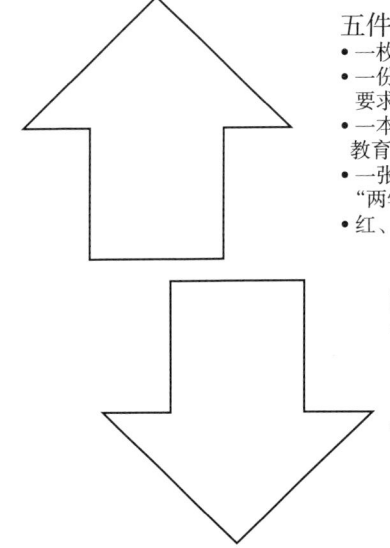

五件物品
- 一枚"党徽":时刻提醒党员牢记身份
- 一份共产党员先锋承诺书:党员需按照"五比五看"要求履行职责
- 一本"西城区共产党员活动手册":承载着党员自我教育、纪实管理、年度考评三大功能
- 一张"党员/党员领导干部任务清单":进一步明确"两学一做"学习教育常态化、制度化的要求
- 红、黑两支笔:供党员做记录时使用

两个功能
- "充电":参加学习教育和组织生活,可以让党员汲取能量、开阔眼界、提高认识、增强本领,更加坚定自己的理想信念和共产主义信仰,进而不断增强党组织的凝聚力和战斗力
- "放电":党员的职责使命,就是要在党的领导下,带领广大人民群众推动社会不断发展进步,为了人民的幸福生活敢于攻坚克难、勇挑重担,不忘初心、践行承诺

图1 陶然亭街道"红色充电宝"的内容及意义

资料来源:根据2017年调研时陶然亭街道党员教育管理服务中心提供资料整理。

另外,根据工作人员的调研反馈,党员教育管理服务中心将重点借助社会力量开展活动。一方面,党员教育管理服务中心与社源传媒形成了合作关系,将不断创新党建活动方式,陆续开展"红色家庭""红色召集令""红色诵读班""介绍人,我汇报""党员老物件展览"等活动。另一方面,党员教育管理服务中心将与区委党校合作,充分发挥西城区委党校的智力优势,由区委党校提供师资支持,对党员进行教育培训。

(五)陶然亭街道党员教育管理服务中心的制度建设

由于成立时间尚短,党员教育管理服务中心的制度尚不完善,因此主要是按照上级要求建立基本制度。目前,中心已针对党代表工作室的工作,建立了党代表工作室工作制度、党代表接待党员群众工作流程(见图2)。

图 2　党代表接待党员群众工作流程

资料来源：2017 年调研时，陶然亭街道党员教育管理服务中心提供。

三　陶然亭街道党员教育管理服务中心存在的问题

党员教育管理服务中心由于成立的时间较短，特点尚不突出，在人员、机制、制度等方面的建设有所欠缺，对于中心的有序运行和活动开展存在一定影响，主要体现在以下四个方面。

（一）人员配置不充足

目前，党员教育管理服务中心的主要工作由一名专职社工负责，包括接待人员、组织活动以及处理日常的事务性工作。在组织活动、接待来访人员时，人员不够的问题尤其突出。同时，各个功能区域的利用和维护需要有专人负责，一名社工难以兼顾多项任务。

（二）工作机制不完善

目前，党员教育管理服务中心尚处在理顺工作机制阶段。除了党代表工作室的工作机制（见图3）外，功能区的运行机制、活动开展机制等多项工作机制尚未建立，与社源传媒、区委党校、志愿者机构等第三方力量的合作机制尚不完善，中心工作的开展受到了一定的影响。充分完善工作机制，实现工作有序开展成为当前的迫切任务。

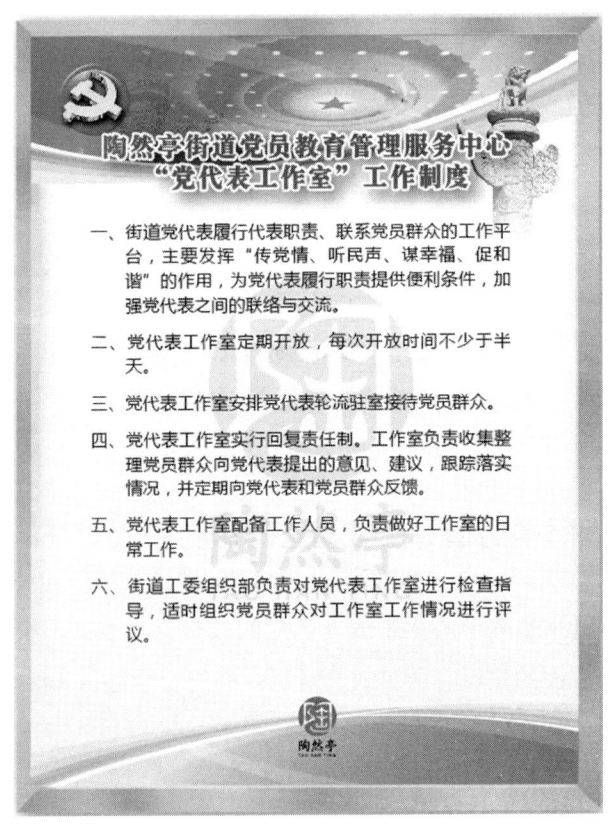

图3 "党代表工作室"工作制度

资料来源：2017年调研时，陶然亭街道党员教育管理服务中心提供。

(三)管理制度不健全

由于成立时间尚短,党员教育管理服务中心的制度建设尚不健全,目前,党员教育管理服务中心只有党代表工作室建立了相关的工作制度,而在学习、运行管理、档案管理、硬件管理等方面都缺乏相应的制度。需要结合党员教育、管理、服务三项工作,以中心的实际运行管理为主线,加快建立相关的管理制度,提升中心的运行实效。

(四)整体特点不突出

党员教育管理服务中心与党群活动服务中心最大的区别在于将党员的教育与管理、服务相结合,三项工作同步开展。目前,党员教育管理服务中心的工作主要围绕提供场地、开展活动、学习培训等开展,与传统的党群活动服务中心工作差别不大,特点不明显。下一步,需要充分体现党员教育、管理、服务三项工作同步推进的特征,实现建立的根本目标,打造具有陶然特色的党员教育管理服务中心。

四 关于陶然亭街道党员教育管理服务中心下一步工作的建议

由于尚在成立初期,陶然亭街道党员教育管理服务中心在人员、机制、制度等方面的建设存在一定不足,特点也不够明显。下一步,在推进党员教育管理服务中心建设的过程中,要以形成陶然党建文化特色为主线,重点从组织架构、工作机制、工作制度方面着手,不断扩大中心的服务人群,加快推进区域化党建,共同实现"陶然式美好生活"目标。

(一)借鉴党群活动服务中心建设标准,完善组织架构

工作人员数量的不足一方面难以满足开展咨询、指导、协调等日常

管理和服务工作的需求，另一方面难以满足中心除节假日外无休的运行要求。党群活动服务中心虽然与党员教育管理服务中心有所区别，但其在组织架构方面的标准值得借鉴，包括书记、委员、工作人员的设立等。党员教育管理服务中心要借鉴其建设标准，设立中心书记1名、委员若干名、工作人员若干名。书记由街道工委书记兼任，委员由主管工作的2名及以上副书记兼任，工作人员要在当前1名专职社工的基础上，至少加配1名，为中心工作的开展提供必要的组织保障，确保工作的有序运行。

（二）从内外两方面着手，完善工作机制

党员教育管理服务中心的工作机制主要涉及内部和外部两个领域。内部机制重在实现内部的有序运行和管理，外部机制主要实现与第三方的有机联系与合作。

内部机制主要涉及中心内部的运行、活动开展等，要建立与内部管理相关的机制与流程，如预约登记、活动开展等，实现内部的有序运行和管理。

外部机制主要涉及社源传媒、区委党校等第三方机构，也包括志愿者等第三方力量。在与社源传媒的合作中，要明确双方职责，有效发挥社源传媒在活动开展中的专业性，不断创新活动方式，提升活动成效。在与区委党校的合作中，要明确双方职责，有效发挥区委党校的智力作用，加强对地区党员和干部的培训，不断提升党员的思想水平和专业水平，为区域化党建工作的开展提供人才支持。要建立志愿者参与机制，充分发挥志愿者的能动作用，将其作为维持党员教育管理服务中心日常管理和运行的力量补充，解决党员教育管理服务中心人员配置不足的问题。

（三）结合教育、管理、服务三项重点工作，完善工作制度

党员教育管理服务中心的工作重点就是做好党员的教育、管理、服务三

项工作。在完善工作制度的过程中，要结合三项重点工作，推进制度建设，以制度规范工作的开展，不断提升制度化、规范化、标准化水平。

在党员教育方面，要健全完善学习制度。可以借鉴各地经验，建立集中学习、个人自学、学习记录、学习总结等制度。集中学习，可以通过定期与不定期结合的形式，开展书记讲课、专家讲座等，不断提升党员的理论水平。个人自学，可以由中心确立学习主题，党员就相关主题进行个人学习。学习记录，是在集中学习、个人自学的过程中，对学习内容、个人体会进行记录，要做到一次一记、一年一归档。学习总结，是学习记录的升级版，一般半年或一年一结。

在党员管理方面，要不断创新管理方式，加强党员的日常管理。将党员教育管理服务中心作为区域化党建的重要载体，在"三会一课"、党内生活会等常规方式的基础上，结合"红墙意识"等重点工作不断创新管理方式，把党员纳入组织管理中来，落实党员生活制度、党员定期向党组织汇报思想和工作制度、党日制度、党员缴纳党费制度、民主评议党员制度、转移党员组织关系制度、党籍管理制度、流动党员管理制度，加快实现党员管理的全覆盖。

在党员服务方面，要推进党员服务标准化。基层服务型党组织建设是当前基层党建的一大重点。在推进党员服务制度建设的过程中，可以参考当前政府服务标准化的相关工作，推进服务工作的制度化、标准化，如建立岗位责任制、预约登记制、服务承诺制、限时办结制、一次性告知制、首问责任制等。

另外，党员教育管理服务中心在自身的运行管理方面也要建立相关的工作制度，如档案管理制度、硬件管理制度、台账制度等。通过制度的建立，推进中心工作的规范化。

（四）以开放性为导向，扩大服务人群

党员的教育、管理、服务是党员教育管理服务中心的三项重点工作。但是其工作对象、服务对象应该不仅限于这三项，要以开放性为导向，使中心

面向更多群体。在促进党员参与方面，要充分利用新旧媒体等多种途径发布信息，让更多的党员、群众知道活动、认识活动，提升党员群众的参与率。在流动党员教育、管理、服务方面，要以服务先行的理念，以服务促参与、以服务促管理，加强对流动党员的教育、管理和服务工作。在服务群众方面，要充分发挥党员的带头示范作用，通过党员带动群众参与，不断扩大党员教育管理服务中心在群众中的影响力。

（五）注重红色文化传承，打造党建特色

陶然亭公园是北京市爱国主义教育基地，公园内有众多的红色文化资源。陶然亭街道党员教育管理服务中心要充分发挥自身的红色文化资源优势，以多种方式加强红色文化传承，打造党员教育管理服务中心的党建特色。

利用红色资源，加强红色教育。党员教育管理服务中心要加强与陶然亭公园的沟通协调，利用陶然亭公园的红色资源，加强对地区党员的红色教育，不断提升其思想认识，坚定其理想信念，使其为建设"陶然式美好生活"的共同目标而努力奋斗。

讲好红色故事，促进文化传承。陶然亭公园是北京市爱国主义教育基地，李大钊、毛泽东、周恩来等革命先辈均在此从事过革命活动，高君宇和石评梅先烈安葬在公园内。党员教育管理服务中心要加强与陶然亭公园的沟通协调，挖掘红色历史资源，将其编印成册，以讲读宣传、展板宣传等形式，让党员群众重温红色故事，增强红色文化记忆，促进红色文化传承。

加强新老党员联系，体现感情文化。党员教育管理服务中心可以以感情为纽带开展系列活动，增强新老党员之间、党员与群众之间的联系，体现陶然党建的感情文化，体现党建的温度。一方面，可以通过老党员带领新党员宣读入党誓词、老党员讲红色历史等形式，加强新老党员的感情联系，以鲜活的例子加强红色文化传承。另一方面，可以通过新党员慰问老党员、党员慰问困难群众等形式，加强新老党员联系、党群联系，让更多的党员、群众感受到陶然的党建文化、党建温度，从而进一步凝聚党建合力。

参考文献

京组：《北京大力推进党群活动服务中心建设》，《中国组织人事报》2014年10月27日。

西城区委组织部：《西城区全力打造"一街一品"党群活动服务中心》，北京组工网，2015年9月28日。

吕昭斌：《如何提升党群服务中心效能》，《江淮时报》2016年7月8日。

左锋：《借重红色资源　传承革命文化》，《党建》2017年4月5日。

阳光：《实践·传承·再出发　陶然亭街道工委庆祝建党96周年主题党日活动》，千龙网，2017年7月1日。

陶然亭街道：《陶然亭街道开展"铸忠诚、勇担当、创佳绩"专题讨论》，西城党员驿家，2017年10月16日。

案例报告

Case Reports

B.11
陶然亭街道以楼宇"双向服务"创新非公企业党建的实践

摘　要：　楼宇"双向服务"是指由楼宇党组织向楼宇企业、楼宇员工提供服务，楼宇企业、楼宇员工又向社会提供服务的一种新型服务模式。在中央提出建设基层服务型党组织的大背景下，陶然亭街道结合街区发展实际，从楼宇党建和志愿服务入手，创新楼宇"双向服务"模式，在楼宇企业、企业职工和社会之间搭建了一个密切联系沟通的平台，带动了企业职工共同参与服务活动，增强了社会认同，促进了楼宇企业、职工的和谐发展、健康发展。

关键词：　陶然亭街道　非公企业党建　楼宇党建　"双向服务"

一 陶然亭街道开展楼宇"双向服务"的背景

楼宇"双向服务"是指由楼宇党组织向楼宇企业、楼宇员工提供服务,楼宇企业、楼宇员工又向社会提供服务的一种新型服务模式。陶然亭街道开展楼宇"双向服务"既是贯彻落实中央要求、推进基层服务型党组织建设的主要举措,也是凝聚街区合力、服务街区发展的重要途径。

(一)贯彻落实中央要求、建设基层服务型党组织的具体行动

2014年5月,为认真贯彻落实党的十八大和十八届三中全会精神,加强基层服务型党组织建设,中共中央办公厅印发了《关于加强基层服务型党组织建设的意见》(以下简称《意见》),对基层服务型党组织提出了总体要求和主要任务。《意见》提出了"六有"目标(见图1),对领导班子、骨干队伍、服务场所、服务载体、制度机制、服务业绩六个方面的工作提出了明确要求。

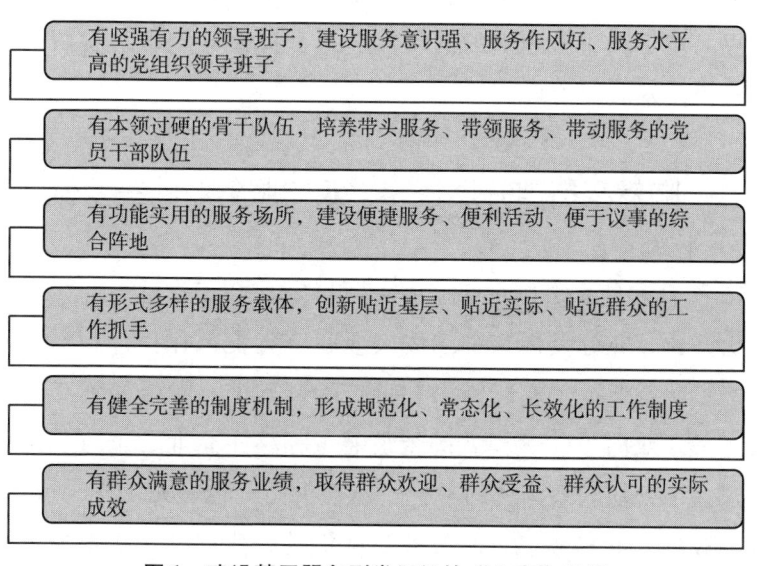

- 有坚强有力的领导班子,建设服务意识强、服务作风好、服务水平高的党组织领导班子
- 有本领过硬的骨干队伍,培养带头服务、带领服务、带动服务的党员干部队伍
- 有功能实用的服务场所,建设便捷服务、便利活动、便于议事的综合阵地
- 有形式多样的服务载体,创新贴近基层、贴近实际、贴近群众的工作抓手
- 有健全完善的制度机制,形成规范化、常态化、长效化的工作制度
- 有群众满意的服务业绩,取得群众欢迎、群众受益、群众认可的实际成效

图1 建设基层服务型党组织的"六有"目标

资料来源:中共中央办公厅:《关于加强基层服务型党组织建设的意见》,人民网,2014年5月28日。

楼宇作为非公有制企业的聚集地，是当前社会领域党建的重中之重。陶然亭街道地处首都功能核心区，贯彻落实中央要求是基本政治任务、推进楼宇服务型党组织建设则是贯彻落实中央要求的重点工作。楼宇"双向服务"则是陶然亭街道贯彻落实中央要求的重要途径。

（二）创新非公企业党建、服务街区发展的具体举措

楼宇是非公有制企业的主要聚集地，凝聚合力发挥好楼宇企业的作用是当前社会领域党建工作的重点。陶然亭街道辖区内的大部分地区是居住区，非公企业数量不多，企业主要集中在京都瑞成大厦。因此，对于陶然亭街道来说，楼宇"双向服务"是创新非公企业党建、以服务凝聚发展合力的重要举措。一方面，通过楼宇党组织向楼宇企业、楼宇党员提供服务，不断提高党组织的凝聚力；另一方面，通过发挥楼宇党组织的统筹协调作用，有效整合楼宇企业、楼宇党员等主体资源，由楼宇党组织搭建平台，由楼宇企业和楼宇党员为街区发展、街区居民提供服务，在提高楼宇企业影响力的同时，进一步扩大党组织的凝聚力和影响力，形成街区发展合力。

二 陶然亭街道开展楼宇"双向服务"的主要做法

2015年，陶然亭街道京都瑞成大厦楼宇社会工作站面向楼宇和地区企业全面开放，充分发挥京都瑞成大厦联合党支部作用，在深入走访楼宇企业、了解企业员工实际需求和特点的基础上，积极探索工作站运行新模式——"双向服务"模式。街道通过在楼宇企业、企业职工和社会之间搭建一个密切联系沟通的平台，不断巩固红色驿站工作、服务阵地，创新服务载体，形成楼宇志愿服务品牌活动，建立楼宇志愿服务队，充分发挥楼宇志愿者骨干、楼宇党建指导员作用，带动企业职工共同参与服务活动，增强社会认同，促进职工身心健康，促进楼宇、非公企业和谐、健康发展。

（一）强化组织建设，夯实"双向服务"基础

陶然亭街道充分认识到组织建设的重要性，以思想建设为引领、组织覆盖为重点、发展党员为保障，推进思想建设，强化组织基础，壮大党员队伍，为开展"双向服务"提供重要的基础条件。

注重思想建设，奠定思想基础。陶然亭街道抓住"两学一做"[①]学习教育的重要契机，以"两学一做"学习教育为内容，加强自身建设。楼宇党支部通过交流研讨、阅读报刊、收看光盘、送学上门等形式，组织党员认真学习"两学一做"学习教育相关内容，开展学习习总书记新闻舆论座谈会精神、"两学一做"学习教育网络答题等活动，增强党性修养。同时，陶然亭街道注重学习上级会议精神，加强思想建设。在2016年12月西城区第十二次党代会召开后，京都瑞成大厦联合党支部及时召开会议，向党员传达了区第十二次党代会精神及领导讲话，使其牢固树立"四个意识"[②]，强化其首善意识、"红墙意识"。

加强组织覆盖，强化组织基础。陶然亭街道积极贯彻落实《西城区委关于集中推进全区非公有制企业和社会组织"两个覆盖"的工作任务书》要求，推进非公有制企业党的组织和党的工作覆盖。街道组织非公企业党建指导员深入走访辖区非公企业，全面调查摸底，组建非公企业功能型联合党支部，使街道非公企业党组织覆盖率达到83.6%；发挥联合党支部的政治引领作用，指派非公企业党建指导员担任党支部书记；以楼宇工作站为工作阵地，开展党组织工作，团结凝聚职工，共谋企业发展。

注重党员发展，壮大党员队伍。在联合党支部的培养教育下，经街道工

---

① 2016年2月，中共中央办公厅印发了《关于在全体党员中开展"学党章党规、学系列讲话，做合格党员"学习教育方案》。"两学一做"，即学党章党规、学系列讲话，做合格党员。

② "四个意识"，即政治意识、大局意识、核心意识、看齐意识。2016年1月29日中共中央政治局会议最早提出。

委组织部严格把关，京都瑞成大厦联合党支部发展了1名楼宇企业职工加入党组织，将1名非公企业积极分子列为发展对象，6名企业职工向党组织递交了入党申请书。通过发展党员，不断壮大党员队伍，为楼宇党建提供了必要的队伍支撑。

（二）推动阵地建设，打造"双向服务"平台

陶然亭街道充分认识到阵地建设的重要性，从线上、线下两方面着手打造网络服务平台和实体服务平台，为开展"双向服务"提供必要的平台条件。同时，陶然亭街道注重巩固宣传阵地和平台，不断加强社会领域党建工作宣传，为打造"双向服务"平台提供良好的氛围。

完善楼宇红色驿站工作平台，打造实体服务平台。利用液晶电视、党建宣传灯箱，展示楼宇志愿者风采、楼宇丰富活动，宣传"中国梦"、社会主义核心价值观、首都功能核心区、"陶然式美好生活"等内容，加强楼宇、非公企业党建指导员走访力度，密切联系地区重点非公企业职工，挖掘企业优质资源和优秀人才。

利用网络工作平台，打造网络服务平台。建立红色驿站QQ群、指导员微信群，为非公企业职工搭建交流平台，在群里展示志愿服务活动照片，鼓励和吸引更多的党员、职工参与到志愿服务活动，扩大服务覆盖面。

加强社会领域党建工作宣传，巩固宣传阵地和平台。在《陶然之窗》街道报刊开辟非公企业党建专栏，定期发布"楼宇志愿者风采""非公企业法人风采""楼宇志愿服务"等信息；积极向"西城党员驿家"微信公众号报送信息，发布志愿服务活动动态，扩大志愿服务工作宣传。

（三）加强队伍建设，筑牢"双向服务"纽带

陶然亭街道充分认识到队伍建设的重要性，重点从党建指导员工作队伍和楼宇志愿者服务队伍两支队伍着手，充分发挥党建工作队伍的引领作用和志愿者服务队伍的主体作用，加强两支队伍的管理和培育，以打造楼宇企业、企业职工和社会之间的联系纽带。

打造党建指导员工作队伍。楼宇工作站认真履行党建指导员工作责任，执行学习培训、日常管理等相关制度，每年签订服务协议。定期召开工作例会，沟通工作进展，协调解决问题。为加强联系走访，党建指导员经常深入非公企业，送学、送票、送报，宣传党的路线、方针、政策和国家的法律法规，与党员、职工交流谈心，做好非公企业入党积极分子的培养教育，使他们坚定理想信念。

打造楼宇志愿者服务队伍。开展志愿者招募，成立楼宇志愿者服务队，充分发挥楼宇志愿者骨干、楼宇党建指导员力量，带动企业职工共同参与服务活动，增强社会认同，促进职工身心健康，促进楼宇、非公企业和谐、健康发展。加强志愿服务管理，推动楼宇志愿服务规范化。实行志愿服务登记认证，记录非公企业志愿者参加志愿活动情况，年底根据志愿者参与活动的情况进行激励，评比表彰优秀的志愿者。制作楼宇志愿服务队队旗，在开展各类志愿服务活动时使用，以更好地展示楼宇形象。

（四）丰富载体建设，开展"双向服务"活动

陶然亭街道以区域化党建为引领，推动辖区共驻、共建、共享，发挥楼宇工作站"六站"[①]职能，在坚持开展"单数月敬老院服务"活动的同时，进一步加强深化志愿服务重点项目、提升特色服务项目等方面的工作，努力形成门类清晰、上下联动、协调有序的品牌化、特色化项目体系。自2016年以来，陶然亭街道挖掘整合各类资源，与街道工会、社区青年汇、北灯公司联手，围绕"四个主题"深化"双向服务"，组织非公企业职工参与丰富活动。

开展"爱岗敬业，互学互帮"主题活动。开展红色教育学习，组织楼宇党员、积极分子观看电视系列片《为你而歌》、参观"旗帜"马克思主义中国化主题教育展、观看红色影片《大火种》、参加"两学一做，促发展"主题演讲。非公企业党建指导员通过联系走访企业，做到对非公企业职工在

---

① 六站，即党建工作站、工会服务站、社会工作站、综治工作站、团建工作站、妇女工作站。

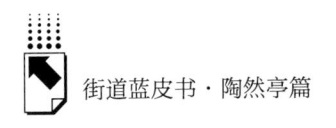

政治上关怀，工作上关心，事业上关注，生活中关爱。

开展"健康相伴，快乐同行"主题活动。组织非公企业职工参加了"拥抱春天健步走"、陶然亭地区第三届运动会、"陶然好声音"卡拉Ok赛等活动，企业职工参加活动达100余人次，促进了员工的身心发展。

开展"结识朋友，感悟分享"主题活动。组织楼宇非公企业员工参加社会关爱、文化展示、手工制作等活动。活动结合节日主题，充满和谐温馨氛围，如"鲜花献妈妈感恩母亲节"、"牵手粽子君温情送老人"活动、"增绿减霾低碳环保"等活动。员工们在活动中相互交流分享感悟，加深了了解，增进了感情，培养了爱心。

开展"志愿服务，奉献社会"主题活动。坚持每逢单数月到街道敬老院开展1次志愿服务，与老人"一对一"结对帮扶，每次一个主题。先后开展了"走进敬老院，冬日送温暖""关爱健康送保健""小动作大功效""欢声笑语迎国庆"等活动，志愿者各显其能，为老人们送去欢笑与温暖，受到老人们的欢迎。每年年底召开楼宇志愿者总结会，开展"志愿服务我参与，传递爱心正能量"主题志愿服务寄语活动，鼓励志愿者积极参与社会实践，为社区、企业提供更好更多样的服务资源，回馈社会。

三 陶然亭街道楼宇"双向服务"工作的成效

近年来，陶然亭街道深入构建楼宇"双向服务"模式，以"两学一做"为契机，培育志愿服务理念，深化志愿服务项目品牌，促进楼宇工作站与楼宇企业、职工的双向互动，进一步提升楼宇党建工作水平，形成了以京都瑞成大厦为核心的街道非公企业党建格局。

（一）完善了街道非公企业党建服务格局

"双向服务"模式是陶然亭街道推进基层服务型党组织建设的重要内容。从楼宇党建工作来说，陶然亭街道通过"双向服务"模式，充实了楼宇社会工作站的服务内涵；搭建服务平台，形成了"我为社会做奉献，楼宇为我送服务"的服务模式；通过整合辖区单位、各类组织资源，多方互动开展活动，为企业职工的生活注入了新的活力。从非公企业党建的整体格局来看，陶然亭街道作为居民主要聚集区，辖区内的非公企业整体数量不多，京都瑞成大厦是主要的聚集地，通过"双向服务"模式，街道形成了以京都瑞成大厦楼宇工作站为核心，资源共享、互相促进、服务社会、和谐发展的非公企业党建服务格局。

（二）推动了楼宇志愿服务工作品牌化、常态化

"双向服务"模式始终围绕"楼聚你我，志愿同行"的工作主线开展活动。楼宇工作站在组织开展志愿服务的过程中，根据志愿者的从业特点、爱好，充分发挥其专长，为他们搭建展示才华的平台，使其得到社会的认可，从而不断激发他们参与社会公益事业的热情，积极承担社会责任，奉献爱心；以楼宇志愿者骨干为引领，不断充实志愿者队伍力量，形成了志愿服务"党员引领、群众参与、社会协同"的良好局面。目前，陶然亭街道"双向服务"模式已成为西城区非公有制经济组织和社会组织党建创新的重点项目之一，是陶然亭街道楼宇党建的重要品牌。

（三）在企业与社会之间实现了双赢

"双向服务"模式是陶然亭街道社会领域党建的一项重要创新。街道从自身非公企业党建的实际出发，以楼宇工作站服务企业、服务职工先行，带动楼宇企业、职工服务社区，从而实现企业与社会的双向共赢，更好地服务于街区发展，共同实现"陶然式美好生活"的发展目标。一方面，楼宇工作站发挥"六站"服务作用，以企业、职工需求、意愿为工作导向，对志愿者服务进行肯定与回馈，持续关注企业发展、职工成长，为企业、职工办实事，服务了企业、职工。另一方面，楼宇工作站以"双向服务"模式为工作载体，组织开展志愿服务活动，使企业、职工服务于社会，走向社会，奉献爱心，实现了社会价值。

四 陶然亭街道楼宇"双向服务"工作的重点

陶然亭街道楼宇"双向服务"已经形成了一定的服务模式。在下一步的工作中，陶然亭街道要把握区域化党建的大方向，充分发挥楼宇党组织的作用，优化非公企业党建工作格局；把握楼宇工作站的工作重点，整合多方力量强化"六站"服务功能；有效对接需求，创新"双向服务"活动载体，服务好楼宇企业、员工，服务好社会、居民，促进街区共建共享，加快实现"陶然式美好生活"发展目标。

（一）发挥楼宇党组织作用，引领非公企业党建工作

楼宇党组织是区域化党建的重要主体。在下一步工作中，陶然亭街道要以区域化党建为总体指导，充分发挥楼宇党组织核心作用，引领非公企业党建工作推向深入。首先，街道要进一步发挥京都瑞成大厦联合党支部作用，辐射带动非公企业功能型联合党支部开展党的工作，进一步夯实非公企业党建组织基础。其次，街道要以"实现区域化整体发展，共创陶然式美好生活"为目标，积极发挥企业党组织在职工群众中的政治核心作用，团结凝聚非公企业党员，形成非公企业党建合力。最后，街道要以街道"大工委"为统筹领导，促进楼宇党组织与社区"大工委"的统筹协调，实现区域内的共建互助联合，共同推进辖区非公企业党建工作。

（二）整合各方力量，继续强化"六站"职能

楼宇工作站的"六站"职能是指党建工作、工会服务、社会工作、综治工作、团建工作、妇女工作六大职能。在下一步的工作中，陶然亭街道要充分发挥党建引领作用，统筹辖区资源，以党建带动社会工作、综治工作以及工青妇工作的全面开展。树立资源共享、事务共商、活动共办的理念，加大楼宇工作站与群团组织、工商所等部门的协调联动，加强与辖区单位的信

息互通，整合资源，优化服务机制，使服务内容更广，服务形式更加多样，增强楼宇社会服务管理工作实效，促进非公企业和谐稳定发展。如借鉴其他楼宇工作站经验，通过"六站合一"工作站，整合辖区资源，定期为楼宇企业、职工提供政策服务、法律服务、培训服务等。

（三）创新活动载体，丰富"双向服务"内涵

服务活动是"双向服务"的重要内容。对于陶然亭街道来说，开展"双向服务"的核心是对接企业、职工需求，通过满足他们的需求，形成街区发展的合力，加快实现"陶然式美好生活"目标。因此，在下一步的工作中，陶然亭街道要重点从对接需求、创新服务两个方面着手。一方面，要坚持党建指导员对地区非公企业的深入联系走访，进一步了解情况，研究分析企业的行业特点和职工的实际需求，灵活设置服务活动载体，拓宽服务活动渠道，如搭建白领驿站、党员"微课堂"等。另一方面，要充分利用街道党群服务活动中心，搭建工作站服务楼宇企业、职工和楼宇企业、职工服务社会的平台，在为楼宇企业、职工做好服务的同时，促进楼宇企业、职工服务社会，促进街区的良性发展。

五 陶然亭街道楼宇"双向服务"工作的启示

《关于加强基层服务型党组织建设的意见》明确了建设基层服务型党组织的总体要求，提出了强化服务功能、健全组织体系、建设骨干队伍、创新服务载体、构建服务格局五个方面的主要任务。[①] 对于其他地区来说，要借鉴陶然亭街道的实践经验，以基层服务型党组织建设为导向，结合自身实际开展非公企业党建工作，贯彻落实好《意见》提出的任务要求。

---

① 中共中央办公厅：《关于加强基层服务型党组织建设的意见》，人民网，2014年5月28日。

（一）明确服务导向，强化服务功能

《意见》明确指出，非公企业党组织要围绕促进生产经营、维护各方合法权益做好服务，在职工群众中发挥政治核心作用，在企业发展中发挥政治引领作用。这一任务对非公企业党组织服务非公企业、服务企业员工提出了明确要求。

对于开展非公企业党建来说，各地要借鉴陶然亭街道的经验，结合自身工作实际，创新"双向服务"模式。一方面，充分贯彻落实《意见》任务要求，搭建党建服务平台，创新党建服务方式，以服务凝聚非公企业、企业员工，构建街道层面的服务型党组织。另一方面，要按照《意见》要求，充分发挥非公企业党组织的引领作用和非公企业党员的带头作用，通过宣传教育等形式加强引导，促使非公企业、企业员工服务社会和居民，并着力创新服务载体、搭建服务平台，为非公企业、企业员工开展服务提供条件，形成共建共享的党建格局。

（二）健全组织体系，巩固组织基础

《意见》明确指出，要适应服务对象、服务内容、服务方式的变化和需求，优化组织设置，扩大组织覆盖。对于开展非公企业党建来说，各地要借鉴陶然亭街道的经验，将非公党建纳入区域化党建的"大党建"格局中来。

从区域化党建的总体格局来看，要结合地区的党建工作实际开展组织建设工作，建立区域性党组织，以党组织为引领，合理划分网格，组建网格服务队伍，完善区域化党建格局。在居民区聚集的地区，可以采取非公企业党组织与街道、社区党组织联合建立区域性党组织的方式，加强街道"大工委"的统筹领导，提升区域化党建工作成效。在商务楼宇、非公企业聚集的商务区、开发区等区域，可以采取非公企业党组织与商务区、开发区联合建立区域性党组织的措施，促进非公企业党建与商务区、开发区的协调发展。

从非公企业党建的具体工作来看，要与时俱进，注重线上、线下两个阵地的组织覆盖。一方面，注重结合实际创新组织建立形式，有条件的企业单独建组织，条件不够的企业可以依托楼宇党组织、社区党组织等采取区域联建、行业统建的方式建组织；另一方面，注重党建方式创新，利用QQ群、微信公众号等网上平台，探索建立网络党组织，促进党建工作向网上延伸，拓宽党组织的工作覆盖面。

（三）建设骨干队伍，打造服务纽带

党建工作队伍是非公企业党建工作开展的重要主体，是建立基层服务型党组织的核心力量。对于开展非公企业党建来说，各地要借鉴陶然亭街道的经验，从书记队伍、党务工作者队伍、党员队伍三个方面加强队伍建设，提升非公企业党建工作水平，打造党组织服务非公企业、企业员工和非公企业、企业员工服务社会的纽带。

书记队伍建设重点从干部选拔、教育和监督三个方面着手。在干部选拔培养方面，街道层面要注重结合实际进行选拔和培养，在党建基础较差的非公党组织采取上级选派的方式指派党组织书记，加强对非公企业党组织的指导；在党建基础较好的非公企业党组织采取跟踪培养、群众推荐等方式选拔和培养党组织书记，密切干部与群众之间的关系，为基层服务型党组织建设奠定基础。在干部教育培训方面，街道要注重利用党校、党建专家等社会力量，通过党课、培训等多种形式，加强对干部队伍的思想教育、技能教育，提高干部队伍的业务水平，增强其党性意识。在干部监督管理方面，要建立干部队伍考核机制，通过定期考核、群众监督等多种形式，加强对干部队伍的监督和管理。

党务工作者队伍建设的重点要落在专职党务工作者的选派、培育上。一方面，街道要加大非公企业党建工作指导员的选派力度，更好地发挥党建工作指导员的专业性，加强对非公企业党建工作的指导；另一方面，街道要加大对非公企业党建工作者的教育和培训，结合党建工作队伍的实际安排相关培训课程，提升非公企业党建工作者的党建能力。

党员队伍建设的重点要从发展党员、党员管理和党员培训三个方面着

手。其一，按照党组织要求发展党员，不断壮大党员队伍，为党建工作队伍储备后备力量。其二，加强党员的日常教育和管理，保证党员队伍的先进性，提升非公企业党组织的凝聚力和影响力。其三，注重培养党员的服务意识，发挥党员主体在基层服务型党组织建设中的带头作用。

（四）对接服务需求，创新服务载体

对接服务需求是提高服务型党组织建设成效的重要前提。对于开展非公企业党建来说，各地要借鉴陶然亭街道的经验，通过党建工作队伍深入了解企业、员工服务需求，立足实际，创新服务方式，提升服务成效。一方面，充分利用区域党建服务平台，以一室多用为原则，建立员工之家、白领驿站、企业交流平台等，并定期为企业、员工提供政策服务、法律服务、培训服务等，提高非公企业党组织服务企业、员工的水平。另一方面，搭建企业、员工服务社会的平台，创新活动形式，开展结对帮扶、党员承诺、党员示范岗等党建服务活动，促进企业、员工服务企业、服务社会。同时，要注重利用党建网站、党建公众号等网络平台开展党建服务，开展党建"微课堂"、网上培训课程等。

（五）整合多方力量，构建服务格局

社会力量是基层服务型党组织建设的重要主体之一。尤其是在楼宇党建推进"六站合一"以来，以党建带动社会工作、综治工作、工会服务、团建工作、妇女工作成为楼宇党建的重要任务。对于开展非公企业党建来说，各地要借鉴陶然亭街道的经验，充分发挥党建的引领带动作用，整合多方力量，构建"大党建"服务格局。一方面，非公企业党建要充分发挥其在社会工作、综治工作、工会服务、团建工作、妇女工作中的统筹引领作用，促进党建工作与其他工作协调推进，共同打造服务格局。另一方面，非公企业党建要充分发挥非公企业党组织的领导核心作用，带动非公企业、企业员工参与服务型党组织建设，以更好地服务社会、服务区域发展，打造多元共同参与的党建服务格局。

参考文献

中共中央办公厅：《关于加强基层服务型党组织建设的意见》，人民网，2014 年 5 月 28 日。

陶然亭街道：《深化楼宇"双向服务" 增强非公企业党建活力》，2016。

陶然亭街道：《陶然亭街道深化楼宇"双向服务"模式项目总结汇报》，2016 年 12 月 27 日。

申远：《市城南新区：多措并举推进服务型楼宇党组织建设》，共产党员网，2016 年 9 月 26 日。

B.12
陶然亭街道福州馆社区"共建互助联合会"的探索与实践

摘　要： 陶然亭街道福州馆社区紧紧围绕"共创陶然式美好生活"的工作目标，推进区域化整体发展。福州馆社区党委以"资源共享、共建互助、互惠互利"为思路，依托11家驻社区单位，于2012年在社区层面成立了共建发展类社区社会组织"共建互助联合会"。其以多元共治、多方互助的形式，通过社区党委引领、组织，成员单位积极参与实施，为社区的社会治理和社会建设提供服务，同时也为成员单位的发展带去社会效益。福州馆社区"共建互助联合会"是社区社会治理与社会建设共驻、共建、共享的一种载体，在多元共治中发挥平台作用，通过多方互助实现共赢。

关键词： 福州馆社区　百年老店　共建互助联合会　多元共治

一　福州馆社区"共建互助联合会"的成立背景和基本情况

（一）福州馆社区"共建互助联合会"的成立背景

"共建互助联合会"是陶然亭街道龙泉社区党委经过广泛征求意见，根据社区特点于2011年提出的党建创新项目。"共建互助联合会"通过互助会的形式，以共同利益、共同需求、共同目标、共同发展为纽带，以党建凝聚人心，以服务促进发展，在社区、单位、居民三方之间搭建起相互沟通与联系的平台，创建交流与合作的载体，发挥区域性党建工作地域性、网络性、多元性、开放性、整合性特点，构建社区、单位、居民资源共享、信息共用、双向服务、多方协作、互利双赢的共建格局。①

西城区陶然亭街道紧紧围绕"实现区域化整体发展，共创陶然式美好生活"的工作目标，着力构建党委领导系统化、政府负责规范化、社会协同组织化、公众参与多元化的"四化"体制机制。② 在此基础上，陶然亭街道工委提出构建区域化党建共建互助机制。2012年6月，福州馆社区成立了陶然北岸底商联合党支部，使非公企业的党员通过党支部取得了联系，并有了发挥作用的场所，从而推动了多方协作、互利共赢的党建工作格局的形成以及社区资源与需求对接机制的建立。2012年11月，党的十八大召开，提出要"加强基层社会管理和服务体系建设"。为深入贯彻党的十八大精神，进一步加强社区互助共建活动，关心民生、发扬民主、优化民风，③ 在推进区域化整体发展的基础上，陶然亭街道在社区层面建立了"共建互助联合会"，以全面谋划涉及区域发展的中心任务、大型活动、公共服务等重大事务，为更好地服务民生提供了有力的组织保障。

（二）福州馆社区"共建互助联合会"的组织架构

2012年9月，为推进陶然亭街道"携手四方、共建陶然"区域理念的实施，福州馆社区党委以"资源共享、共建互助、互惠互利"为思路，依托北京市工人俱乐部、北京市职工服务中心、湖广会馆、清华池、福州馆小学、"大和恒"粮行、鲁能物业、北京东方凌翔书画装裱中心、宝岛眼镜及

---

① 西城区陶然亭街道：《共建互助 互利双赢》，http://trt.bjxch.gov.cn/xxxq/pnidpv250395.html，最后访问日期：2016年7月18日。
② 西城区陶然亭街道：《陶然亭街道2012年工作总结及2013年工作计划》，http://trt.bjxch.gov.cn/xxxq/pnidpv229881.html，最后访问日期：2016年7月21日。
③ 《共建互助谋发展 自主管理促和谐》，《北京西城报》2013年3月7日。

宏状元粥铺等11家驻社区主要单位，成立了一支共建发展类的社区社会组织，福州馆社区"共建互助联合会"。[①] 福州馆社区"共建互助联合会"成员包括社区党委、居委会、社区单位及居民。下设理事会，由社区党委、社区居委会和成员单位组成，负责具体工作的开展。社区党委、社区居委会为成员单位、社区居民提供服务，同时将各方服务需求与服务对接；成员单位以"共建互助联合会"为平台为社区社会建设提供服务，践行企业社会责任，彰显企业信誉。

（三）福州馆社区"共建互助联合会"的活动形式及内容

福州馆社区"共建互助联合会"主要通过发挥社区党委、社区居委会的统筹协调作用，通过开展社区活动、提供社区服务、协助成员单位发展等方式，为成员单位、社区居民提供相关服务，促进成员单位与社区的共同发展。

1. 开展社区活动

福州馆社区"共建互助联合会"在社区党委的引领下，以举办社区活动的形式，配合推进社区建设各项目标的实现，同时使参与活动的社区单位、社区居民通过参与活动，彼此熟识、互帮互助，加强社区凝聚力。如2013年，联合会会同陶然北岸底商联合党支部，参与了福州馆社区党委在清明节来临之际开展的"清明缅怀先烈祭扫"活动；2016年，联合会与睦邻社工组织联合举办社区乒乓球友谊赛，"共建互助联合会"成员单位及社区居民参赛，搭建了社区联系单位、居民的平台；2017年，联合会与"背街小巷环境整治"工作领导小组联合举办清理社区街巷环境的比赛活动，使居民对"十有"[②]"十无"[③]有了更深入的认识等。

---

① 西城区陶然亭街道：《福州馆社区成立"共建互助联合会"》，http://trt.bjxch.gov.cn/xxxq/pnidpv235684.html，最后访问日期：2016年7月21日。

② "十有"，即每条背街小巷有政府代表（街长、巷长）、有自治共建理事会、有物业管理单位、有社区志愿服务团队、有街区治理导则和实施方案、有居民公约、有责任公示牌、有配套设施、有绿植景观、有文化内涵。

③ "十无"，即无乱停车、无违章建筑（私搭乱建）、无开墙打洞、无违规出租、无违规经营、无凌乱架空线、无堆物堆料、无道路破损、无乱贴乱挂、无非法小广告。

2. 为居民提供惠民服务

为"实现区域化整体发展，共创陶然式美好生活"，联合会的成员单位利用自身资源为居民提供服务。如清华池不仅以优惠的价格让社区居民及辖区单位职工体验专业修脚及健康理疗服务，开办"社区老年餐桌"，还在福州馆社区党委的指导下，作为主要责任单位，于2016年承接了"福州馆社区老年协会"的成立与运行工作；"大和恒"粮行坚持8年在特殊节日慰问社区孤寡老人，连续4年为社区残疾人、老年人送粮上门等。

3. 协助成员单位发展

社区党委、社区居委会、社区服务站将为会员单位提供各项社区服务，并对成员单位，尤其是百年老店的发展给予帮助。企业经营效益是在市场中体现的，但消费者对企业的产品质量、企业信誉、社会责任履行的认同等社会效益，是企业发展的决定性因素。福州馆社区"共建互助联合会"为成员单位的发展出谋划策，为成员单位与辖区居民之间的联系提供平台。如福州馆社区的百年老店"大和恒"粮行，近年来除了传承传统特色、坚持产品品质以外，还通过"共建互助联合会"的引领和组织，为社区居民提供惠民服务，开办讲堂介绍粮食科普与养生知识，得到了百姓的广泛认可。

二 福州馆社区"共建互助联合会"振兴老字号"大和恒"粮行的实践

"大和恒"粮行是北京市唯一一家从事粮食行业的百年老店，也是福州馆社区"共建互助联合会"的成员单位之一。在百年的历史进程中，"大和恒"的特色产品广受百姓喜爱，诚信经营的文化传承至今，其制粮工艺入选"非物质文化遗产"。保护、传承和发展老字号，对中华传统文化的传承和全国文化中心建设有重要意义。福州馆社区"共建互助联合会"充分发挥共建平台作用，着力解决"大和恒"粮行面临的经营问题，推动老字号的传承；同时，"大和恒"也积极发挥自身作用，依托"共建互助联合会"开展为民服务，实现了共驻、共建、共赢。

（一）"大和恒"粮行的历史传承与经营现状

"大和恒"粮行已有百年历史，其特色产品"三条腿玉米面"广为人知。在这百年发展之中，"大和恒"经历了繁荣期、歇业期，并于2008年7月重新开业。凭借老字号的特色优势和质量把关，"大和恒"先后获得了"全国放心粮油示范店"、北京市粮食行业"市级先进单位"等先进称号，并被评为"首批北京市优质服务商店"。但是，面对市场经济的冲击，"大和恒"也面临一系列经营与发展困境。

1. 百年历史

"大和恒"粮行始建于1915年，旧址在当时的前门外西柳树井26号，今位于陶然亭街道福州馆社区粉房琉璃街内，是北京唯一一家老字号粮食企业。民国初期，"大和恒"的创办人齐竺山先生，曾在原崇文区办了兴义局，为孙中山领导的革命提供便利。20世纪三四十年代，"大和恒"粮行就已是红遍京城粮食行业的龙头企业。百年来，"大和恒"的招牌产品"小米面""三条腿玉米面"深受百姓的欢迎。2011年，"大和恒"的米面加工技艺入选了非物质文化遗产名录。在经营过程中，"大和恒"始终秉持"质量好、斤两足、货真价实、童叟无欺"的店训和"讲究不将就"的管理原则诚信经营。[①] 百年老店的商业文化传统是中华民族传统美德的一个缩影。

2. 传统特色

在"大和恒"经营的各类粮食中，最值得一提、在百姓中影响最深远的，要属其自产自销的"三条腿玉米面"。到1949年初期，它已成了"大和恒"的代名词，老百姓一提到"大和恒"，马上就会联想到它生产的"三条腿玉米面"。"三条腿玉米面"其实就是用玉米、糜子米、黄豆按一定比

[①] 许芳：《北京的老粮店》，《首都食品与医药》2015年第17期。

例配合加工而成的窝头面。用它蒸出来的窝头，黄澄澄、金灿灿，香味扑鼻，口感细腻，没有菜也能吃上两个，深受百姓特别是拉洋车、蹬三轮等劳苦大众的欢迎。

3. 经营困境

1953年北京实行粮食计划供应后，北京粮店无一例外成了清一色的国营粮店，"大和恒"粮行也就此歇业，旧址改为北京市粮食局。改革开放后，国家取消了粮食计划供应政策，国营粮店退出历史舞台。为保护传承北京老字号，2007年有关部门决定恢复"大和恒"粮行。2008年7月，"大和恒"粮行在陶然亭街道福州馆社区粉房琉璃街重新开业。重新开业后的"大和恒"保留了传统特色产品，开发新品，坚持原产地进货，严把品质关，继续发扬老字号企业优良传统和优势，取得了优异成绩。2010年，"大和恒"粮行被授予"北京市放心粮油销售示范店"称号，自2011年起接连获得"北京市放心粮油销售示范店"、"全国放心粮油示范店"、北京市粮食行业"市级先进单位"、西城区"文明单位"、陶然亭街道"资源共享先进单位"等光荣称号，2016年被市商业联合会评为"首批北京市优质服务商店"。虽然重新开业的"大和恒"粮行延续了传统的特色产品，并坚持对产品质量严格把关，得到附近居民的认可，但面对市场经济，其在经营上遇到了一系列困境，效益大不如前。

（二）百年老店"大和恒"的传承和发展是名城保护工作体系的重要内容

《北京城市总体规划（2016年~2030年）》指出，要"保护和恢复老字号等文化资源"，"深入挖掘北京历史文化名城的文化内涵和精神价值"。《西城区"十三五"时期历史文化名城保护规划》也提出，要"以'文道'建设为统领，推进'名城、名业、名人、名景'四位一体的名城保护工作体系建设，彰显北京古老与现代交相辉映的独特魅力"。其中，"名业"即是指各类老字号等传统商业服务业、传统和现代演艺业、新兴文化创意产业等。老字号不仅是商业个体，更是中国优秀商业传统、文化内涵的重要载体,保护、传承和发展老字号,对传承与发掘中华传统文化和百年老店的历史价值有重要意义。为振兴与发展老字号,陶然亭街道工委、福州馆社区党委以福州馆"互助共建联合会"为平台展开了一系列行动,以协助"大和恒"粮行重振经营。

(三)福州馆社区"共建互助联合会"为振兴百年老店采取的措施及其成效

为传承发展百年老店,改善"大和恒"粮行的经营状况,福州馆社区"共建互助联合会"理事会邀请社区居民代表、辖区单位代表和睦邻专业社工,就其经营上遇到的问题进行"会诊",制定扭转企业经营局面的方案。"大和恒"以福州馆社区"共建互助联合会"为平台,在社区开办讲堂,为居民提供惠民服务,在参与社区建设的同时也重振了老字号。

1. "请进来"

福州馆社区"共建互助联合会"组织社区居民、辖区单位员工到"大和恒"粮行进行参观,了解百年老店历史和文化底蕴。至2017年,共有来自福州馆社区及陶然亭街道其他社区的居民、青少年和单位员工500多人,走进"大和恒"参观体验。

2. "走出去"

由陶然亭街道工委主办、福州馆社区党委和"大和恒"粮行联合承办的"五谷杂粮与四季养生"百姓健康大讲堂,向社区居民普及健康养生知识。年过七旬的"大和恒"粮行总经理白少川从事粮食行业50余年,对粮食的产地、加工工艺以及五谷杂粮的营养成分了如指掌。他结合中医药食同源的理论,为居民详细讲解五谷杂粮的营养做法及膳食养生等内容。"五谷杂粮与四季养生"百姓健康大讲堂开办了15次,听众累计达到1600余人次。从2013年开始,应中央电视台、北京电视台、湖南卫视、河北卫视等全国多家上星电视台的邀请,"大和恒"每年都参加几十次普及粮食知识方面的科普活动。截止到2015年底,共录制节目100多个。"大和恒"与北京电视台同赴黑龙江五常市"'大和恒'优质大米种植基地"拍摄短片，教大家识别真假稻花香2号大米，节目播出后反应强烈。白少川编写的《京华老号"大和恒"》一书，于2015年5月出版发行，介绍了"大和恒"的历史，还讲述了粮食与健康方面的知识。

3. 提供惠民服务，树立企业形象

以福州馆社区"共建互助联合会"这一社区社会组织为平台，"大和恒"积极开展"扶困帮贫、扶残助老"便民服务。自2013年起，每逢节日，"大和恒"都会到敬老院看望老人，把大米、面粉、食用油、腊八米等慰问品免费送给陶然亭敬老院的老人们，4年来累计送粮1200多次，共20000多斤。此外，"大和恒"还为陶然亭街道辖区内80岁以上生活有困难的特困人群、孤寡空巢老人按户发放可以9折优惠购粮的"粮油帮困卡"，既承担了企业的社会责任，同时也宣传了企业形象。

2017年，"大和恒"进一步推出惠民新举措。首先将受益人群的范围由福州馆一个社区扩大到陶然亭街道所有社区，被帮困户数由原来的100余户增加至800户；其次将优惠品种的范围扩大到店内经营的所有品种，部分品种打折后为零利润或负利润。此外，"大和恒"粮行还特意从山东请来了面点师，以丰富主食厨房的供应品种，并增加了多种下单方式服务。①

4. 坚持产品质量，开拓线上市场

"大和恒"主食厨房常年供应切面、挂面、馒头、大饼等粮食熟食品。在保留传统的"三条腿玉米面"窝窝头的基础上，增加了菜团子、枣窝头、贴饼子等新品种。高薪聘请面点师，增加主食厨房的花色品种，现场制作芝麻烧饼、肉烧饼、糖火烧以及豌豆黄、艾窝窝、驴打滚等北京小吃。每年端午节、中秋节，"大和恒"自制的粽子、自来红月饼、自来白月饼都会受到居民特别是老年人的欢迎。此外，在联合会的协助下，从2013年开始，"大

---

① 陶然亭街道：《创新党建为百年老店搭建惠民平台》，http://trt.bjxch.gov.cn/xxxq/pnidpv355088.html，最后访问日期：2017年1月9日。

和恒"开始了线上电子商务,在不断夯实企业自身基础的同时,逐步开拓互联网市场。

福州馆社区"共建互助联合会"对"大和恒"的指导帮助,不仅为这家重新开张的百年老店注入了活力,还在宣传"大和恒"企业形象的同时,使社区居民享受到了"大和恒"提供的优质便民服务。同时调动了社区居民、辖区单位员工、社区社会组织参与社区建设和社区治理的积极性。

三 福州馆社区"共建互助联合会"对创新社会治理模式的启示

福州馆社区"共建互助联合会"是共建发展类社区社会组织,由工委、党委领导,社区负责,驻区单位参与,在组织结构上形成了共驻、共建、共享的格局。通过这一组织所进行的社会建设实践,可以不断探索在全新的社会治理格局下,社区社会组织在作用机制、协作方式等方面的新模式。

(一)福州馆社区"共建互助联合会"为共驻、共建、共享提供切实载体

十九大报告提出,要完善党委领导、政府负责、社会协同、公众参与、法治保障的社会治理体制。福州馆社区"共建互助联合会"在社区"大党委"的领导下,形成了社区—单位—居民三方共驻、共建、共享的格局,并把为社区居民服务,提升到更深层次,促进了辖区经济的发展。[1]

社会组织参与社会治理与社会建设,一般是以项目为载体、党委和政府领导、由专业的第三方社会组织提供服务的多方合作模式来进行。与此不同,福州馆社区"共建互助联合会"在自身组织结构中,有社区"大党委"的领导和社区居委会、社区服务中心的直接参与,同时也有社区成员单位、

---

[1] 陶然亭街道:《福州馆社区成立"共建互助联合会"》,http://trt.bjxch.gov.cn/xxxq/pnidpv235684.html,最后访问日期:2016年9月12日。

社区居民的广泛参与。福州馆社区"共建互助联合会"的运作模式以社会组织的形式,为多元主体的社会治理格局提供了一种明确的载体。此外,组织的成员均同时在其他部门任职,依托于原有部门或单位的资源,通过成立社会组织,而形成社区共驻、共建、共享的合力。在这种模式下,组织的目标与社区"大党委"的要求达成高度统一,在社会建设和社会管理的行动中,成员单位迅速得以组织,完成目标,同时单位和辖区居民的需求也能够通过共商共治得到满足。

(二)福州馆社区"共建互助联合会"在多元共治中发挥平台作用

作为一支社区社会组织,福州馆社区"共建互助联合会"的成立,为社区与单位之间、单位与单位之间、单位与居民之间搭建了一个资源共享的平台。社区为单位的发展提供力所能及的服务;单位之间优势互补、互惠互利,共同推进地区经济发展;单位利用人力、物力等优势,针对居民需求开展便民服务,在扩大知名度的同时,让社区居民得到了更多的实惠。一方面,凭借"共建互助联合会"搭建的沟通交流、信息共享的平台,工委、社区党委、社区服务中心、社区居委会、驻区单位、居民之间的需求与服务有了很好的对接;另一方面,"共建互助联合会"作为一个平台,可以进一步创新模式,吸纳更多社会力量参与,也可使驻区单位之间通过这一平台创新协作机制,进一步推进社区治理与社区建设。

(三)福州馆社区"共建互助联合会"以多方互助实现共赢

向居民提供公共服务是社会建设应有的责任;扶持百年老店的传承与发展是首都全国文化中心建设的需要;为社区内的困难群众提供帮助,体现社区单位的企业社会责任,是树立企业社会信誉的有效途径。通过"共建互助联合会"的形式,辖区内多元主体的需求能够得到满足、资源能够优势互补,从而形成同向合力。福州馆社区"共建互助联合会"通过社区"大

党委"引领、组织，成员单位积极参与实施，社区居民广泛参与，组织内部多元主体的优势互补、合作互助，从而实现共赢与发展。

四 共治发展类社区社会组织的发展展望

福州馆社区"共建互助联合会"在街道工委、社区党委的领导下发展多年，组织社区活动、推进社会治理、为社区提供公共服务，在社区社会建设中发挥着十分重要的作用。同时也应看到，现阶段社区社会组织在规范化建设、社会效益取得、居民参与途径、成员单位参与维度与主体间协作机制等方面仍有待进一步改善。

（一）规范参与治理的行动准则

作为共治发展类社区社会组织，福州馆社区"共建互助联合会"有着全新的组织形式，体现着社会治理理念的新要求。同时，新的模式也需要更完善的标准进行规范，从而进一步构建权责明晰、服务为先、管理优化的体制机制。一是要依法建设、管理，遵循《国务院办公厅关于推进社会公益事业建设领域政府信息公开的意见》《志愿服务条例》等政策、法规进行社区社会组织的建设与管理，同时在社会治理与社会建设中进一步探索规律，形成共识，制定规范准则；二是可将企业社会责任评价体系纳入社区社会组织管理中，对成员单位所履行的企业社会责任进行规范与评定；三是进行社会治理的规范化建设，根据北京市实施的《北京市基层社会治理规范化建设三年行动计划（2018~2020年）》，落实各项要求，着力提高精细化管理水平、精准化服务水平。

（二）明确服务的社会效益边界

与经济效益相对应，政府和企业在参与社会建设时，能够树立政府形象，建立企业信誉，获得社会效益。在社区社会组织进行社会建设时，要明确其社会效益的边界。一方面，政府要进一步推进"放管服"、政府职能的转变，从而激发"共建互助联合会"这类共建发展型社区社会组织的社会活力；另一方面，企业要以实现和增强社会效益为着力点参与社会建设，再以社会效益带动社区和企业发展。

（三）开拓社区居民的参与途径

福州馆社区"共建互助联合会"为多元主体参与社会治理和社会建设提供了一个创新模式，但现有的服务主要由社区和成员单位提供，居民主要是作为文体活动的参与者或社区服务的接受方来进行参与的。"共建互助联合会"具有的平台性功能，可以吸纳不同的主体参与社区建设。通过创新合作模式，充分发挥社区居委会的组织、联络作用，或以志愿团队或自治组织的形式，使社区居民加入其中，为社区提供服务；或与成员单位形成互惠合作，在壮大基层建设力量的同时，使基层居民自治得到发展。

（四）扩展多元主体的参与维度

福州馆社区"共建互助联合会"的理事会成员由社区党委、社区居委会和成员单位组成，共同对社会治理和社会建设的各项行动进行决策。在下一步的发展中，"共建互助联合会"可进一步加强社区治理体系建设，创新管理模式，建立参与协商机制，充分发挥驻区单位、居民自治组织等社会力量的活力，同时保护参与主体各方对城市发展决策的知情权、参与权、监督权，推动社会治理重心向基层下移，实现政府治理和社会调节、居民自治的良性互动。

（五）丰富多元主体间的协作机制

通过党委、社区搭台，社区服务中心、驻区企业提供服务的协作机制，福州馆社区"共建互助联合会"实现了社区公共服务获得补充、老字号品牌形象获得宣传、居民日常生活得到实惠的共赢局面。福州馆社区"共建互助联合会"可以进一步创新更多协作机制，鼓励企业和市民通过更多方式参与城市建设与管理，使政府有形之手、市场无形之手、市民勤劳之手同向发力，真正实现城市共治、共管、共建、共享。

参考文献

西城区陶然亭街道：《共建互助　互利双赢》，http：//trt.bjxch.gov.cn/xxxq/pnidpv250395.html，最后访问日期：2016年7月18日。

西城区陶然亭街道：《陶然亭街道2012年工作总结及2013年工作计划》，http：//trt.bjxch.gov.cn/xxxq/pnidpv229881.html，最后访问日期：2016年7月21日。

《共建互助谋发展自主管理促和谐》，《北京西城报》2013年3月7日。

西城区陶然亭街道：《福州馆社区成立"共建互助联合会"》，http：//trt.bjxch.gov.cn/xxxq/pnidpv235684.html，最后访问日期：2016年7月21日。

许芳：《北京的老粮店》，《首都食品与医药》2015年第17期。

西城区陶然亭街道：《创新党建为百年老店搭建惠民平台》，http：//trt.bjxch.gov.cn/xxxq/pnidpv355088.html，最后访问日期：2017年1月9日。

B.13 陶然亭街道新兴里社区"一委三居一站"的创新与实践

摘　要： "一委多居一站"是由社区党委统筹领导社区居委会和社区工作站开展工作的一种社区治理模式。陶然亭街道新兴里社区推进"一委三居一站"试点工作是贯彻落实北京市、西城区社会治理体制改革任务的重要举措，也是结合社区实际推进社区治理创新的重要内容。新兴里社区以社区党委为领导，三个居委会进行组织协调，开展社区服务，形成了具有社区特色、共治共建共享的社区自治模式。其在推进试点工作中的理念创新、机制创新、方式创新等，为开展社区治理体系创新工作提供了重要参考。

关键词： 新兴里社区　一委三居一站　分类治理　社区共治　多元参与

一　陶然亭街道新兴里社区试点"一委三居一站"的背景

"一委多居一站"即一个社区党委、多个社区居委会、一个社区工作站，是由社区党委统筹领导社区居委会和社区工作站开展工作的一种新型社区治理模式，是西城区现阶段社会治理创新的重要试点工作。对于新兴里社区来说，"一委三居一站"是贯彻落实北京市、西城区社会治理体制改革任务的重要举措，也是结合社区实际推进社区治理创新的重要内容。

（一）贯彻落实社会治理体制改革任务的要求

2015年，中共北京市委、北京市人民政府下发了《关于深化北京市社会治理体制改革的意见》（以下简称《意见》）。《意见》明确了深化全市社会治理体制改革的总体思路，提出了深化社会服务体制改革、深化社会组织体制改革、深化街道管理体制改革、创新社区治理机制、创新社会治理方式、加强和改进党对社会治理体制改革的领导等工作要求。随后，为充分发挥街道、社区在社会治理体系中的重要作用，北京市委、市政府办公厅印发了《关于深化街道、社区管理体制改革的意见》，就推进街道体制机制改革和社区治理现代化提出了明确要求。

为贯彻落实实际要求，西城区印发了《北京市西城区关于落实〈深化北京市社会治理体制改革的意见〉重点任务分工方案》，明确了深化社会治理体制改革的具体任务与分工，为推进社会治理体制改革明确了目标。在这个任务分工中，西城区对新兴里社区"一委三居一站"试点工作提出了明确要求。

（二）统筹社区资源、创新分类治理的内在需求

新兴里社区于2015年4月正式成立，位于陶然亭街道东南部，管辖范围是：西至黑窑厂街南段，北至双柳树胡同、南华东街、南横东街东口一线，东至太平街，南至一瓶小区南端与陶然亭公园东北部相邻处。社区为由平房区、老旧楼房、商品楼小区组成的混合型社区，共有常住人口2498户10808人。新兴里社区党委下设党支部4个，共有党员190人。[①] 因此，新兴里社区推进"一委三居一站"试点工作也是结合社区实际情况，统筹社区资源，推进分类治理的重要举措。

"一委"即一个社区党委，社区党委能有效统筹社区资源，优化资源配置。辖区内有中央芭蕾舞团、中国歌剧舞剧院、北京师大附中分校等中央、市区属

---

① 本文数据主要根据陶然亭街道新兴里社区提供资料整理，时间截至2016年年底。

单位和各类非公经济组织120余家。1个社区党委4个党支部的党组织设置，能有效凝聚驻区单位力量，优化配置社区资源，为社区治理工作的开展提供组织基础。

"三居"即三个社区居委会，社区居委员是推进分类治理、实现精准服务的重要载体。三个社区居委会是按照小区特征合理划分的结果。新兴里第一社区居委会的管辖范围为中央芭蕾舞团和中国歌剧舞剧院单位自管的职工宿舍和家属院，居民468户1550人。新兴里第二社区居委会的管辖范围为双柳树老旧平房和简易楼，居民1137户7458人。新兴里第三社区居委会的管辖范围为商品住宅一瓶小区，居民893户1800人。按类划分、分类治理，能有效促进社区治理精细化和社区服务精准化。

"一站"即一个社区工作站，社区工作站能实现集中办公，提高工作效率。新兴里社区工作站承接社区各项事务，组织引导各类社会组织进入社区开展公益性活动和服务。设置一个社区工作站，能有效实现社区事务的一站式办理，减少岗位的重复性设置，提高居民办事的便利度和社区工作效率。

二 陶然亭街道新兴里社区"一委三居一站"的实践

为进一步强化社区党组织在基层多元治理中的领导核心作用，推进社区民主自治发展，充分发挥辖区内各类资源优势，切实解决好居民群众的现实问题和满足居民多样化的服务需求，2015年，新兴里社区按照西城区社会治理体制改革任务的总体部署，在区委和街道工委的领导下，以"两委"换届为契机，结合社区实际，进行了"一委三居一站"综合试点工作。社区以社区党委为领导，三个居委会进行组织协调，社区工作站开展社区服务，形成了具有社区特色的自治共治、共建共享局面。

（一）陶然亭街道新兴里社区"一委三居一站"的主要做法

"网格化管理，组团式服务"的社区自治模式是以满足居民需求为核心，以信息化为支撑，以群众参与为基础，全方位调动社区资源的居民自助互助管理服务新模式。新兴里社区在推进"一委三居一站"试点工作的过程中，明确了社区党委、社区居委会、社区工作站的职责分工，建立了网格化协商共治机制、项目制社区服务机制，有效推动了社区各大主体参与社区治理和社区服务，形成了多元参与协商、共治共建共享的社区自治局面。

1. 明确职责定位，建立以社区党委为统领的社区治理模式

按照西城区推进社区治理的工作要求，新兴里社区作为区综合试点，积极探索"一委三居一站"治理新模式，构建以社区党组织为领导核心的区域化党建工作格局。新兴里社区党委在街道工委办事处领导下，统领社区内三个区域居民自治组织开展社区建设工作，按照党群服务、居民自治、公共服务、公益服务、准市场和市场服务五大类进行梳理，按照人和事进行划分，重新整合定位。居委会任务更加侧重于做好居民群众的引导、宣传、组织、协调、教育工作。工作站的主要任务是为居民提供好各项社区服务。初步形成社区党委行使领导决策权、社区居委会行使民主监督执行权、社区工作站行使最终服务权的"三权"协调规范的运行机制。

2. 加强场地建设，完善"一委三居一站"硬件基础

办公场地是新兴里社区"一委三居一站"开展工作的重要基础。陶然亭街道充分认识到新兴里社区"一委三居一站"试点工作的重要性，自试点工作启动以来着力推进场地建设，确保"一委三居一站"试点工作有平台。

2015年，街道重点落实"一委三居一站"试点工作开展后三个居委会的用房问题。由街道出面协调两处场地作为规模调整后的新兴里社区临时办公服务用房，再租赁南华东街10号和双柳树二条八排楼一层15号，用于新兴里社区第一、第二居委会办公服务，最后与一瓶小区物业协商，将新兴里第三居委会的办公地点安置在街道还建房内。同时，为了尽快启用新租用的房屋，早日发挥居委会为居民服务的作用，街道及时启动了房屋改造工程，在改造过程中先后开展工程立项、对接设计施工单位、组织现场勘查、验收设计方案和工程预算及图纸等工作，确保改造工程有序推进。

2016年，按照新兴里社区"一委三居一站"试点工作安排，街道社会办持续推进社区工作站及三家居委会办公用房装修改造工程。当年，工程顺

利完工，正式投入使用。

3. 建立网格化协商共治机制，提高社区共治共建水平

新兴里社区通过构建"网格问事、协商议事、为民办事、自治管事"的工作机制，引导居民、社会单位形成大家共同协商、共同参与、共同治理的工作模式，改变了过去"政府做主"的状态，促进了各方协商共治。

首先，成立多方参与的社区"大党委"，加强辖区单位与社区居民之间的联系。在社区党委换届中，成立新一届社区"大党委"，推选中央芭蕾舞团、中国戏曲学院附中、北京师大附中分校、北京众泰鑫物业管理有限公司、西城区环卫中心六队等辖区重点单位的党组织负责人及社区民警担任社区席位制委员，实行大事共议、难事共商、要事共决、实事共办的工作机制，着力引导社会单位主动参与社区建设，形成社区居民和辖区单位之间的良性互动。

其次，成立网格党支部，实行网格议事会、社区党员或党员代表议事制度。确保每个网格有党员，党员充分发挥在网格中的带头引领作用，充分展示党员先锋模范的正面形象。同时，每个网格至少分配一名机关干部和一名社区工作者，机关干部每周至少联系网格一次。

最后，通过项目的实施充分整合居民需求，引导居民自治。动员居民运用自身资源来为自身及邻里提供服务，最终实现居民自主参与、邻里守望相助的友好社区氛围，使网格化管理模式在社区服务管理中实现社会服务"零距离"、社会管理"全覆盖"、居民诉求"全响应"。

新兴里社区整体上形成了街道"大工委"、社区"大党委"和居民区网格党小组统筹架构、支持网格和微网格各项活动的模式。社区通过网格议事会把地区广大党员、社区居民、辖区单位紧密地联合起来，研究社区热点、难点问题和涉及居民公共利益的事项，更好地发挥社区党组织统筹全局、协调各方、整合资源、凝聚人心的作用。

4. 结合社区优势与特征，培育和发展社区社会组织

新兴里社区充分挖掘辖区单位的社会资源，更好地培育群众参与社区的社会组织，培育社区志愿服务队伍。三个社区居委会结合本社区人口特征、

地域特点、精神文化需求，发挥各专业委员会的职能，大力培育社区社会组织，使之涵盖了社区文化教育、环境保护、安全维稳、志愿服务、助老帮扶等多个领域。第一居委会成立了环境建设楼管会，动员居民以自身的力量保护居住环境，保持环境整洁，使之更加规范化、制度化、常态化。第二居委会成立了楼宇网格议事小组，党员带头参与其中，建言献策，在老楼环境治理等方面起到了化解矛盾、促进和谐的作用。第三居委会成立了巾帼志愿者为老服务队，开展为老帮扶、趣味运动会、八段锦晨练、老年模特队展演等活动，丰富了社区居民的文化生活。三个社区居委会参与活动的志愿者达百余人，进一步推动了社区各项工作的开展。

5. 完善一站式综合受理全科服务工作模式

为方便居民群众，提升服务品质，社区采用全科服务理念，实行一站式、敞开式、窗口式办公服务，要求工作人员一岗多责、一专多能，为社区居民提供便利的综合受理服务。每天均有两名工作站人员在前台接待、受理居民的各项申请，实行首问负责制，使居民要办的事在一间办公大厅内完成，缩短办理流程，避免来回跑，使群众办理日常事务更加舒适、方便、快捷。涉及老龄、低保救助、住保审核、人口计生、志愿者队伍、劳动保障、流动人口等多项服务在工作站都能够得到及时受理办结。

（二）陶然亭街道新兴里社区"一委三居一站"的成效

新兴里社区"一委三居一站"是以社区党委为统领，三个社区居委会分别组织协调，社区工作站提供社区服务的一种新型社区自治模式。新兴里社区在推进"一委三居一站"试点工作的过程中，社区党委统筹领导，三个居委会各负其责，通过双向服务、网格议事等形式，形成了一居一品、共驻共建的良好局面。

1. 以共同利益为基础的居民自治模式逐渐形成，一居一品特色鲜明

社区根据区域特点，发挥社区居委会专业委员会职能，以居民需求为导向，广泛调动居民参与社区自治管理的积极性，让居民找到社区归属感和认同感，助推"一委三居"工作。

第一居委会以中央芭蕾舞团家属院和中国歌剧舞剧院家属院为主体，人口特征也较明显。以文化部下属两个文艺团体离退休老干部为主，国家级专业艺术人才聚集，有享受国务院津贴的老艺术家、作曲家、书画家，也有民主党派及老华侨、侨眷等统战人士。因此，第一居委会将培育文化建设作为工作方向。

第二居委会所在区域为双柳树老旧楼房以及平房地区。由于房屋比较陈旧，人口老龄化严重，人员相对复杂，社区居民对于生活环境以及老龄服务要求比较高。在区域内推行网格议事，让居民代表及党员参与到社区建设中来，先小范围征集居民意见，然后召集居民代表参与网格会议，提出合理化建议，逐步落实惠民工程。太平街17号院的老楼粉刷、道路修整、车棚改造、窑台胡同的平房保温改造、双柳树十栋简易楼的煤改电工程均已完成。环境建设和民生保障成为第二居委会的工作方向。

第三居委会所在区域为一瓶小区，一瓶属于高档商品住宅小区，生活环境比较好，常住居民60%以上都来自外省市。小区内设有物业公司，居民对成立业委会维护自身合法权益及对居民精神文化层面的要求较高。协调各方利益，构建和谐文明新型的邻里关系成为第三居委会的工作方向。

2. 双向服务促进了社区资源共享，共驻共建不断深化

整合驻区单位共建资源，充分发挥驻区单位在和谐社区建设方面的积极作用，是推进创新社区服务载体的重要前提。社区与驻区单位开展双向服务，社区党委积极主动帮助驻区单位解决问题；驻区单位也积极开放资源，支持社区共建，实现了社区和单位共建双赢的良好局面。北京师大附中分校多年来积极提供操场及教室资源，为社区组织活动提供了极大的保障；中央芭蕾舞团、中国戏曲学院附中、北京师大附中分校、陶然亭街道社区卫生服务中心等多家辖区单位相继开展了"走进芭蕾艺术鉴赏""娃娃戏进社区展演""社区小助理走访慰问困难家庭""养生保健健康讲座"活动，在丰富社区居民文化生活、提高生活品质、提升文明素养方面为社区建设做出了贡献。

3. 以网格议事会为重要载体，有效解决了迫切的民生问题

新兴里社区充分发挥社区党委的领导作用，发挥社区居委会在协商民主

中的重要作用，广泛听取民声民意，以网格议事会为重要平台，解决迫切的民生问题，取得了良好成效。

在太平街17号院的环境整治中，第二居委会积极推进网格议事。从居民需要建什么入手，收集整理居民意见，聘请专业设计人员，相关部门科室人员共同实地考察，确定可行性分析报告，制定实施方案，再对设计方案进行居民意见征集，直到达成共识后才确定方案，进行施工。

南华东街甲二号院的一条小马路，是居民出门必经的一条路，但路面坑坑洼洼，十分不平整，下雨积水，偶尔出现老人崴脚摔倒，五六年的顽疾，得不到解决。第一居委会主任多次召开网格会议，听取居民的意见并上报街道城管科及主管的处级领导，居委会工作人员亲自丈量路面，写申请，多次和街道协调路面修缮的具体事宜。不到一个月的时间，路面得到了修整，方便了居民出行，解决了安全隐患，获得了居民的一致好评。

2015年11月中央及事业单位管理体制改革，中央芭蕾舞团和中国歌剧舞剧院两个家委会被撤销，单位撤管要推行社会化自治管理。可是"谁来管，管什么，如何管"的问题亟待解决。习惯于单位管理的居民一时间感觉很茫然，居民代表纷纷到社区反映情况，遇到房屋下水修缮、环境卫生、小区治安等问题怎么办，谁来管？面对居民的呼声，社区党委、第一居委会高度重视。社区党委和中央芭蕾舞团党组织负责人进行了多次会谈，商讨解决中央芭蕾舞团家属院自治问题，并帮助其邀请了物业公司，为单位和物业公司搭起了桥梁。在多次沟通和选择之后，中央芭蕾舞团决定实行居民自治管理。第一居委会主任为参与自管的居民提供了陶然亭街道其他社区优秀的自管案例，并将自管制度、规章以及管理经验等以书面的形式发放给居民，并协助他们制定了《中央芭蕾舞团家属院居民公约》，实现了中央芭蕾舞团家属院社会治理制度化、规范化。家委会撤销之后，中国歌剧舞剧院家属院实现了无物业化社会治理，与社区居委会无缝对接。对于几位家委会成员，社区主任与他们进行了心与心的沟通，以消除几位老家委会成员对于撤销家委会的失落感，协助居委会做好工作。历时两个月的时间，在第一居委会的指导下，中央芭蕾舞团和中国歌剧舞剧院家属院顺利实现了"撤家委会建自管会"社会治理模式的平稳过渡。

三 关于陶然亭街道新兴里社区"一委三居一站"试点工作的思考

目前，新兴里社区"一委三居一站"试点工作已经取得了一定成效，初步构建了具有社区特色的自治模式。在下一步工作中，新兴里社区要充分强化社区党委的统筹领导功能、社区居委会的协商自治功能、社区工作站的社区服务功能，进一步完善"一委三居一站"工作体系。

（一）强化社区党委统筹领导功能

目前，新兴里社区党委通过网格议事机制、双向服务机制，统筹领导作用得到了一定发挥。在下一步推进试点工作的过程中，新兴里社区党委要重点从三个方面着手，推进多元力量参与社区治理和社区服务，构建多元共治共享的社区治理格局。

1.进一步完善网格议事机制

目前，新兴里社区的网格议事机制已经形成，社区居民、驻区单位等多元主体已有效参与到社区协商共治中来。在下一步推进工作的过程中，社区党委要重点依托互联网、微信公众号等平台，加强对网格议事工作的宣传，创新提高社区党委的凝聚力，并利用科技创新议事方式，拓宽议事渠道，促使多元主体积极参与到网格议事中来。

2.进一步完善双向服务机制

目前，新兴里社区的双向服务已经取得一定成效，但是尚未形成完善的服务机制。在下一步推进试点工作的过程中，社区党委要加强统筹领导，依托网格议事会有效对接居民和驻区单位需求，定期开展双向服务。一方面，要充分发挥驻区单位的资源优势，社区党委联合驻区单位定期向居民提供专项服务。另一方面，社区党委要对接驻区单位需求，协调解决好驻区单位发

展面临的问题。

3.进一步完善项目制服务机制

社区服务项目制是陶然亭街道社区服务创新的重要内容。新兴里社区在贯彻落实社区服务项目制的过程中,注重加强驻区单位、社区居民的有效参与,已经取得了一定成效。在下一步的工作中,新兴里社区一方面要进一步发挥驻区单位的资源优势,引导其以项目的形式参与社区服务;另一方面要充分发挥社区领袖的凝聚作用,引导并支持社区领袖作为项目负责人,凝聚居民力量参与社区服务。

(二)强化社区居委会协商自治功能

目前,新兴里社区通过网格化协商共治机制,在促进社区居民、驻区单位参与社区治理方面取得了一定成绩。在下一步推进试点工作的过程中,新兴里社区居委会要重点从促进居民参与、对接居民需求、发展社区组织三个方面着手,促进社区居民、驻区单位积极参与社区治理,构建共驻共建、共治共享的社区治理格局。

1.进一步引导居民参与网格议事,扩大议事覆盖面

目前,新兴里社区已经形成了党员、驻区单位、社区工作者多方共同参与的网格议事机制。相对来说,居民的参与范围仅局限在党员之中。下一步,社区居委会要充分发挥居民自治组织的作用,引导社区领袖等更多的居民代表参与到网格议事中来,扩大网格议事覆盖范围,提高网格议事影响力,提升网格议事成效,实现居民自管自治的目标。

2.进一步对接居民需求解决问题,促进共驻共建

目前,新兴里社区居委会通过网格化协商共治机制,能及时了解居民、驻区单位需求。在下一步的工作中,解决好居民、驻区单位的迫切需求是社区居委会工作的重点。具体来看,社区居委会要充分发挥驻区单位的资源优势和社区领袖的智力优势,通过多方努力解决好问题,实现社区共驻共建的目标。

3.进一步发挥组织协调作用，发展社区组织

目前，新兴里社区通过专业委员会大力培育社区社会组织，形成了涵盖文化、教育、志愿服务等多个领域的社区组织。在下一步的工作中，社区居委会要进一步发挥专业委员会的组织协调作用，挖掘驻区单位、社区名人等优势资源，促进社区组织发展，形成更具专业性的社区组织。

（三）强化社区工作站社区服务功能

目前，社区工作站通过一站式综合受理、全科服务的工作模式，在提高社区服务水平方面已经取得了一定成效。在下一步推进试点工作的过程中，新兴里社区工作站要结合自身面临的问题和工作的重点，从推进服务标准化、服务智能化、队伍职业化等方面着手，不断提升社区服务水平，满足居民服务需求。

1.推进社区服务标准化

服务标准化是当前推进"放管服"① 改革的重要内容。对于新兴里社区工作站来说，推进社区服务标准化也是下一步工作的一大重点。具体来看，社区工作站要按照标准化要求，加快梳理服务事项，细化服务职责，明确服务流程，并对相关的事项、流程等内容进行公示，以可视化的形式为居民提供方便高效的社区服务。

2.推进社区服务智能化

智能化是党的十九大报告对社会治理提出的明确要求，也是当前社区服务的一大发展趋势。新兴里社区可以借鉴其他社区经验，借助科技手段，与专业公司共同开发便民服务系统，通过定点系统、互联网、手机客户端等多个终端为居民提供电子化的社区服务，提高社区服务智能化水平。

3.推进社区工作者职业化

目前，社区工作站承接了众多的社区工作，既包含社区服务，也包含社区管理，社区工作者面临工作任务多、工资待遇低等问题。在下一步的工作

---

① 放管服：简政放权、放管结合、优化服务的简称。

中，新兴里社区工作站要进一步明确自身职责，聚焦社区服务，为社区工作者减负。同时，也要注重社区工作者的发展前景，合理提高社区工作者待遇，为其工作晋升提供空间。

四 陶然亭街道新兴里社区"一委三居一站"的启示

新兴里社区"一委三居一站"是社区治理体系创新的重要实践，其在促进驻区单位、社区组织、社区居民等多元主体参与方面取得了良好成效，对于其他社区创新社区治理体系具有重要参考价值。具体来看，其主要是以分类治理理念为指导，以硬件建设为基础，创新多元共治的治理机制，并推进社区组织的发展，从而形成了多元共治共建的社区治理体系。

（一）明确职责分工，推进分类治理

分类治理体现的是精准治理的理念。这一理念是陶然亭街道社区治理创新的核心内容，也是当前社会治理创新的一大发展趋势。对于社区来说，分类治理的核心是要在以社区党委为领导、社区居委会为主体、社区工作站为补充的社区治理格局中，对治理区域、治理对象合理分类，并以社区居委会为核心开展分类治理、分类服务。

要充分借鉴新兴里社区"一委三居一站"试点工作的经验，以精准的治理理念、明确的职责分工，推进社区治理创新。一方面，合理划分区域，在对应区域设立相应数量的社区居委会，以适合所在区域特征的治理方式，实现一对一的精准治理。另一方面，按照社区党委、社区居委会、社区工作站的基本职责，对三类主体进行分工，明确其基本职责与任务，促使其有序开展工作。

（二）创新工作机制，推进社区共治

工作机制是确保社区工作有序开展的重要基础。工作机制创新则是社区治理创新的重要内容。当前，社区治理创新的重点是推进多元参与社区治

理、社区服务，发挥驻区单位作用，促进居民自治，打造共建共享的社区治理体系。

要充分借鉴新兴里社区"一委三居一站"试点工作的经验，以协商共治、精准服务为导向，加快推进社区治理机制创新，实现多元共治共享。一方面，要以协商共治为导向，以网格化管理为基础，建立网格化协商共治机制，实现驻区单位、社区居民共同参与社区治理。另一方面，要以精准服务为导向，依托网格化管理建立需求对接机制，精准对接驻区单位、社区居民需求。同时，要充分整合社区资源，发挥社区居委会的组织协调作用，为驻区单位提供对口的社区服务；发挥驻区单位的资源优势，为居民提供优质的社区服务，从而建立完善的社区双向服务机制。

（三）培育社区组织，发展自治力量

社区组织是社区治理的重要主体。党的十九大报告明确指出，要加强社区治理体系建设，发挥社会组织作用，实现政府治理和社会调节、居民自治良性互动。社区组织是社区发展起来的一种自治组织，既有社会组织的属性，也有居民自治的属性，是推进社区治理体系建设的重要载体。

要充分借鉴新兴里社区"一委三居一站"试点工作的经验，结合社区的优势和特征，培育社区组织发展，壮大自治力量，完善社区治理体系。一方面，要重点从社区资源着手，培育文化等各个领域的社区组织，优化社区服务功能，提升社区凝聚力。另一方面，要重点从社区需求着手，培育自治组织、志愿服务等各类社区组织，满足居民需求、社区发展需求，如，针对老年人问题成立为老服务队，针对停车难问题成立停车管理组织等。

（四）加强硬件建设，优化服务环境

硬件建设是开展社区服务的重要平台，硬件水平则是社区服务环境的重要体现。在推进社区治理体系建设的过程中，硬件建设是重要的基础，没有硬件基础，治理和服务工作难以开展。同时，社区党委、社区居委会、社区

工作站等硬件建设也是反映社区文化、体现社区服务水平的重要载体。

要充分借鉴新兴里社区"一委三居一站"试点工作的经验，以满足办公需求为前提，以优化服务环境为目标，加快推进办公场地建设和改造。首先，充分整合社区资源，合理腾退空间，为社区党委、社区居委会、社区工作站提供必要的办公场地。其次，充分考虑便民因素，推进办公场地的优化改造。最后，将办公场地建设与社区文化建设有机结合，提升社区服务水平和文化凝聚力。

参考文献

北京市委、市政府办公厅：《北京市关于深化街道、社区管理体制改革的意见》，民政部门户网站，2016年3月11日。

中共北京市委、北京市人民政府：《关于深化北京市社会治理体制改革的意见》，北京社会建设网，2015年8月12日。

西城区：《西城区天桥街道探索多居一站社区治理模式取得成效》，北京应急网，2015年8月3日。

王木森：《精细治理与精准服务："一站多居"社区治理服务创新》，《行政与法》2017年第11期。

新兴里社区：《新兴里社区"一委三居一站"综合试点》，2017。

B.14
陶然亭街道党建统领的区域化党建模式创新

摘　要： 区域化党建以区域作为范围进行统筹领导，由区域党委进行整体统筹、社区党组织和其他基层党组织作为重要节点形成的党建网络体系，是基层党建工作的一种创新探索，也是当前加强基层党建的重要趋势。陶然亭街道地处首都功能核心区，在创新区域化党建模式的过程中，结合街道发展实际，从明确发展思路、构建组织体系、加强资源整合、创新工作方式、拓展服务平台等方面着手，形成了以区域化党建为引领、党政融合的社会治理新模式，为其他地区开展区域化党建提供了重要参考。

关键词： 陶然亭街道　基层党建创新　区域化党建　党建统领

一　陶然亭街道开展区域化党建的背景分析

区域化党建是在农村城市化和城乡一体化背景下产生的新型党建方式。区域化党建以区域作为范围进行统筹领导，由区域党委进行整体统筹、社区党组织和其他基层党组织作为重要节点形成党建网络体系，其创新之处在于以区域为统筹的组织模式、以现代科技为支撑的党建方式。

陶然亭街道地处首都功能核心区，开展区域化党建工作，既是贯彻落实中央要求、创新基层党建工作的需要，也是适应街区发展需求、创新街区治理模式的需要。

（一）符合创新基层党建工作的导向

党的十七大报告强调要"优化组织设置，扩大组织覆盖，创新活动方式"。党的十八大报告明确指出要"创新基层党建工作，夯实党执政的组织基础"。在此背景下，北京市作为首都，贯彻落实中央要求是政治要求。对于西城区来说，作为首都功能核心区，贯彻落实中央要求是必然要求。同时，西城区还要充分发挥首都功能核心区的带头作用，走在基层党建创新的前列。陶然亭街道作为西城区的十五个街道之一，是红色文化的教育基地所在，以区域化党建模式推进基层党建创新，是其贯彻落实中央要求的需求，更是发挥其红色文化优势的需要。

（二）顺应创新街区治理模式的趋势

社会治理创新是中央提出的明确要求。区域化党建通过发挥党建引领作用，能有效推进社会治理模式创新。在社会主要矛盾逐步发生转变的阶段，陶然亭街道充分认识到基层党建在街区治理体系中的重要作用，开始探索创新以区域化党建为引领的街区治理模式。

一方面，通过区域化党建充分发挥街道和社区党组织在街区建设中的领导核心作用，特别是在街区的统筹谋划、资源整合、组织实施、延伸发展等方面加强引领。同时，最大限度地发挥党组织的资源整合优势，将街区内产业相近、关系松散的单位聚合成相互依托、共同发展的党建共同体和利益共同体，整合各单位的品牌资源、管理资源、党建资源，汇聚力量促进街区发展，从而把组织资源转化为发展资源，把组织优势转化为发展优势。

另一方面，通过区域化党建发挥"党建+"的平台作用，实现党组织服务的集约化、优质化，凝聚调动各方力量，强化党组织的服务功能，推进社会治理创新。通过坚持区域共治的工作理念，实现区域化党建平台与共治平台的有机融合，以党建为引领促进街道各个部门之间的联动，最大范围调动、最高效率整合区域资源，更好地为群众提供精准有效的服务和管理。

二 陶然亭街道区域化党建工作实践

2012年9月,陶然亭街道组建了"大工委",标志着街道区域化党的建设工作从理念层面开始走向实践,并在推进区域化整体发展中取得了初步成效。陶然亭街道"大工委"的工作职责如表1所示。

表1 陶然亭街道"大工委"工作职责

序号	主要职责
1	学习贯彻落实中央、市、区委的决议、决定
2	研究区域内党建共建中长期发展规划和年度计划
3	讨论区域内党的建设、经济发展、城市管理、精神文明、社会事业、安全稳定、民生保障等方面的重大事项
4	规划区域发展的中心任务、大型活动、公共服务、和谐社区建设等重大事务
5	统筹协调区域内机关、企事业单位、社区的党建工作,组织动员辖区内各类党组织、全体党员和各界力量共同参与社会管理服务
6	通报区域共建成果,征询辖区单位党组织的意见、建议,协商解决社会管理、社区建设、经济发展中存在的问题,提出具体意见和实施办法
7	充分利用、整合辖区内的各类资源,形成党建合力,不断推进"实现区域化整体发展,共创陶然式美好生活"的进程

资料来源:根据陶然亭街道提供资料整理。

(一)明确发展思路,规划发展布局

街道工委始终坚持从从严管党治党、巩固党执政基础的大局出发,深刻认识基层党建的重大意义,从区域发展新的历史起点上,运用系统论的观点和方法,将学习型组织理论应用于推进社会服务管理创新的实践中去,规划出"实现区域化整体发展,共创陶然式美好生活"的发展方向。准确把握街道的工作定位并提出了"携手四方、共创陶然"的区域精神和"阳光理政、用心服务"的政务理念。从打造以"优美的城市环境、优质的民生保障、优雅的文化品质、优良的道德风尚"为目标的陶然式高品质生活入手,

研究确定党委领导系统化、政府负责规范化、社会协同组织化、公众参与多元化、法制保障专业化的"五化"发展路径。

（二）构建组织体系，夯实区域化党建的组织基础

街道工委始终坚持把创新社会治理、加强基层建设作为重要课题进行调研，重点梳理街道体制机制、社区治理体系、多元主体参与社区共治、基层服务保障等方面的问题。从组织体系入手，以"大工委"为统领、7个区域专业委员会为依托、8个社区"大党委"为支撑和85个群众工作网格为基础，构建"1+X"区域化党组织网络体系，搭建起街道、社区党组织和辖区单位、社会组织、非公企业党组织之间协调互动的党组织平台。创新"党建+组织工作联创机制""党建+经济发展联促机制""党建+城市管理联抓机制""党建+精神文明联建机制""党建+文体活动联办机制""党建+安全稳定联保机制""党建+民生服务联做机制""党建+社区建设联动机制"等，通过条块联动，为街区共建美好生活提供了组织保证。发挥街道"大工委"统领作用，加快基层服务型党组织建设，有效整合地区党组织和党员等党建资源，服务辖区单位、居民。

（三）扩大资源整合，激发区域化党建的内在活力

街道工委始终坚持统筹发展理念，把区域化整合提升街道统筹治理能力作为现实路径。在整合执法资源上，联合辖区内公安、城管、工商等执法部门，探索建立了"三自一专、一主多辅"的保障性执法机制。在整合社会资源上，设立了区域化党建发展项目资金50万元，鼓励支持辖区单位开放资源，认领了"社区文艺人才培养工程""夜间免费泊车""红色电影放映基地"等多个项目。在盘活市场资源上，设立专项资金购买社会组织服务，大力培育发展地书协会、老年人协会、物业协会、旅店协会等，使其成为街道枢纽型社会组织。各类资源的深度整合，激发了区域化党建的内在活力，促进了街道的转型发展、融合发展和均衡发展。

（四）创新工作方式，切实解决辖区内的重点难点问题

街道工委始终坚持协商民主制度，发挥街道"大工委"、社区"大党委"协调议事作用，人口疏解、"城市病"治理成效显著，黑窑厂街、双柳树胡同环境秩序改善明显，城市品质进一步提升。深化共驻共建工作模式，区域性物业协会在老旧小区、平房院落内推行"准市场化"物业管理方式，为居民提供菜单式服务。将基层党建阵地延伸到街巷胡同网格，切实解决龙泉社区荒地绿化、红土店社区错峰停车等社区群众反映集中的困难和问题。随着区域化党建工作深入开展，越来越多的单位和居民对区域化党建的认识逐渐提高，居民对社区的认同感和归属感也不断增强。

（五）拓展服务平台，提升区域化党建的价值内涵

街道工委始终坚持以需求为导向，打造社区管理和社区服务的新平台。开辟了中小企业集中注册的"绿色通道"，联合各职能部门为中小企业提供"一站式"全方位上门服务。搭建了"街道、社区、微网格"三方联动平台，进一步整合了行政资源、社会资源、市场资源，探索实施了网格议事运行模式。建立新型邻里关系，通过开展"邻居节""楼宇俱乐部"等睦邻文化活动，进一步增强了居民"讲文明、树新风，共建美好家园"的主人翁责任感。通过以党建工作创新促进社会管理创新，形成了街道党建工作新特色，打造了党建工作新品牌。

三 关于陶然亭街道加强和改进街道区域化党建工作的建议

陶然亭街道的区域化党建工作已经取得了一定成效，在下一步的工作中，要全面加强街道区域化党建工作，充分发挥党组织在统筹区域发展中的引领作用。街道要坚持以党的建设带动社会治理，巩固党的执政基础，深化"红墙意识"，提升发展品质，促进社会有序发展。

（一）准确把握区域化党建工作的总体要求

陶然亭街道区域化党建的目标是实现"陶然式美好生活"。在开展区域化党建工作过程中，要充分把握这一目标，以中央精神为指导，进一步探索党建引领、多元共治的工作模式。

1. 进一步明确指导思想

认真贯彻落实党的十八大和十八届三中、四中、五中、六中全会精神和习近平总书记系列重要讲话，全面提高党建的科学化水平。在深入推进科学治理、全面提升发展品质进程中，积极探索社会治理新路径，统筹区域内各种党建资源和社会资源，构筑起党建引领、同向共建、共治共享的工作新格局，从而为实现区域化整体发展，共创"陶然式美好生活"提供坚强有力的组织保障。

2. 进一步聚焦工作目标

以增强政治保障和服务能力为目标，深入落实"组织全覆盖、服务全响应"工作要求。发挥街道"大工委"、社区"大党委"、网格"党支部"的"1＋X"联动组织体系作用，运用党建资源动员社会力量参与社会治理。针对城市管理和民众需求，组织专业管理，开展社区服务，努力营造城市环境优美、民生保障优质、文化品质优雅、道德风尚优良的区域环境。

（二）积极构建区域化党建工作新格局

陶然亭街道要进一步明确街道"大工委"、专业委员会、社区网格等主体职责，进一步发挥各大党建主体的作用，着力构建具有陶然特色的区域化党建工作新格局。

1. 深化街道"大工委"统筹作用

街道"大工委"作为区域化党建议事"协调部"，要共谋区域发展思路，推动重大项目落地，研究区域化党建工作。发挥社区党组织联结纽带作用，建立健全社区"大党委"席位制的共治共建组织运行机制，推动共驻共建资源共享，服务广大居民群众，提升社区自治建设水平。

2. 强化专业委员会职能发挥

街道"大工委"下设七个专业委员会，即党建协调委员会、经济发展委员会、城市管理委员会、文化体育委员会、民生服务委员会、安全维稳委员会、精神文明委员会。专业委员会作为执行机构，不断发挥党建工作联创、经济发展联促、城市管理联抓、精神文明联建、文体活动联办、安全维稳联保、民生服务联做、社区建设联动作用，以"创、促、抓、建、办、保、做、动"为抓手，推动社区科学治理工作。

3. 巩固网格化治理服务模式

推动党组织向85个网格全覆盖，健全党员服务管理体系。建立区域化党建大数据库和网络运行系统，发挥党建信息化平台互联互通的作用，使组织系统更加紧密、社会动员更加有力、推动工作更为顺畅、服务党员群众更为有效。创新党员服务管理方式，以党员教育管理服务中心为阵地，从组织建设、思想建设、文化建设三个方面着手，使党员服务管理范围向生活在社区的在职党员、流动党员和辖区单位的党员延伸。

（三）不断丰富区域化党建工作方式

党建工作方式要与时俱进。陶然亭街道要结合街区发展需求和居民服务需求，不断创新和丰富党建工作方式，以更好地服务于居民需求和街区发展。

1. 完善工作机制

坚持会议制度。街道"大工委"每半年召开一次工作会，对区域化党建工作进行调研总结。各专业委员会每季度召开一次工作会，探讨专题研究事宜。社区"大党委"每月召开一次会议，研究社区共建共治问题。建立党建工作双向联系制度，积极开展党建活动，相互交流经验成果。

2. 打造服务载体

坚持以需求服务为导向，推行区域"契约式"共建做法。实行区域共建项目化运作，落实区域化党建工作。设立50万元区域化整体发展项目专项资金，运用项目管理推动方式，落实区域化党建工作的各项任务。以街道

党员教育管理服务中心为平台，为辖区开展党群组织"阵地化"教育活动提供场地设施，引入社会组织提供专业化服务。

3. 加强党员管理

打造党员"10分钟组织生活圈"，探索开放式组织生活，创新区域党内生活方式。以《西城区共产党员活动手册》推动党员日常教育管理工作的规范化、细致化和痕迹化。探索建立流动党员动态信息卡管理，强化流动党员属地意识，促使其主动参与党内活动，提升党员归属感。

4. 组建基层党建顾问团

按照自主、自愿、参与、服务的原则，组建基层党建顾问团。聘请熟悉社区党建工作、具有较高理论水平和长期从事基层一线党建工作的实践型人才，使其协助"大工委"研究、抓好区域化党建工作，开展基层党建课题研究，为社区、单位开展党建工作当好智囊团，进一步提高区域化党建工作水平。

5. 推行党员教育学习联动模式

加强区域党组织上下联动和横向互动，按照集约共享、开放互融的原则，联合开展区域性、跨行业、跨单位的党课教育、党务培训、主题党日等活动，邀请区域内党员、群众广泛参与，增强辖区党组织、党员的凝聚力，进一步增强党员党性意识、服务意识。

6. 探索实施"党员+项目"工程

围绕市、区开展的"疏解整治促提升"专项活动，在党员中开展"陶然党员先锋行、提升品质促发展"主题实践活动，号召广大党员认领项目任务，带头履职践行承诺，形成多元参与社区治理和环境建设的社会氛围。

（四）加快推进"党建+"的工作模式创新

在街道"大工委"统筹协调下，围绕党建引领科学治理、提升发展品质工作，发挥"党建+"平台作用，以七个专业委员会为依托，把各项工作任务做深、做细、做实。

1. 组织工作联创

按照便于党员参加活动、便于党组织发挥作用的原则，积极推进辖区各类基层党组织间的合作共建，形成街道、社区、辖区单位基层党建工作一体化的运行体系。实行区域共建项目认领制，建立以街道经费投入为主、党费和社会支持为补充的党建经费保障制度，创新组织服务形式，主动对接社会需求和群众诉求，推进各领域党组织建设。

2. 经济发展联促

坚持调整疏解与优化发展并重，不断优化区域功能。坚持市场引导，加强政策集成，创新服务模式，全力疏解重点项目。结合提升生活服务品质目标，加快调整低端业态。加大对重点纳税企业、非公企业和中小企业的扶持力度，加强与企业间的沟通联系。

3. 城市管理联抓

坚持科学治理，建设宜居宜业家园。重点整治城市乱象，建好"民心工程"。推进城市精细化管理，着力改善老旧小区、平房区的管理服务。推进实现街区整治，探索成立"社区共治共建共享管理委员会"，整合优质管理资源，改善生活环境。

4. 精神文明联建

巩固全国文明城区创建成果。用好区域文化资源，拓展新路径，增强文化认同。运用多种媒体做好思想宣传和舆论引导工作，培育文明道德风尚，培育良好家风家教，培育文明诚信服务。积极创建健康向上的人文环境，开展文明行为、文明交通、友善礼让、公益慈善等活动，形成良好的社会氛围。

5. 文体活动联办

以创建首都公共文化服务示范区为契机，构建布局合理的街、社两级公共文化服务设施网络。借助驻街中央、市属文化单位的资源优势，实现区域文化发展成果共享。加强陶然文化内涵及价值研究，推进街区历史文化博物馆建设，提升地区文化品牌的软实力，使"陶然文化"成为辖区单位和社区居民的自觉认同和精神追求。

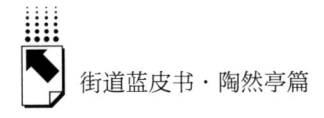

6. 安全稳定联保

发挥多元主体作用，全方位织严织密立体化社会治安防控网络，健全社会治安防控等体系机制。高标准建设街道综治中心，完善社会防控工作体系。统筹调控人口规模，优化区域功能。推进小微企业安全生产标准化创建，完善劳动争议调解服务，维护辖区和谐劳动关系。

7. 民生服务联做

推进街道社会组织服务中心等阵地建设，满足地区群众生活需求。规划地区养老设施布局，尝试养老服务社会化、市场化运作，满足养老服务需求。完善志愿服务长效机制，引导组织有能力、有特长的党员、群众参与志愿服务活动，增强区域内党组织和党员对服务群众、服务单位的认同感、责任感。

8. 社区建设联动

发挥社区大党委"战斗堡垒"作用，促进社区民主自治管理。不断完善多元共治、积极协同的基层社会治理机制，发挥"基层党建顾问团"的积极作用，会商解决社会治理热点、难点问题。按照社区党建网格化运作模式，将社区党员、居民领袖、专业社工、辖区单位、社会组织等资源纳入网格中，形成多元治理、共建共享工作格局。

（五）切实加强区域化党建的组织领导

区域化党建工作的开展离不开组织领导。陶然亭街道在下一步的区域化党建工作中，要进一步发挥党组织的统筹领导作用，以群众满意度为导向提升党组织的服务能力，并注重加强对党建工作的总结与宣传，不断提升党组织的凝聚力和影响力。

1. 加强组织领导

各级基层党组织作为实施主体，要以总揽全局的视野推进区域化党建工作，主动纳入党建工作议事日程，切实加强组织领导。要以改革创新精神推进区域化党建工作，抓好区域化党建工作，创新方法，拓展内容，建立健全体系。要以科学方法推进区域化党建，尊重首创精神，深化规律认识，实施品牌战略。

2. 健全评价机制

强化考评结果，以群众满意为目标，建立量化评价、群众参与型评价体系，年底对区域化党建进行评价考核。深化责任监督，组织党代表、人大代表、政协委员以及社区代表等对基层党组织推进区域化党建情况进行检查监督。加强激励引导，定期表彰奖励在基层党建、环境建设、精神文明、安全维稳、服务民生和社区共建等方面表现突出的单位和个人，不断提升党建工作的影响力。

3. 加强总结提升

深入调查研究，及时总结区域化党建工作实践中好的经验和做法。推进网络党建，积极推广党建微博、微信公众号等形式的宣传平台。树立先进典型，充分发挥先进典型在加强区域化党建工作中的引领示范作用。加强舆论宣传，充分利用报刊、网站、微信平台等媒体宣传区域化党建工作成果。

四 陶然亭街道区域化党建工作的启示

陶然亭街道通过全面加强街道区域化党建工作，充分发挥党组织在统筹区域发展中的引领作用，坚持以党的建设带动社会治理，巩固党的执政基础，有效提升了街区科学治理水平，促进了社会有序发展，为其他街道开展区域化党建工作提供了重要参考。

（一）加强党建工作引领，形成治理共识

党委领导是中央对创新社会治理工作提出的明确要求。要借鉴陶然亭街道经验，发挥区域化党建的引领作用，推动基层党建实现"四个转变"[1]。一方面，要加强区域化党建对社会治理工作的统筹领导，形成以党建为引领

---

[1] "四个转变"，即从上层着力向基层着力转变，从局部推进向整体推进转变，从各自封闭向共同参与转变，从简单粗放向精准发力转变，从而达到加强统筹、上下联动、力量下沉、全面覆盖、落实落细的效果。

的部门共识。另一方面，要加强区域化党建对社会公众的领导，充分发挥基层党组织的政治引领和党员的带头引领作用，形成社会公众对区域化党建工作的基本共识，促进街区共治共建。

（二）完善党建组织体系，夯实治理基础

完善的组织体系是工作开展的重要基础和前提。要借鉴陶然亭街道经验，着力构建街道"大工委"、专业委员会、社区党委等街区联动的组织体系，为区域化党建工作的开展提供组织基础。同时，要推进决策由体制内向体制外延伸，规范"大工委"议事决策程序，完善"大工委"项目认领、工作例会等相关制度。围绕组织共建、学习共抓、信息共享、服务共推、文明共创等方面开展深度合作，形成共建项目。积极探索行业协会等新社会组织的党组织建立方式，不断扩大党组织和党建工作覆盖面。

（三）优化党建工作机制，形成治理合力

区域化党建是一项系统工程，科学高效的工作机制是提高党建工作效率的重要保障。陶然亭街道党政工作融合的区域化党建模式，有效避免了党建工作和街道工作"两张皮"的问题，提高了党建工作效率。因此，要借鉴陶然亭街道区域化党建工作经验，重点围绕街区治理和服务群众目标，发挥基层党建推动发展、服务群众、凝聚人心、促进和谐的引领作用。具体来看，要以区域化党建为引领，将党建工作与经济发展、文化建设、民生保障、安全稳定、城市管理等方面的街道工作相融合，形成条块联动的"党建+"工作体系，提高街区科学治理水平，促进街区的可持续发展。

（四）整合区域党建资源，构建多元参与格局

完善的多元参与机制，能通过多元主体的参与，提高多元主体的融入感、获得感，从而提升其满意度。要借鉴陶然亭街道区域化党建工作经验，建立多元参与机制，促进党员、居民等多元主体参与区域化党建工作。组织党代表、人大代表、政协委员等各界人士对区域化党建情况进行检查监督。

建立量化统计、分析的指标评价体系，增加社区群众、辖区单位等服务对象的满意度权重比例。加大社区居民、辖区单位对政府服务评价的参与力度，不断提升党建工作的影响力。坚持以鼓励、激励为主，定期表彰奖励在基层党建、环境建设、精神文明、安全维稳、服务民生和社区共建等方面表现突出的单位和个人。

（五）加强党建人才体系建设，提升党建工作成效

党建人才是区域化党建工作开展的重要主体，是决定区域化党建水平的关键。要借鉴陶然亭街道区域化党建工作经验，从选择人才、培养人才、发挥人才作用等多方面，推进区域化党建人才体系建设，不断提升区域化党建工作成效。

首先，要结合"全响应"网格化社会服务管理工作，运用信息化手段，大力推进区域人才库和党建资源库建设，统筹区域人才队伍，整合各类党建资源。借鉴陶然亭街道基层"党建顾问团"经验，挖掘熟悉社区党建工作、具有较高理论水平和长期从事基层一线党建工作的实践型人才，建立人才库和资源库，为基层党建研究提供必要的智力支撑，不断提升区域化党建的工作水平。

其次，要整合辖区资源，借助党校等社会力量加强党员的学习教育，提升党员队伍的知识水平和党建能力。借鉴陶然亭街道党员教育学习联动模式，加强区域党组织上下联动和横向互动，开展跨区域、跨行业、跨单位等多种联合形式的教育、培训活动，在强化党员党性意识、服务意识的同时，提高党员的知识水平和业务水平。

最后，要坚持区域人才"从社区中来，到社区中去"的方针，做实在职党员进社区报到，强化其属地意识，促使其主动参与共建活动，实现党员"关系在单位、活动在区域、奉献在岗位"，充分发挥党建人才的带头作用。借鉴陶然亭街道"党员+项目"工程经验，广泛开展党员认领项目活动，调动和发挥辖区内党员参与社区建设的积极性，进一步扩大党员队伍组织活动范围，提升其社会治理能力。

参考文献

孙仕柱：《在陶然亭街道进一步推进区域化党建工作会议上的讲话》，2017年3月。

张丁：《实现区域化整体发展，共创陶然式美好生活——陶然亭街道推进区域化党建工作报告》，2017年3月。

陶然亭街道：《关于加强和改进陶然亭街道区域化党建工作的意见》，2017年3月27日。

B.15
陶然亭街道：推进名书记工作室建设提升基层党组织负责人履职能力

摘　要： 党的十八大以来，习近平总书记对加强城市基层党建工作多次做出重要指示，对加强城市基层党建提出了更高要求。各地都在创新理念、创新举措、大力提高城市基层党建质量方面做出了探索。陶然亭街道的名书记工作室是推动基层党建的重要创新品牌，尤其在人才培养方面进行了积极的践行与探索。本文重点梳理了陶然亭街道名书记工作室的具体做法以及存在问题，并基于此总结重要的经验，以期为基层党建提供可借鉴的经验。

关键词： 陶然亭街道　基层党建　名书记工作室

基层党组织是党和国家开展党建工作最基础的单元，担负着党政方针、政策执行与落实的重要责任，在我国党组织结构中具有不可替代的作用。基层党组织的带头人，是落实各项政策的组织者、实践者和推动者。基层党组织书记要明确自己在党支部的作用和定位，要用自身的政治思想、道德品质、知识素养、领导艺术和组织才能去影响和带动班子成员和全体党员，从而使党支部形成领导合力，更好地贯彻和完成上级党组织交派的相关任务、决议及决定。

一　名书记工作室设立背景简述

2015年4月，北京市西城区委组织部申报了一个市级基层党建创新项目，即构建"366"党组织负责人阶梯培养体系。项目自2015年4月至2017年4月，历时2年，共分三个阶段进行，即前期准备、开展试点、全面推进阶段。"366"，即搭建"3个平台"——完善后备人才库、建立书记工作站、成立名书记工作室；建立"6项措施"——后备人才准入制度、开通党务工作热线、设置党建工作论坛、开设书记大讲堂、实施名书记导师制、建立基层党建巡回指导制；覆盖"6大领域系统"——机关系统、教育系统、卫生系统、国资委系统、街道系统、非公及社会组织领域（见图1）。项目旨在针对基层党组织负责人队伍建立一个通用性的素质模型和培养方法，加强基层党组织负责人队伍建设，不断提升基层党组织负责人综合素质和建设能力。

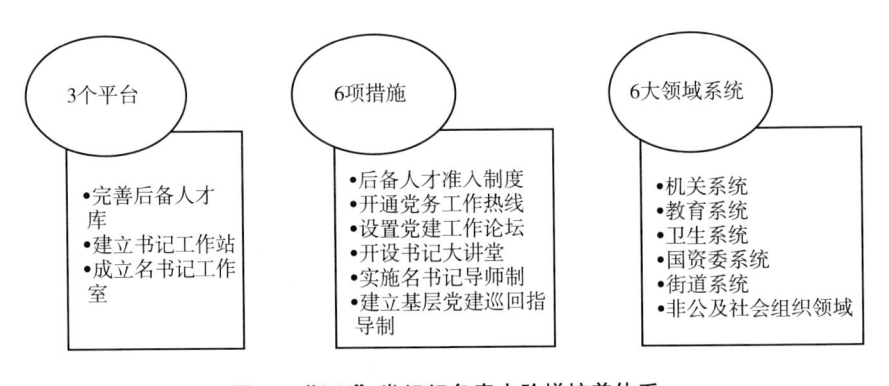

图1 "366"党组织负责人阶梯培养体系

名书记工作室既是"366"党组织负责人阶梯培养体系的一个重要平台，也是西城区基层党建创新项目，是在党员教育管理，党组织负责人及党务工作者队伍建设上的一次方法创新。目的是进一步加强基层党组织骨干书记队伍建设，提炼党建经验，培育树立党建品牌，充分发挥名书记的引导、示范作用，重点培育骨干书记，打造一批党建精品，实现党建带头人和党建精品项目的双丰收。

名书记工作室采取导师制的方式。选择一批党建理念新、党务经验足、工作成绩优的名书记当先生，每人指导2~4名中青年骨干书记。在两年的培养周期里，名书记要制定培养对象周期培养目标和工作室年度工作计划，并通过举办党务工作思想研讨会、名书记大课堂等形式，总结党建做法，传递党务经验。此外，名书记还要到帮带对象社区现场指导、把脉问题，深入开展党建创新项目或主题实践活动。

此模式形式新颖，内容务实，为社区书记和党务工作者搭建了平台，使社区书记和党务工作者在积累党务工作经验的同时，也可以更加注重相关成果的分享；为进一步推动街道基层党建工作的开展，提高党建工作水平和打造新的党建品牌奠定了坚实的基础。

按照《西城区基层党组织名书记工作室管理办法》的要求，名书记的准入条件，一是政治素质过硬；二是党建业绩突出；三是开拓创新精神强；四是群众威望高。

二 陶然亭街道名书记工作室的主要做法

自构建"366"党组织负责人阶梯培养体系以来，陶然亭街道在推进名书记工作室平台建设方面，取得了较突出的实效，并探索出一系列创新路径。陶然亭街道共辖8个社区，社区党委书记素质都比较高且各具特点，均符合名书记条件。街道工委经过认真研究决定，确定党建工作经验比较丰富的龙泉社区党委书记担任名书记，在龙泉社区建立名书记工作室，开展社区党组织负责人培养工作。

（一）量身定制培养规划，健全各项工作制度

陶然亭街道在名书记工作室下专门设置了3个书记工作室，分别由3名社区书记牵头负责，带领各自的团队学习党建工作理论和经验。名书记根据成员实际情况，制订两年培养计划（1个周期）和年度工作计划，具体内容包括时间设置、帮带形式、辅导内容、突破方向、预期成果等。与此同时，名书记工作室通过建立相关规章制度，进一步明确具体任务、管理办法、例会制度、学习培训等相关内容；同时安排每月活动主题，建立"一帮一"的社区书记结对互助、名书记导师制、党建巡回辅导制等工作机制；并且开

展定期碰头与交流活动，深入讨论、交流基层党组织建设、党员干部队伍建设的重点和难点问题。

（二）群策群力共同破解难题，发挥党群服务合力

针对新形势下基层治理的难题，名书记工作室通过基层党建与基层治理相融合的方式，利用群策群力的优势，化解基层疑难杂症。陶然亭街道名书记工作室抓好居民区党组织书记这支队伍的培训指导，搭建征询、议事、宣传、评议的服务平台。此外，街道在实地调研的基础上会诊解决旧街坊改造等棘手难题，进一步发挥工作室的智囊团作用，通过传帮带指导居民区党组织以党建引领来完成旧街坊的整体改造。名书记工作室进一步体现了为民服务的宗旨，解决群众问题的同时在一线进行带教实践，实现了党建带头人的培养和党建工作的双促进。

（三）发挥引导示范作用，实施个性化辅导

坚持将创新理念置于培养帮带中，梳理总结好的党建形式、内容和方法。名书记在两年的培养周期里，通过对数名中青年骨干记的指导，利用党务工作思想研讨会、名书记大课堂等形式，总结党建做法，传递党务经验。与此同时，名书记工作室通过合作共享、疑难共商、共育互学，把名书记工作室打造成年轻干部培训跟学、党务干部交流互学、优秀干部分享教学的平台。例如，通过理论研讨，更新党建理念；通过案例分析，提升研究能力；通过主题活动分享，提高组织水平；通过把脉诊断，提高解决问题能力。

（四）总结党建经验，积极探索党建共建工作运行模式

坚持做到"三结合"。一是与重点工作相结合。充分发挥基层党组织的政治核心作用和党员的先锋模范作用，围绕街道、社区的中心工作，积极带领基层党组织和广大党员投身街道发展，深入推进区域化党建工作，注重创

新服务载体，统筹服务资源，为群众提供多样化、个性化服务；二是与党员队伍建设相结合，积极探索党员教育的新途径、新方法，发挥社区党组织和党员联系群众紧密的优势，团结带领群众参与社区建设，共同创造美丽幸福家园；三是与书记队伍建设相结合，积极创造条件，加强合作交流，促进书记抓党建工作能力的提升，促进书记队伍抓基层党建能力的提升，打造一支社区党建工作带头人队伍。

（五）争创基层党建特色品牌，促进区域全面发展

围绕"五个好"（领导班子好、党员队伍好、工作机制好、工作业绩好、群众反映好）目标和区委有关要求，争创基层党建工作特色品牌，以名书记工作室为载体，实现基层党组织的资源共享、交流联动、互动共赢，形成党建特色。坚持将培树品牌置于培养帮带中，打造优秀党建项目，创立优秀党建品牌。着力发挥名书记的引领带动作用，举办党务工作研讨会，总结学习党建工作做法，交流党务工作经验，培育新的非公党建创新项目和示范点。采取组织研讨、现场指导、参观学习、观摩点评和经验交流等多种形式，为社区党组织搭建党建工作成果的展示和学习平台，引导优秀社区党组织发挥示范带动作用。积极探讨社区党建工作新课题、新举措，善于总结、提炼，以党建创新项目、服务群众项目为抓手，形成党建工作特色名片，加强宣传，逐渐形成特色品牌。

（六）注重后备人才库管理，形成培养帮带长效机制

为进一步加强社区党组织负责人队伍建设，陶然亭街道非常注重后备人才库管理，着力促进社区党组织负责人后备人才管理制度化和规范化。社区党组织负责人后备人才库管理始终坚持党管干部的原则，坚持民主、公开、竞争、择优的选任要求。每个社区要根据自身情况，积极选拔优秀年轻后备人才，建立完备的社区党组织负责人后备人才库和社区党组织后备人才档案，结合实际，合理、适时使用社区党务人才。

三 陶然亭街道严把入口关，建立对名书记的后备、选拔和培养机制

陶然亭街道一向重视名书记的选任工作。近年来，街道立足自身实际，以问题为导向，结合名书记本身特性，严格把控名书记入选标准和有关环节，通过相关研判与探索，制定出了一整套名书记后备、选拔和培养机制。

（一）建立社区党务后备人才选拔机制

制定《陶然亭街道社区党组织负责人后备人才库管理办法》，确定选拔条件、标准、程序，坚持德才兼备，以德为先，坚持政治思想好、综合素质好、带头作用好、工作作风好、群众评价好的"五好"标准。既要保证数量，更要保证质量。选拔对象要符合以下条件：年龄在50岁以下，身体健康，符合岗位要求，政治素质好，民主意识强，具备较高的领导能力，党务工作水平高，从事党务工作和群众工作的经验丰富。

（二）选拔优秀党务人才入库

陶然亭街道采取"上下结合"的方式确定人选。由基层党组织推荐，社区党委召开党委会议进行研究，通过查阅档案、党建年度测评结果等方式确定具备条件的人选，形成初步名单，然后向街道工委推荐。街道工委项目组在此基础上，召开专题分析会，根据基层党组织推荐情况、日常了解掌握情况、重点任务的完成情况综合提出建议人选，择优选拔入库，详细记录后备人才信息，实现动态更新。

（三）加强社区党务人才培养

陶然亭街道重视吸收社区工作者中的优秀分子，坚持向基层倾斜，为社区党务工作者队伍储备人才。加强社区党务工作者队伍建设与管理，系统制订社区党组织后备人才培养计划，对社区党组织书记后备人才有针对性地进行培训，以提高其工作能力和业务水平。完善街道社区党组织负责人后备人才培养体系。实行社区党委书记负责制，即社区党委书记负责日常培养、帮带本社区的后备人才，填写《社区后备人才学习情况记录表》，详细记录后备人才的学习情况。同时，依托街道名书记工作室对党组织后备人才进行专项培训。包括策划专题培训方案，聘请教授进行专门授课，开通"党务知识快线"，实行点餐式学习，由社区党组织后备人才提出学习需要，街道为干部提供学习机会和图书、报刊等学习资料。坚持以老带新、结对培养，采取到工委组织部挂职、参与社区重点工作等方式对其进行压担锻炼，及时发现表现突出的后备人才，为社区"两委"班子建设储备后备人才。

四 陶然亭街道名书记工作室建设的经验与启示

陶然亭街道通过创新与探索，利用名书记工作室的模式，总结出若干工作原则、要求及路径，进一步提升了辖区内基层党组织建设水平，加强了对基层党组织人才的培养，为基层党组织的持续发展奠定了坚实的基础。

（一）始终把握四个原则

（1）坚持学习性。工作室针对书记在党建工作中遇到的问题，加强党的理论的系统学习，提高工作室成员的党建理论水平，提升书记的专业素质。

（2）坚持实践性。工作室针对基层党组织自身建设中和开展服务改革、服务发展、服务民生、服务群众、服务党员工作中存在的重点、难点问题，加强研究与探索，提高基层党组织书记的研究能力以及解决问题的能力。

（3）坚持交流性。工作室为书记成长搭建交流平台，对党组织书记工作中的成功经验与工作困惑进行针对性交流，为其答疑解惑，实现资源共享。

（4）坚持创新性。工作室坚持与时俱进，坚持党建工作创新，从党组织工作方式、党组织工作载体、党员教育管理等方面加强研究，加强创新，积极探索适应新形势的新方法、新经验。

（二）严格恪守工作要求

（1）强化领导，高度重视。社区党组织负责人后备人才队伍是基层党组织建设的重要组成部分，是巩固党在基层的执政基础、提高党的执政能力、确保社区党组织后继有人的关键。工委各部门、社区党委要充分认识这项工作的重要意义，加强领导，围绕推进基层服务型党组织建设的任务要求，切实抓好社区党组织负责人后备人才队伍建设，选拔培养出政治素质好、工作能力强、业务水平高、求真务实、真抓实干的社区党务人才。

（2）程序规范，严格管理。社区党组织负责人后备人才选拔培养工作由工委组织部牵头负责，项目组成员各负其责，严格执行相关管理办法，坚持选拔条件、标准，按照规定的程序和要求办事，接受干部、群众的监督。街道项目组要加强对后备人才的考核，完善信息档案，建立跟踪管理制度，随时了解后备人才的工作、学习情况，有针对性地指出不足，提出改进要求。要定期对后备人才库进行集中调整，使后备人才队伍始终保持生机活力。

（3）强化培养，突出实效。基层党组织充分利用名书记工作室和后备人才库两个平台，密切配合，形成合力，结合实际，探索创新，研究社区党组织负责人后备人才选拔、培养、管理、使用的新办法和新举措，不断提高社区党组织负责人后备人才队伍的建设水平，推动工作日趋制度化、规范化。名书记工作室负责人要切实担负起第一责任人的职责，发挥好名书记的示范、引领、带动作用，带领后备人才立足本职、刻苦钻研、不断成长，打造一支优秀的书记团队。

（三）梳理人才培养路径

（1）组织领导。社区党组织负责人及后备人才的选拔、培养、管理工作，将在区委组织部的领导下，由街道工委、社区党委分级负责。负责好后备人才选拔、培养、管理、使用等各个环节的具体指导和把关，并将后备人才队伍建设工作纳入年度党建工作绩效考核范围，使社区后备人才的培养教育、管理使用工作逐步走上制度化、规范化。

（2）建立信息库。街道工委建立统一的社区党组织负责人及后备人才队伍信息库，各个社区党委建立社区党组织人才队伍档案，将人才登记表、考察材料、年度考核情况、工作总结、培养和奖惩情况等整理归档。

（3）统一培训。街道结合实际，制定社区党组织人才培训方案和年度培训计划，定期对负责人及后备人才进行培训，采取自学、参加市区集中培训、邀请专家开展专项培训、外出参观培训、学习基层党建理论和党务知识等措施，全面提升他们的政治理论和政策水平。

（4）加强培养。坚持将课题研究置于培养帮带中，探索提炼好的党建特色、模式和规律。社区要采取社区书记与后备人才结对帮带，或给后备人才交任务、压担子等形式，加强对后备人才的锻炼和培养，不断提高后备人才统筹协调、处理具体问题和应对复杂局面的能力。

（5）日常管理。各社区党委书记要肩负起人才培养的日常管理工作，适时对队伍人员进行谈话教育，及时掌握其思想、工作和学习情况。谈话教育每季度至少一次，并做好谈话记录。

（6）动态管理。各社区党委结合各年度考核，了解人才的政治思想状况、政策理论水平、组织协调能力、工作实绩等情况，并进行民主评议、考核评估。结合年度考察情况，对人才实行动态管理，优进劣出。原则上三年调整一次，人才有相关情形（政治思想、道德品质等方面出现问题；工作能力不突出，发展潜力不大；群众、上级党组织不满意，测评满意率较低）之一的，应及时调整出后备人才队伍。

五　关于提升基层社区党组织书记履职能力的思考

陶然亭街道通过名书记工作室建设，有效缓解了基层党组织人才队伍相对匮乏的境况。但要长久有效地推动基层党组织人才队伍的建设发展，进一步完善选拔、培养等机制，应把握好模范与引领、党建与服务、学习与培养、短期与长期四个方面的关系。

(一）把握好模范与引领的关系

榜样的力量是无穷的。陶然亭街道辖区内的 8 个社区党委书记都具有较强的能力和较高的素质水平，足以在所辖社区起到模范带头作用。但同时，当领导不仅要自己带头干，更重要的是要带领大家一起干。基层党组织书记作为基层党组织的第一负责人，在日常工作中既要身先士卒，又要有意识地培养和锻炼有发展潜力的党员以及积极分子；既要进一步发挥群体作用，同时又要进一步扩大自身的影响力，利用其去引导党支部的其余人员，并且要特别注意培养全体党员的团队意识，要充分发挥好党支部的战斗堡垒作用和党员的先锋模范作用。

（二）把握好党建与服务的关系

党建工作与社区服务工作是相互联系、密不可分的。基层党组织书记或委员必须落实服务与建设队伍这两大任务，牢固树立抓好党建是本职，不抓党建是失职，抓不好党建就是不称职的责任意识，像抓业务工作一样抓好党建工作，用中心工作的成绩来检验党建工作的成效。专职的党支部书记，要严格按党的规章制度办事，大胆工作，勇于负责，既要抓好支部自身建设，又要积极配合行政领导完成各项工作任务。

（三）把握好学习与培养的关系

党建工作要注重在日常工作中自我学习，与时俱进。要把对党组织新人的培养和平时党组织的学习活动结合起来，特别要注意以老带新，做到二者相辅相成、有机统一，彼此之间相互促进、相互影响。新的党组织成员可以从党组织的学习活动中成长，通过有经验老党员的言传身教，进一步体会基层党建工作的意义和内涵，同时党组织的学习活动也可以在培养新的党组织成员的过程中得到体现。

（四）把握好短期与长期的关系

党建工作是一项管方向、管根本、管长远的工作，急不得，也等不得，不能急功近利，更不可能一劳永逸。要建立长效机制，要一点一滴地抓。人的素质的提高、觉悟的提高、文化水平的提高，要下细功夫、长功夫。支部书记不仅要考虑今年有几项重点工作，还要考虑这支队伍怎么带，带到什么样；要注重把精力用在平时，重视平时。

参考文献

杨国锋：《加强城市基层党建的思考》，《陕西日报》2017年4月14日。
魏志俊：《大力加强服务型党组织建设提升城市基层党建工作水平》，《马鞍山日报》2017年5月8日。
方世南：《融合推进城市基层党建工作研究》，《唯实（现代管理）》2017年第12期。
韩强、谭健：《基层党建品牌化建设思考》，《中国特色社会主义研究》2014第2期。
张江洁：《习近平基层党建的新特点》，《山西财经大学学报》2015年51期。

Abstract

It is essential for the development of the capital to establish an effective megacity governance system. As the core functional zone of the capital, Xicheng District has taken the lead to do a good job with "four concepts" and persisted in the strategic vision of carrying forward scientific governance in depth and improving the development quality in all aspects. The district has continuously reinforced the function as "four centers", strived to improve the level of "four services", and made important breakthroughs in urban governance capacity and urban development quality. Sub-districts play an irreplaceable role as the pioneer and main force of microscopic governance. The 15 sub-districts of Xicheng District have coordinated various resources of respective areas based on their own development situations. Their practices include exploring the ways to establish the regional mode for Party construction, strengthening lean urban management, improving public services, refining the integrated enforcement system, and exploring innovative practices for grassroots governance. They have continuously injected new connotations into grassroots governance and provided duplicable and easy-to-operate live experience for grassroots organizations, and their experience and practices are of great importance for chinese metropolises to improve concepts and find new ways out to strengthen grassroots governance.

Encompassing the roadmap for "Creating the Taoran-Style Beautiful Life" and considering the features of Taoranting Sub-district, the Development of Beijing's Sub-district offices No. 2: Taoranting Chapter presents comprehensive analysis of Taoranting Sub-district in its efforts to promote the construction of a park-style community, the innovation in community self-governance mode, the building of cultural blocks and the social assistance work, and summarizes some typical experience including the innovation of bidirectional building services in non-public Party building, the "Joint Development and Mutual Aid Association" in

Fuzhouguan Community, the pattern of "One Party Committee, Three Neighborhood Committees and One Community Service Station" and the famous secretary studio in Xinxingli Community.

On this basis, this article proposes that the core principles for Taoranting Sub-district to realize its goal of the "Taoran-Style Beautiful Life" and improve its development quality lie in that it accords with the features of regional development stage, meets the needs and expectations of the residents, makes improvements in habitability, governance, service and culture following such five major development concepts as innovation, coordination, greenness, openness and sharing, and takes more concrete and efficient measures in non-capital function dispersal, social governance innovation and building of demonstration blocks for cultural services.

Contents

I General Report

B.1 Taoranting: The Exploration on the Road to Improve the Block Quality of "Taoran-Style Beautiful Life" / 001

Abstract: Located in the southeast of Xicheng District, Taoranting Sub-district is gifted with abundant cultural resources and distinctive cultural features. "Creating the Taoran-Style Beautiful Life" is an inevitable choice of Taoranting Sub-district to get adapted to the development needs in the new era, an important task to implement the capital strategic orientation and build Beijing into a world-leadingharmonious and habitable capital, and an urgent need to fully leverage the block features and solve the difficulties in the block development. In practice, Taoranting Sub-district, aiming to align, guide and satisfy needs, has innovated work styles, satisfied service needs, intensified publicity and improved the residents' satisfaction with its work. More than merely a development goal, the "Taoran-Style Beautiful Life", which also implies the development pattern rooted in blocks, shall base itself on the development stage of each block, follow the guidance of such development concepts as innovation, coordination, greenness, openness and sharing and focus on the improvement of habitability, governance, service and culture.

Keywords: Taoranting Sub-district; Taoran-style Beautiful Life; Block Quality; Development Pattern

II Data Reports

B.2 Regional Public Service Questionnaire Survey Report for Taoranting Sub-district on the Basis of Permanent Residents　　　　　　　　　　　　　　　　　　/ 027

Abstract: Enjoying public services is not only a need for existence and development of the citizens, but also a basic guarantee for the quality of life as well. It is therefore of great significance to evaluate the life quality from the perspectives of residents as to their sense of getting public services and satisfaction with public services. In this paper, we have adopted the questionnaire method and performed a questionnaire survey on public services and the life quality of the permanent residents in 8 communities of Taoranting Sub-district in Xicheng District. On this basis, we have assessed the sub-district as to its organization and offering of public services as well as the residents' satisfaction, reached an overall conclusion and provided concrete suggestions relating to existing problems.

Keywords: Taoranting Sub-district; the Permanent Residents of the Community; Public Services; Life Quality

B.3 Regional Public Service Questionnaire Survey Report for Taoranting Sub-district on the Basis of Working Population　　　　　　　　　　　　　　　　　　　/ 045

Abstract: The working population is an important participant and propeller of regional development. Providing it with convenient, continuous and high-quality public services is of great significance for optimizing the development environment and service level in the region and improving the regional development capacity of the sub-district. In this sense, the research team, following the first survey on public services of the working population within the jurisdiction in January 2015, initiated once again a questionnaire survey on the supply, participation and acquisition of public services among the corporate working population within the sub-districtin May 2017. By analyzing the awareness of service agency, the participation in the community service, life convenience, satisfaction with community-level basic public service and the demand for community-level public service and making longitudinalcomparisons between survey results, this report has drawn a basic conclusion and proposed some specific suggestions for exiting problems.

Keywords: Taoranting Sub-district; Working Population; Public Services

Ⅲ   Theory Reports

B.4 Research on the Building of Park-Style Communities   / 064

Abstract: Originated from the study on park cities and its practices, the term "Park-style Community" refers to a new pattern that integrates community construction with park construction. Xicheng District focuses on creating a core megacity park system during the "13th Five-Year Plan" period, which offers a great opportunity for Taoranting Sub-district to establish itself into a Park-style Community by fully tapping its advantages in the parks. On the basis of theoretical research on park-style communities, this article comprehensively studies the current status and problems in Taoranting Sub-district's building of a park-style community, and puts forward some suggestions in this regard. In the end, this article proposes such four priorities as scientific planning, function integration, cultural orientation and multi-body participation in light of the efforts of Taoranting Sub-district in this regard and on the basis of theoretical research.

Keywords: Taoranting Sub-district; Park-style Community; Park City; Community Construction

B. 5　Research on Innovation in Community
　　　 Self-governancePatterns　　　　　　　　　　　　　　 / 083

Abstract: As an effective way to realize the democracy at the grass-root level, the community self-governance represents a process of orderly participation in self-management and services of the community by means of democratic election, decision-making, management and supervision on the basis of the laws. Deliberative democracy, as an important means to promote multi-body participation in the community governance, is a focus of local autonomy. Since its being designated as Beijing's second batch of experimental zones forthe community governance and service innovation in 2015, Taoranting Sub-district, encompassing the theme of the community grid construction, has full leveraged the platform of the "Grid Council", implementedparticipation-type deliberative governance and made some preliminary efforts in enhancing the community self-governance functions, improving the grassroots self-governance system and promoting democratic community consultationinstitutionalization. From the perspective of theoretical research and in light of the practice by Taoranting Sub-district, this article discusses the roadmap for innovation in the community self-governance patterns.

Keywords: Taoranting Sub-district; the Community Self-governance; Democratic Consultation; Grid Council

B. 6　Research on the Role of Cultural Brand in Cultural
　　　 Block　　　　　　　　　　　　　　　　　　　　　　　 / 100

Abstract: As an important part of a cultural city, the cultural block generally bears one or several cultural functions of a city while the cultural brand, whose role is to identify the cultural differences between one region and another region, accommodates the relevant elements of the regional culture including the name, symbol or design. In the process of building a cultural block, the cultural brand may, relying on its own features, play a significant role in improving the block culture competitiveness, driving the development of cultural industry and cause, protecting the historical culture of the block, reinforcing cohesion of the block and enhancing the taste of the block culture. Setting Taoranting Sub-district's building of a cultural block as the object of study and considering the importance of the cultural brand to a cultural block, this article has made some preliminary discussions on promoting the building of the cultural block and proposed related suggestions.

Keywords: Taoranting Sub-district; Cultural Brand; Cultural Block; Cultural Cause; Cultural Industry

Ⅳ Survey Reports

B.7 Research Report on Social Assistance of Taoranting
Sub-district   / 118

Abstract: Social assistance, as an important part of the social security system, refers to a way that the state or other social entities provide basic assistance to people who have lost their ability to work or to low-income earners for guaranteeing their minimum standard of living. Social assistance covers minimum living guarantee, the support for extremely poor households, the relief of disaster victims, medical and educationalassistance, housing assistance, employment assistance and temporary assistance. With multiple hybrid communities, complex resident structure, large number of vulnerable groups and low employment, social assistance is a key issue faced by Taoranting Sub-district in advancing social governance. In this light, the research team, turning to both documentary research and interviews and discussions, focused on the basic information, main experience and practices of Taoranting Sub-district in social assistance, analyzed problems which it faced and proposed specific suggestions for existing problems so as to provide some references for Taoranting Sub-district to improve its social assistance system.

Keywords: Taoranting Sub-district; Social Assistance; Emergency Relief; Social Assistance System

B. 8 Survey Report on Service and Management for the Migrant Population in Taoranting Sub-district　　　／ 133

Abstract: It is proposed in the *Beijing Urban Master Plan* (2016 – 2035) to adjust population layout and reduce population size in six districts by 2 – 3 percentage points annually to a cumulative 15 percentage points by 2020 on the basis of the 2014 number to control the population at about 10. 85 million and further below the figure by 2035. How to promote population dispersal and properly manage the migrant population within its jurisdiction has become a priority and difficulty of local construction and social management as well as an important issue to be solved in comprehensive treatment of social security by Taoranting Sub-district that is located in the core functional area of the capital. On the basis of the community surveys, this article has put forward corresponding solutions and improvement measures for the difficulties of Taoranting Sub-district in management and service for the migrant population.

Keywords: Taoranting Sub-district; the Migrant Population; Population Dispersal; Migrant Population Service

B. 9 Survey Report on Promoting the Construction of the Cultural & Sports Center of Taoranting Sub-district　　　／ 143

Abstract: Endowed with a wealth of cultural resources, Taoranting area used to be a gathering place of guild halls which still bears traces of heroic struggles of massive revolutionary pioneers and veteran proletarian revolutionaries. As a cultural block, Taoranting sub-district shall show the urban charm and quality by fully leveraging its cultural connotation and deposits. New breakthroughs in social governance and cultural development are to be made by properly planning and utilizing public cultural resources, guiding all sectors of society to participate in problem solving and execution by virtue of the traditional advantages of deliberative democracy and taking social governance as an implementation path. In this process, the Cultural & Sports Center may serve as an important platform. On the basis of field research on the Cultural & Sports Center and in consideration of the cultural resources and activities, this article which takes a problem-oriented approach presents some reflections and proposes suggestions for the construction and development of Cultural & Sports Center in Taoranting Sub-district.

Keywords: Taoranting Sub-district; Cultural Development; Cultural Service; Cultural Facilities; Cultural & Sports Center

B.10 Survey Report on the Construction and Operation of Education, Management and Service Center for Party Members in Taoranting Sub-district / 160

Abstract: In the context of Beijing's efforts to push forward the construction of the Party-mass activity centers, Xicheng District has proposed to spare no effort in building the Party-mass activity centers of "One brand for one sub-district" in recent years. As one of the 15 sub-districts of Xicheng District, Taoranting Sub-district, on the basis of being fully aware of its Party construction status and in consideration of the reality of shortage of dedicated buildings and venues, has coordinated multi-faceted efforts to find venues, put forward the priority task to strengthen Party member education, management and service and finally established the Education, Management and Service Center for the Party Members. To learn more about the construction and operation of the Center, this article, on the basis of preliminary surveys, presents basic information about Party construction and construction of the Center and reflects on the problems of the Center, based on which it suggests that developing the features of Taoran Party construction culture should be the top priority of the Sub-district. Efforts should be made in organizational structure, working mechanism and system to expand service groups of the Center, accelerate regional Party construction and comprehensively manage the work of the Sub-district.

Keywords: Taoranting Sub-district; the Education for the Party Members; the Management for the Party Members; the Service for the Party Members; Education, Management and Service Center for the Party Members

V Case Reports

B. 11 Practices of Taoranting Sub-district on Innovation of Non-Public Party Building Through Bidirectional Building Services / 176

Abstract: Bidirectional building service refers to a new service pattern where the Party organization of the building provides services for enterprises and employees within the building, who in return provide services to the society. In the general background of the central government's advocacy of building service-oriented grassroots Party organizations, Taoranting Sub-district, rooting itself on the current block development and devoting itself to the Party-construction and voluntary services, has implemented an innovative "bidirectional building service pattern", which has established a platform for close connections between enterprises and employees in the building and the society, thus stimulating employees to participate in services and enhance social identity and promoting harmonious and healthy development of enterprises and employees in the building.

Keywords: Taoranting Sub-district; Party-construction of Non-public Enterprises; Building Party-construction; Bidirectional Service

B.12 Exploration and Practice of Fuzhouguan Community on the Joint Development and Mutual Aid Association in Taoranting Sub-district / 190

Abstract: Encompassing the goal of "Creating the Taoran-Style Beautiful Life", Fuzhouguan Community of Taoranting Sub-district has managed to advance integrated regional development. Driven by the concept of "resource sharing, joint development, mutual aid and mutual benefit", the party committee coordinated the 11 major residential units to establish the Joint Development and Mutual Aid Association in 2012, which was the joint-development-orientedorganization at the community level. By adopting the means of multi-governance and multilateral aid and the pattern of leadership and organization by the Community Party Committee and active participation by member units, the association provides services for social governance and development of the community and brings social benefits to member units. The Association, as a carrier for "co-residence, mutual development and sharing" of social governance and construction of the community, plays the role of a platform in multi-governance that brings forth win-win results through bilateral assistance.

Keywords: Fuzhouguan Community; the Time-honored Shop; Joint Development and Mutual Aid Association; the Multi-governance

B.13 Innovation and Practice of Xinxingli Community on "One Party Committee, Three Neighborhood Committees and One Service Station" in Taoranting Sub-district / 203

Abstract: The pattern of "One Party Committee, Multiple Neighborhood Committees and One Service Station" represents an innovative community governance pattern in which the community party committee leads as the whole and neighborhood committees and service station carry out all work. The "One

Party Committee, Three Neighborhood Committees and One Service Station" pilot work in Xinxingli Neighborhood of Taoranting Sub-district is not only a key task in implementing social governance system reform of Beijing and Xicheng District, but also an important component for promoting community governance innovation on the basis of the practical community conditions. Led by the Community Party Committee and organized by the three Neighborhood Committees, the services have been implemented in Xinxingli Community, which have facilitated the formation of the community pattern of co-governance, joint development and sharing with the community characteristics. In particular, the concept, mechanism and method innovations in the process have also provided references forthe innovation of social governance system in the community.

Keywords: Xinxingli Community; One Party Committee; Three Neighborhood Committees and One Service Station; Classified Governance; the Community Co-governance; the Multi-body Participation

B. 14 Party-Building-Oriented Innovation on Regional Party-Building Pattern in Taoranting Sub-district / 217

Abstract: Regional Party-building is a network system where the regional Party Committee takes the lead within the region and the community and other grassroots Party organizations serve as important links. It is both an innovative exploration on the Party building at the grass-roots level, but an important trend to intensify the Party building at the grass-roots level. In the process of innovating the regional Party-building pattern, Taoranting Sub-district, which is located in the core functional area of the capital, has confirmed the development concept, built organizational system, strengthened resource integration, innovated work styles and expanded service platform based on its current development, resulting in a new social governance pattern with orientation of regional Party building and integration of the Party and the government, which has provided important references for other regions to carry out regional Party building.

Keywords: Taoranting Sub-district; Party Building Innovation at the Grass-roots Level; Regional Party Building; the Party Building Orientation

B.15 Taoranting Sub-district: Promoting the Construction of Famous Secretary Studio and Improving Performance of Party Leader the Grass-roots Level　　　　　　　／231

Abstract: Since the 18th CPC National Congress, General Secretary Xi Jinping has made several important instructions on strengthening urban party building at the grass-roots level and put forward higher requirement in this regard. All regions have made great efforts to innovate ideas and measures and improve the quality of urban party building at the grass-roots level. The Famous Secretary Studio launched by Taoranting Sub-district is an important innovative brand for advancing grassroots party building and has made positive practice and explorations in talent training. This article focuses on the practices and existing problems of the Studio and sums up important experience so as to provide references for party building at the grass-roots level.

Keywords: Taoranting Sub-district; Party Building at the Grass-roots Level; Famous Secretary Studio

社会科学文献出版社　　　　　　　　　　**皮书系列**

❖ 皮书起源 ❖

"皮书"起源于十七、十八世纪的英国，主要指官方或社会组织正式发表的重要文件或报告，多以"白皮书"命名。在中国，"皮书"这一概念被社会广泛接受，并被成功运作、发展成为一种全新的出版形态，则源于中国社会科学院社会科学文献出版社。

❖ 皮书定义 ❖

皮书是对中国与世界发展状况和热点问题进行年度监测，以专业的角度、专家的视野和实证研究方法，针对某一领域或区域现状与发展态势展开分析和预测，具备原创性、实证性、专业性、连续性、前沿性、时效性等特点的公开出版物，由一系列权威研究报告组成。

❖ 皮书作者 ❖

皮书系列的作者以中国社会科学院、著名高校、地方社会科学院的研究人员为主，多为国内一流研究机构的权威专家学者，他们的看法和观点代表了学界对中国与世界的现实和未来最高水平的解读与分析。

❖ 皮书荣誉 ❖

皮书系列已成为社会科学文献出版社的著名图书品牌和中国社会科学院的知名学术品牌。2016年，皮书系列正式列入"十三五"国家重点出版规划项目；2013~2018年，重点皮书列入中国社会科学院承担的国家哲学社会科学创新工程项目；2018年，59种院外皮书使用"中国社会科学院创新工程学术出版项目"标识。

权威报告·一手数据·特色资源

皮书数据库
ANNUAL REPORT(YEARBOOK) DATABASE

当代中国经济与社会发展高端智库平台

所获荣誉

- 2016年，入选"'十三五'国家重点电子出版物出版规划骨干工程"
- 2015年，荣获"搜索中国正能量 点赞2015""创新中国科技创新奖"
- 2013年，荣获"中国出版政府奖·网络出版物奖"提名奖
- 连续多年荣获中国数字出版博览会"数字出版·优秀品牌"奖

成为会员

通过网址www.pishu.com.cn访问皮书数据库网站或下载皮书数据库APP，进行手机号码验证或邮箱验证即可成为皮书数据库会员。

会员福利

- 使用手机号码首次注册的会员，账号自动充值100元体验金，可直接购买和查看数据库内容（仅限PC端）。
- 已注册用户购书后可免费获赠100元皮书数据库充值卡。刮开充值卡涂层获取充值密码，登录并进入"会员中心"—"在线充值"—"充值卡充值"，充值成功后即可购买和查看数据库内容（仅限PC端）。
- 会员福利最终解释权归社会科学文献出版社所有。

卡号：931474696785
密码：

数据库服务热线：400-008-6695
数据库服务QQ：2475522410
数据库服务邮箱：database@ssap.cn
图书销售热线：010-59367070/7028
图书服务QQ：1265056568
图书服务邮箱：duzhe@ssap.cn

基本子库
SUB DATABASE

中国社会发展数据库（下设12个子库）

全面整合国内外中国社会发展研究成果，汇聚独家统计数据、深度分析报告，涉及社会、人口、政治、教育、法律等12个领域，为了解中国社会发展动态、跟踪社会核心热点、分析社会发展趋势提供一站式资源搜索和数据分析与挖掘服务。

中国经济发展数据库（下设12个子库）

基于"皮书系列"中涉及中国经济发展的研究资料构建，内容涵盖宏观经济、农业经济、工业经济、产业经济等12个重点经济领域，为实时掌控经济运行态势、把握经济发展规律、洞察经济形势、进行经济决策提供参考和依据。

中国行业发展数据库（下设17个子库）

以中国国民经济行业分类为依据，覆盖金融业、旅游、医疗卫生、交通运输、能源矿产等100多个行业，跟踪分析国民经济相关行业市场运行状况和政策导向，汇集行业发展前沿资讯，为投资、从业及各种经济决策提供理论基础和实践指导。

中国区域发展数据库（下设6个子库）

对中国特定区域内的经济、社会、文化等领域现状与发展情况进行深度分析和预测，研究层级至县及县以下行政区，涉及地区、区域经济体、城市、农村等不同维度。为地方经济社会宏观态势研究、发展经验研究、案例分析提供数据服务。

中国文化传媒数据库（下设18个子库）

汇聚文化传媒领域专家观点、热点资讯，梳理国内外中国文化发展相关学术研究成果、一手统计数据，涵盖文化产业、新闻传播、电影娱乐、文学艺术、群众文化等18个重点研究领域。为文化传媒研究提供相关数据、研究报告和综合分析服务。

世界经济与国际关系数据库（下设6个子库）

立足"皮书系列"世界经济、国际关系相关学术资源，整合世界经济、国际政治、世界文化与科技、全球性问题、国际组织与国际法、区域研究6大领域研究成果，为世界经济与国际关系研究提供全方位数据分析，为决策和形势研判提供参考。

法律声明

"皮书系列"(含蓝皮书、绿皮书、黄皮书)之品牌由社会科学文献出版社最早使用并持续至今,现已被中国图书市场所熟知。"皮书系列"的相关商标已在中华人民共和国国家工商行政管理总局商标局注册,如LOGO( )、皮书、Pishu、经济蓝皮书、社会蓝皮书等。"皮书系列"图书的注册商标专用权及封面设计、版式设计的著作权均为社会科学文献出版社所有。未经社会科学文献出版社书面授权许可,任何使用与"皮书系列"图书注册商标、封面设计、版式设计相同或者近似的文字、图形或其组合的行为均系侵权行为。

经作者授权,本书的专有出版权及信息网络传播权等为社会科学文献出版社享有。未经社会科学文献出版社书面授权许可,任何就本书内容的复制、发行或以数字形式进行网络传播的行为均系侵权行为。

社会科学文献出版社将通过法律途径追究上述侵权行为的法律责任,维护自身合法权益。

欢迎社会各界人士对侵犯社会科学文献出版社上述权利的侵权行为进行举报。电话:010-59367121,电子邮箱:fawubu@ssap.cn。

社会科学文献出版社